高等职业教育路桥工程类专业系列教材

桥隧工程试验与检测

QIAOSUI GONGCHENG SHIYAN YU JIANCE

主　编　黄明非　刘　佳　王　维
副主编　潘东宏　陈金锋　满先慧　王颖佳　王丽梅
参　编　卢　祥　刘　波　南　林　孟　旭　张永平　柯　学

重庆大学出版社

内容提要

本书围绕桥隧工程试验与检测进行相关知识介绍,内容包括绪论、原材料及工程制品试验检测、构件材质无损检测、桥梁技术状况评定、桥梁荷载试验及承载能力评定、隧道洞身开挖质量检测、衬砌施工质量检测、隧道防排水检测、超前地质预报简介等。

本书可作为高等职业院校道路桥梁技术、建筑工程技术、工程监理、工程管理等相关专业的教材,也可作为专升本考前复习、自学辅导用书,还可以作为有关工程技术人员的参考用书。

图书在版编目(CIP)数据

桥隧工程试验与检测 / 黄明非,刘佳,王维主编
. -- 重庆:重庆大学出版社,2023.8
高等职业教育路桥工程类专业系列教材
ISBN 978-7-5689-4126-6

Ⅰ.①桥… Ⅱ.①黄… ②刘… ③王… Ⅲ.①桥梁工程—实验—高等职业教育—教材②隧道工程—实验—高等职业教育—教材③桥梁工程—检测—高等职业教育—教材④隧道工程—检测—高等职业教育—教材 Ⅳ.①U44 ②U45

中国国家版本馆 CIP 数据核字(2023)第 151821 号

桥隧工程试验与检测

主 编 黄明非 刘 佳 王 维
责任编辑:肖乾泉 版式设计:肖乾泉
责任校对:谢 芳 责任印制:赵 晟

*

重庆大学出版社出版发行
出版人:陈晓阳
社址:重庆市沙坪坝区大学城西路 21 号
邮编:401331
电话:(023) 88617190 88617185(中小学)
传真:(023) 88617186 88617166
网址:http://www.cqup.com.cn
邮箱:fxk@ cqup.com.cn(营销中心)
全国新华书店经销
重庆市联谊印务有限公司印刷

*

开本:787mm×1092mm 1/16 印张:15.75 字数:395 千
2023 年 8 月第 1 版 2023 年 8 月第 1 次印刷
印数:1—2 000
ISBN 978-7-5689-4126-6 定价:45.00 元

前　言

桥隧工程试验与检测是道路桥梁工程技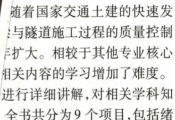随着国家交通土建的快速发展及社会各界对土建设施的安全性、耐久性 与隧道施工过程的质量控制和营运状态下的试验与检测工作得到快速发 扩大。相较于其他专业核心课程，桥隧工程试验与检测存在多学科综合 相关内容的学习增加了难度。

本书以桥梁与隧道的检测技术为主要 进行详细讲解，对相关学科知识进行简要介绍，分为材料检测、桥梁检测及隧 全书共分为9个项目，包括绪论、原材料及工程制品试验检测、构件材质无损检测、桥梁技术状况评定、桥梁荷载试验及承载能力评定、隧道洞身开挖质量检测、衬砌施工质量检测、隧道防排水检测、超前地质预报简介。

本书的主要特色有以下4个方面：

①完全贯彻公路行业最新技术标准和规范。本书编写人员对书中所涉及的检测技术按新标准进行编写，同时增加了部分工程案例。

②内容紧贴公路桥梁检测人员职业资格要求。本书根据近年来公路桥梁检测人员资格考试的变化，对相关内容做了调整，以使本书符合交通类职业院校人才培养和教学改革的要求，突出专业培养的针对性和实用性，为学生今后获取职业资格奠定了基础。

③注重实践教学，每个项目后均附有源自实际工程的实测项目。

④行业专家学者全面参与本书的编写。"工学结合、校企合作"一直是职业教育健康发展的基础。

本书由重庆建筑科技职业学院黄明非、刘佳、王维担任主编，重庆市设计院有限公司潘东宏、中国人民解放军陆军勤务学院陈金峰及重庆建筑科技职业学院满先慧、王颖佳、王丽梅担任副主编，中设工程咨询(重庆)股份有限公司卢祥，招商局重庆交通科研设计院有限公司刘波、南林、孟旭以及重庆大恒工程设计有限公司张永平、重庆市高新工程勘察设计院有限公司柯学参与编写。具体编写分工如下：满先慧和潘东宏编写项目1，满先慧编写项目2，王维编写项目3，黄明非编写项目4；黄明非、刘波、孟旭、南林编写项目5，王维、卢祥编写项目6，刘佳编写项目7，刘佳、陈金锋编写项目8，刘佳、王颖佳、王丽梅、张永平、柯学编写项目9。

由于编者的水平有限，书中疏漏之处在所难免，希望读者批评指正！

编　者
2023年2月

目　录

项目1 绪 论

【项目概述】本项目主要介绍了桥梁隧道工程试验检测的意义、任务、内容和依据,质量检验评定的依据、方法以及工程质量检验评定的变化趋势。

【教学目标】了解桥梁隧道工程试验检测的目的和意义、任务、依据;了解试验检测管理的相关程序和要求;掌握分项工程、分部工程、单位工程的质量评分方法及有关规定;掌握桥梁隧道工程试验检测的内容。

交通工程检测

【学习重点】掌握各个阶段桥梁隧道工程试验检测的内容;掌握桥梁隧道工程质量等级评定的工程划分,能区分桥梁隧道工程的分项工程、分部工程和单位工程。

任务1 试验检测的工程意义

1.1 试验检测是工程建设质量保证的需求

近年来,我国公路交通事业发展迅猛。截至 2019 年底,全国公路通车里程达 501.25 万 km,其中高速公路 14.96 万 km,公路桥梁 87.83 万座,共 6 063.46 万 m,先后在长江、黄河、珠江、海上建成一批大跨径、深水基础的桥梁,使我国在长大跨径悬索桥、斜拉桥、拱桥和连续刚构桥建设方面跨入世界先进行列;公路隧道已达 19 067 处,共 1 896.66 万 m,采用钻爆法、盾构法、沉管法修筑隧道的设计施工技术已处于国际先进水平。

根据《国家公路网规划(2013—2030 年)》,国家高速公路网由 7 条首都放射线、11 条北南纵线、18 条东西横线,以及 6 条地区环线、12 条都市圈环线、30 条城市绕城环线、31 条并行线、163 条联络线组成,总规模约 13.6 万 km;普通国道网由 12 条首都放射线、47 条北南纵线、60 条东西横线和 81 条联络线组成,总规模约 26.5 万 km。按照"主体保留、局部优化、扩大覆盖、完善网络"的思路,调整拓展普通国道网:保留原国道网的主体,优化路线走向,恢复被高速公路占用的普通国道路段;补充连接地级行政中心和县级节点、重要的交通枢纽、物流节点城市和边境口岸;增加可有效提高路网运行效率和应急保障能力的部分路线;增设沿边沿海路线,维持普通国道网相对独立。

根据《交通强国建设纲要》,到 2035 年,基本形成"全国 123 出行交通圈"(都市区 1 小时通勤、城市群 2 小时通达、全国主要城市 3 小时覆盖)和"全球 123 快货物流圈"(国内 1 天送达、周边国家 2 天送达、全球主要城市 3 天送达)。到 21 世纪中叶,全面建成人民满意、保障有力、世界前列的交通强国。基础设施规模质量、技术装备、科技创新能力、智能化与绿色化水平位居世界前列,交通安全水平、治理能力、文明程度、国际竞争力及影响力达到国际先进水平,全面服务和保障社会主义现代化强国建设,人民享有美好交通服务。

由此可见,在今后一个时期,我国公路建设仍将保持高速发展,而质量是公路建设中永恒的主题。在公路建设中,为了加强公路工程施工质量管理,工程建设实行"政府监督、社会监理和企业自检"的质量保证体系。各级质量监督部门、建设监理机构以及承担建设施工任务的企业控制质量的主要手段,则是依据国家和交通运输部颁布的有关法规、技术标准、规范和规程进行试验检测,以确保监督、监理和自检工作的有效实施。

1.2 试验检测科学养护管理的需求

随着公路大规模建设的开展,桥梁隧道数量迅猛增长,由于使用荷载、环境因素以及结构本身缺陷等作用,结构使用性能衰退、安全与耐久性降低,有的桥梁适应性不足,甚至出现安全事故。从发达国家桥梁使用状况看,混凝土桥梁使用20~30年后,即出现安全与耐久性方面的问题。桥梁性能退化、承载能力不足、适应性不够,已成为世界各国普遍关心的问题。通过先进、适用、有效的方法对桥梁结构进行合理的试验检测与诊断评定,是对在用桥梁进行预防性养护管理、科学维修加固的重要手段。

运营隧道结构检查是隧道运营管理中的一项重要工作,通过结构检测、检查,了解隧道结构的技术状况,保证隧道结构的安全、耐久。《公路隧道养护技术规范》(JTG H12—2015)提出了公路隧道分级养护的理念,公路隧道养护可分为3个等级,根据隧道养护等级对隧道结构进行检测、分级及技术状况评定,为隧道维修、保养以及隧道安全运营管理提供科学依据。

任务2 桥梁隧道工程试验检测的任务和意义

2.1 桥梁工程试验检测的任务和意义

目前,矮寨大桥、泰州长江大桥、马鞍山长江大桥、港珠澳大桥等一批具有国际先进水平的特大桥梁已经建成,新桥型、新材料和新工艺在桥梁施工中得到了广泛应用。这些桥梁施工监控中的试验检测、桥梁状态的整体性能试验,以及各种桥梁施工质量控制、试验检测和在用桥梁的检查检测等,是公路部门试验检测技术人员必须完成的任务。

①对于在施工中的大跨径悬索桥、斜拉桥、拱桥和连续刚构桥,为使结构达到或接近设计的几何线形和受力状态,施工各阶段需对结构的几何位置和受力状态进行监测。根据测试值对下一阶段控制变量进行预测和制订调整方案,实现对结构的施工控制。试验检测是施工控制的重要手段。

②对于各类常规桥梁,施工前先要试验鉴定进场的原材料、成品和半成品部件是否符合国家质量标准和设计文件的要求,对其做出接收或拒收决定。从桥位放样到每一工序和结构部位的完成,均须通过试验检测判定其是否符合质量标准要求。经检验符合质量标准后方可进行下一工序施工,否则,就需采取补救措施或返工。桥梁施工完成后需进行全面检测及质量等级评定,必要时还需进行荷载试验,以对结构整体受力性能是否达到设计文件和标准规范的要求做出评价。

③对于新桥型结构、新材料、新工艺,必须通过试验检测鉴定其是否符合国家标准和设计文件的要求,同时为完善设计理论和施工工艺积累实践资料。

④试验检测又是评价桥梁工程质量缺陷和鉴定工程事故的手段。通过试验检测为质量缺

陷或事故判定提供实测数据,以便准确判别质量缺陷和事故的性质、范围和程度,合理评价事故损失,明确事故责任,从中总结经验教训。

⑤开展桥梁检测、评定与维修加固,是保证桥梁安全、路网畅通的重要措施。

总之,桥梁试验检测是大跨径桥梁施工控制、新桥型结构性能研究、各类桥梁施工质量评定、在役桥梁养护管理工作的重要手段。认真做好桥梁试验检测工作,对推动我国桥梁建设水平,确保桥梁工程施工质量、提高建设投资效益、保障人民生命财产安全,都具有十分重要的意义。

2.2　隧道工程试验检测的任务和意义

我国地域广阔,地质条件、气候环境以及施工环境条件复杂,施工组织实施困难,在公路隧道建设中会遇到各种各样的技术问题。随着公路隧道里程的不断增加,养护需求日趋迫切,提高养护水平、确保畅通,也是十分突出的问题。不管是新建还是运营中的隧道,为保证工程质量,降低运营风险,都离不开隧道的检测与监测工作。

公路隧道的检测、监测活动贯穿于建设和运营两个阶段。在施工过程中,从原材料、制品的质量控制到各个阶段的施工过程量测、质量检验,以及超前地质预报、施工环境的监测等,都离不开检测工作。在运营期,通过对隧道结构的检测评定、运营环境的监测保证结构安全、路网通畅。

任务 3　桥梁隧道工程试验检测的内容和依据

3.1　桥梁工程试验检测的内容

桥梁工程试验检测的内容随桥梁所处的位置、结构形式和所用材料不同而异,应根据所建桥梁的具体情况按有关标准、规范选定试验检测项目。一般常规试验检测的主要内容包括施工准备阶段的试验检测、施工过程中的试验检测、施工完成后的试验检测、在役桥梁试验检测。

1. 施工准备阶段的试验检测

施工准备阶段的试验检测内容如下:

①桥位放样测量;

②钢材原材料试验;

③钢结构连接性能试验;

④预应力锚具、夹具和连接器试验;

⑤水泥性能试验;

⑥混凝土粗细集料试验;

⑦混凝土配合比试验;

⑧砌体材料性能试验;

⑨台后压实标准试验;

⑩其他成品、半成品试验检测。

2. 施工过程中的试验检测

施工过程中的试验检测内容如下:

①地基承载力试验检测；

②基础位置、尺寸和高程检测；

③钢筋位置、尺寸和高程检测；

④钢筋加工检测；

⑤混凝土强度抽样试验；

⑥砂浆强度抽样试验；

⑦桩基检测；

⑧墩台位置、尺寸和高程检测；

⑨上部结构(构件)位置、尺寸检测；

⑩预制构件张拉、运输和安装强度控制试验；

⑪预应力张拉控制检测；

⑫桥梁上部结构高程、变形、内力(应力)监测；

⑬支架内力、变形和稳定性监测；

⑭钢结构连接加工检测；

⑮钢构件防护涂装检测。

3. 施工完成后的试验检测

施工完成后的试验检测内容如下：

①桥梁总体检测；

②桥梁荷载试验；

③桥梁使用性能监测。

4. 在用桥梁试验检测

在用桥梁试验检测内容如下：

①桥梁几何形态参数测定；

②桥梁结构恒载变异状况调查；

③桥梁结构构件材质强度检测与评定；

④混凝土中钢筋锈蚀电位的检测；

⑤混凝土中氯离子含量的测定；

⑥混凝土电阻率的检测；

⑦混凝土碳化状况的检测；

⑧混凝土结构钢筋分布状况的调查；

⑨桥梁结构固有模态参数的测定；

⑩索结构索力的测量；

⑪桥梁墩台与基础变位情况调查；

⑫地基与基础的检验。

3.2　隧道工程试验检测的内容

隧道工程建设是百年大计，保证工程质量是工程建设的基本要求。试验检测是保证工程质量的重要手段，是控制和评价工程质量的重要基础，贯穿于设计、施工和运营各个阶段。以钻爆

法修建的山岭公路隧道,其检测技术主要包括以下内容:

①材料检测:包括隧道工程常用原材料,初期支护、二次衬砌和防排水材料等;

②施工检测:主要包括施工质量检测、施工监控量测和超前地质预报;

③环境检测:分为施工环境检测和运营环境检测;

④运营隧道的养护、检查、检测与结构技术状况评定。

3.3 桥梁隧道工程试验检测的依据

公路桥梁隧道工程试验检测应以国家和交通运输部颁布的有关公路工程的法规、技术标准、设计施工规范和材料试验规程为依据进行。对于某些新结构以及采用新材料和新工艺的桥梁隧道工程,有关的公路工程规范、规程暂无相关条款规定时,可以借鉴执行国外或国内其他行业相关标准、规范的有关规定。我国结构工程的标准和规范可以分为4个层次。

①第一层次:综合基础标准,是指导制定专业基础标准的国家统一标准,如《工程结构可靠性设计统一标准》(GB 50153—2008)。

②第二层次:专业基础标准,是指导专业通用标准和专业专用标准的行业统一标准,如《公路工程技术标准》(JTG B01—2014)、《公路工程结构可靠性设计统一标准》(JTG 2120—2020)。

③第三层次:专业通用标准。

④第四层次:专业专用标准。

任务4 桥梁隧道工程质量检验评定的依据和方法

4.1 桥梁隧道工程质量检验评定的依据

公路工程质量检验和等级评定依据《公路工程质量检验评定标准 第一册 土建工程》(JTG F80/1—2017)(以下简称《质量检评标准》)进行。该标准是公路桥梁隧道工程质量等级评定的标准尺度,是公路质量监督部门进行质量检查监督、监理工程师进行质量检查认定与施工单位质量自检,以及工程交竣工验收质量评定的依据。

《质量检评标准》包含检验标准和评定准则两部分内容。检验标准部分规定了检查项目、方法、数量及检查项目合格应满足的要求,评定准则部分规定了质量等级制度和利用检验结果进行评判的方法。按照《质量检评标准》对公路桥梁隧道工程进行质量检验时,具体试验检测还要以设计文件、《公路桥涵施工技术规范》(JTG/T 3650—2020)和《公路隧道施工技术规范》(JTG/T 3660—2020)的有关规定为依据。设计文件中对桥梁隧道工程各部分结构尺寸、材料强度的要求是试验检测的基本依据,结构施工的工艺要求、施工阶段结构材料强度、结构内力和变形控制则应以施工技术规范的有关规定为依据。

对于新结构或采用新材料、新工艺的桥梁隧道,或特殊地区、特殊要求的桥梁隧道,在《质量检评标准》缺乏适合的技术规定时,在确保工程质量的前提下,可参照相关标准(国内外公路行业或其他行业的标准、规范)按照实际情况制定相应的技术标准,并按规定报主管部门批准。

4.2 质量等级评定的方法

质量等级评定首先应进行工程划分,然后按照"两级制度、逐级评定、合规定质"的原则进行评定。

1. 质量等级评定的工程划分

《质量检评标准》按工程建设规模大小、结构部位和施工工序将建设项目划分为单位工程、分部工程和分项工程。对于复杂工程,还可设立子分部工程。

①单位工程:在建设项目中,根据签订的合同,具有独立施工条件和结构功能的工程。

②分部工程:在单位工程中,应按结构部位、路段长度及施工特点或施工任务划分为若干个分部工程。

③分项工程:在分部工程中,应按不同的施工工序、工艺或材料等划分为若干个分项工程。

工程划分应注意规模均衡、主次区别、层次清晰。《质量检评标准》中关于公路桥涵质量等级评定工程划分的规定如表1.1、表1.2所示,其中小桥和涵洞被划分到路基单位工程。

表1.1 单位工程、分部工程及分项工程的划分

单位工程	分部工程	分项工程
桥梁工程① (每座或每合同段)	基础及下部构造(1~3墩台)②	钢筋加工及安装,预应力筋加工和张拉,预应力管道压浆,混凝土扩大基础,钻孔灌注桩,挖孔桩,沉入桩,灌注桩桩底压浆,地下连续墙,沉井,沉井、钢围堰的混凝土封底,承台等大体积混凝土结构,砌体,混凝土墩、台,墩台身安装,支座垫石和挡块,拱桥组合桥台,台背填土等
	上部构造预制和安装(1~3跨)②	钢筋加工及安装,预应力筋加工和张拉,预应力管道压浆,预制安装梁、板,悬臂施工梁,顶推施工梁,转体施工梁,拱圈节段预制,拱的安装,转体施工拱,中下承式拱吊杆和柔性系杆,刚性系杆,钢梁制作,钢梁安装,钢梁防护等
	上部构造现场浇筑(1~3跨)②	钢筋加工及安装,预应力筋加工和张拉,预应力管道压浆,就地浇筑梁、板,悬臂施工梁,就地浇筑拱圈,劲性骨架混凝土拱,钢管混凝土拱,中下承式拱吊杆和柔性系杆,刚性系杆等
	桥面系、附属工程及桥梁总体	钢筋加工及安装、混凝土桥面板桥面防水层、钢桥面板上防水黏结层、混凝土桥面板桥面铺装、钢桥面板上沥青混凝土铺装、支座安装、伸缩装置安装、人行道铺设、栏杆安装、混凝土护栏、钢桥上钢护栏安装、桥头搭板、混凝土小型构件预制、砌体坡面护坡、混凝土构件表面防护、桥梁总体等
	防护工程	砌体坡面护坡、护岸③、导流工程等
	引道工程	见路基工程、路面工程的分项工程
隧道工程④ (每座或每合同段)	总体及装饰装修(每座或每合同段)	隧道总体、装饰装修工程
	洞口工程(每个洞口)	洞口边仰坡防护、洞门和翼墙的浇(砌)筑、截水沟、洞口排水沟、明洞浇筑、明洞防水层、明洞回填
	洞身开挖(200延米)	洞身开挖

续表

单位工程	分部工程	分项工程
隧道工程④ (每座或每 合同段)	洞身衬砌(200 延米)	喷射混凝土、锚杆、钢筋网、钢架、仰拱、仰拱回填、衬砌钢筋、混凝土衬砌、超前锚杆、超前小导管、管棚
	防排水(200 延米)	防水层、止水带、排水
	路面(1~3 km 路段)	基层、面层
	辅助通道⑤(200 延米)	洞身开挖、喷射混凝土、锚杆、钢筋网、钢架、仰拱、仰拱回填、衬砌钢筋、混凝土衬砌、超前锚杆、超前小导管、管棚、防水层、止水带、排水

注:①分幅桥梁按照单幅划分,特大斜拉桥和悬索桥按照表1.2进行划分,其他斜拉桥和悬索桥可作为一个单位工程参照表
　　1.2进行划分。
　　②按单孔跨径确定的特大桥取1,其余根据规模取2或3。
　　③护岸可参照挡土墙进行划分。
　　④双洞隧道每单洞作为一个单位工程。
　　⑤辅助通道包括竖井、斜井、平行导坑、横通道、风道、地下风机房等。

表 1.2　特大斜拉桥、特大悬索桥工程划分

单位工程	分部工程	分项工程
塔及辅助、 过渡墩(每个)	塔基础	钢筋加工及安装,混凝土扩大基础,钻孔灌注桩,灌注桩桩底压浆,沉井,沉井、钢围堰的混凝土封底等
	塔承台	钢筋加工及安装,双壁钢围堰,沉井、钢围堰混凝土封底,承台等大体积混凝土结构等
	索塔	钢筋加工及安装,预应力筋加工和张拉,预应力管道压浆,混凝土索塔,索塔钢锚箱节段制作,索塔钢锚箱节段安装、支座垫石和挡块等
	辅助墩	钢筋加工及安装,预应力筋加工和张拉,预应力管道压浆,钻孔灌注桩,灌注桩桩底压浆,承台等大体积混凝土结构,
	过渡墩	沉井、钢围堰混凝土封底,混凝土墩台,墩台身安装、支座垫石和挡块等
锚碇(每个)	锚碇基础	钢筋加工及安装,混凝土扩大基础,钻孔灌注桩,灌注桩桩底压浆,地下连续墙,沉井,沉井、钢围堰的混凝土封底等
	锚体	钢筋加工及安装、锚碇锚固系统制作、锚碇锚固系统安装、锚碇混凝土块体、预应力锚索的张拉与压浆、隧道锚的洞身开挖、隧道锚的混凝土锚塞体等
上部钢结构 制作与防护	主缆	索股和锚头制作与防护、主缆防护
	索鞍	索鞍制作、索鞍防护
	索夹	索夹制作、索夹防护
	吊索	吊索和锚头制作与防护
	加劲梁	钢梁制作、钢梁防护、自锚式悬索桥主缆索股的锚固系统制作等

7

续表

单位工程	分部工程	分项工程
上部结构浇筑与安装	加劲梁浇筑	混凝土斜拉桥主墩上梁段的浇筑、混凝土斜拉桥梁的悬臂施工、组合梁斜拉桥的混凝土板安装等
	安装	索鞍安装,主缆架设,索夹和吊索安装,悬索桥钢加劲梁安装,自锚式悬索桥主缆索股锚固系统安装,自锚式悬索桥吊索张拉和体系转换,钢斜拉桥钢箱梁段拼装、组合梁斜拉桥工字梁段悬臂拼装、混凝土斜拉桥梁悬臂施工等
桥面系、附属工程及桥梁总体	桥面系	钢筋加工及安装、混凝土桥面板桥面防水层或钢桥面板上防水黏结层施工、混凝土桥面板桥面铺装或钢桥面板上沥青混凝土铺装
	附属工程及桥梁总体	支座安装、伸缩装置安装、人行道铺设、栏杆安装、混凝土护栏、钢桥上钢护栏安装、混凝土构件表面防护、桥头搭板、桥梁总体等

2. 工程质量检验

工程质量检验评定以分项工程为基本单元,采用合格率法进行。分项工程质量检验内容包括基本要求、实测项目、外观质量和质量保证资料。只有在基本要求符合规定,且外观质量无限制缺陷和质量保证资料真实并基本齐全时,方可对分项工程质量进行检验评定。

(1)基本要求检查

分项工程所列基本要求对施工质量优劣具有关键作用,应按基本要求对工程进行认真检查,并应检查工程所用的各种原材料的品种、规格、质量及混合料配合比和半成品、成品是否符合有关技术标准规定且满足设计要求。

(2)实测项目检验

对规定检查项目采用现场随机抽样方法,按照规定频率和式(1.1)对分项工程的各检查项目直接计算合格率,按数理统计方法评定的项目除外。

$$检查项目合格率 = \frac{合格的点(组)数}{该检查项目的全部检查点(组)数} \times 100\% \qquad (1.1)$$

检查项目分为一般项目和关键项目。涉及结构安全和使用功能的重要实测项目为关键项目,其他项目均为一般项目。关键项目在《质量检评标准》中以"△"标示,其合格率不得低于95%(机电工程100%),一般项目的合格率应不低于80%,否则该检查项目为不合格。

对少数实测项目还有规定极值的限制。这是指任何一个检测值都不能突破的极限值,不符合要求时该实测项目为不合格,所在分项工程可直接判为不合格,并要求必须进行返工处理。

采用《质量检评标准》附录 B 至附录 N 等所列方法进行评定的关键项目,不符合要求时,该分项工程评为不合格。

(3)外观质量检查

外观质量应进行全面检查,并满足规定要求。否则,该检验项目为不合格。

（4）质量保证资料

工程应有真实、准确、齐全、完整的施工原始记录、试验检测数据、质量检验结果等质量保证资料。质量保证资料应包括以下内容：

①所用原材料、半成品和成品质量检验结果；

②材料配合比、拌和加工控制检验和试验数据；

③地基处理、隐蔽工程施工记录和桥梁、隧道施工监控资料；

④质量控制指标的试验记录和质量检验汇总图表；

⑤施工过程中遇到的非正常情况记录及其对工程质量影响分析评价资料；

⑥施工过程中如发生质量事故，经处理补救后达到设计要求的认可证明文件等。

3. 工程质量等级评定

工程质量等级评定分为合格与不合格，应按分项工程、分部工程、单位工程、合同段和建设项目逐级评定。

（1）分项工程质量等级评定

当分项工程的检验记录完整、实测项目合格、外观质量满足要求时，该分项工程评定为合格，否则为不合格。

（2）分部工程质量等级评定

当分部工程的评定资料完整、所含分项工程及实测项目合格、外观质量满足要求时，该分部工程评定为合格，否则为不合格。

（3）单位工程质量等级评定

当单位工程的评定资料完整、所含分部工程合格、外观质量满足要求时，该单位工程评定为合格，否则为不合格。

（4）合同段和建设项目质量等级评定

所含单位工程合格，该合同段评定为合格；所含合同段合格，该建设项目评定为合格。评定为不合格的分项工程、分部工程，经返工、加固、补强或调测，满足设计要求后，可重新进行检验评定。

质量保证资料包括混凝土的原材料、配合比、抗压强度试验报告，钢筋力学性能试验报告，钢筋焊接质量试验报告，钻孔、清孔和灌注记录，泥浆性能检测报告，桩的无损检测或取芯检测报告，异常现象的处理方法和结果记录等。

4. 工程质量检验评定的变化趋势

随着管理理念、质量水平和检测技术的发展变化，工程质量检验评定也将随之发生变化，并趋向更加合理、更加高效和更加适合工程建设的需要。

①施工过程对工程质量有重要影响，除重视对最终成品的质量检验外，还应加强过程质量的检验控制。

②完善评定方法，使评定结果更加合理，更加适应工程质量的管理和控制。

③用检测数据反映工程质量，检验评定中的一些定性规定应调整为定量规定，确定合适的检测频率，提高评定结果的准确性和可信度。

④采用高效、准确的检测技术和设备，特别是无损检测技术。

⑤在总结经验的基础上，调整检验评定中的技术指标，使之更加适合实际施工质量，促进质

量水平提高。

⑥吸纳新结构、新工艺等相关分项工程的检验评定研究成果,不断丰富《质量检评标准》的内容。

复习思考题

1.1 公路工程质量等级评定单元如何划分? 质量等级如何评定?

1.2 公路桥梁隧道工程检测内容有哪些?

1.3 桥梁隧道工程质量检验评定的依据是什么?

项目2 原材料及工程制品试验检测

【项目概述】本项目主要介绍了石料检测，混凝土检测，钢材性能检测，预应力筋用锚具、夹具、连接器的试验检测，隧道用防水卷材性能检测及隧道用土工布性能检测。

【教学目标】熟悉石料的技术性能，掌握普通混凝土的各项性能及检测方法，掌握钢材的各项性能及检测方法，了解预应力筋用锚具、夹具、连接器试验检测方法，了解隧道用防水卷材及土工布性能检测方法。

港珠澳大桥新材料

【学习重点】掌握普通混凝土的各项材料性能，重点掌握混凝土立方体抗压强度与棱柱体抗压强度试验方法，并能够完成立方体抗压强度实训；掌握钢材的各项材料性能，能够完成掌握低碳钢拉伸实训。

任务1 石料检测

根据《公路桥涵施工技术规范》（JTG/T 3650—2020）及《公路圬工桥涵设计规范》（JTG D61—2005），结构物所用石料一般包括物理、几何尺寸要求以及力学性能两方面的要求。

1.1 物理、几何尺寸要求

1.物理性能要求

石料应符合设计规定的类别和强度，石质应均匀、不易风化、无裂纹。在一月份平均气温低于-10 ℃的地区，除干旱地区的不受冰冻部位外，所用石料及混凝土材料须通过冻融试验，抗冻性指标合格后方可使用。

在历年最冷月份平均气温低于或等于-10 ℃的地区，所用的石料抗冻性指标应符合表2.1的规定。

表2.1 石料的抗冻性指标

结构物类别	大、中桥	小桥及涵洞
镶面或表层石料的抗冻性指标	50次	25次

注：抗冻性指标是指材料在含水饱和状态下经-15 ℃的冻结与融化的循环次数。试验后的材料应无明显损伤（裂缝、脱层和边角损坏），其强度不低于试验前的75%。

根据以往实践经验证明，材料确有足够抗冻性能者，可不做抗冻试验。此外，石料应具有耐风化和抗侵蚀性。用于浸水或气候潮湿地区的受力结构的石材软化系数不应低于0.8。

2. 几何尺寸要求

①片石：一般指用爆破或楔劈法开采的石块，厚度不应小于 150 mm。用作镶面的片石，应选择表面较平整、尺寸较大者，并应稍加修整。

②块石：形状应大致方正，上下面大致平整，厚度为 200～300 mm，宽度为厚度的 1.0～1.5 倍，长度为厚度的 1.5～3.0 倍（如有锋棱锐角，应敲除）。用作镶面的块石，应由外露面四周向内稍加修凿；后部可不修凿，但应略小于修凿部分。

③粗料石：外形应方正，呈六面体，厚度为 200～300 mm，宽度为厚度的 1.0～1.5 倍，长度为厚度的 2.5～4.0 倍，表面凹陷深度不大于 20 mm。用作镶面的粗料石，料石长度应比相邻顺石宽度至少大 150 mm；修凿面每 100 mm 长须有錾路 4～5 条，侧面修凿面应与外露面垂直，正面凹陷深度不应超过 15 mm；镶面粗料石的外露面如带细凿边缘时，细凿边缘的宽度应为 30～50 mm。

块石和粗料石加工的形状要求分别如图 2.1 和图 2.2 所示。

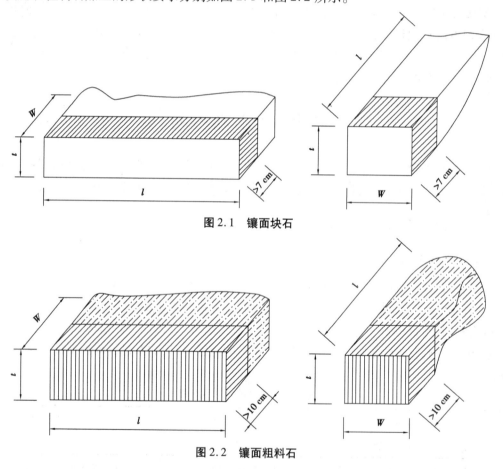

图 2.1　镶面块石

图 2.2　镶面粗料石

1.2　力学性质试验

石料的抗压强度是反映石料力学性质的主要指标之一，本节介绍测定规则形状石料试件单轴抗压强度的方法。

石料的抗压强度受一系列因素的影响和控制，如石料的矿物组成和结构、含水率、试件尺寸等。一般情况下，试件的尺寸和高径比大的石料所包含的裂隙、孔隙等缺陷多，形状不同的试件因棱角部分应力集中造成的应力分布不均会使石料强度降低。随着含水率增大,石料强度也会降低。

桥梁工程中,确定石料强度等级采用对应边长为 70 mm±2 mm 的立方体试件,试件的含水状态要在试验报告中注明。

1. 石料的抗压强度计算

石料的抗压强度按下式计算(精确至 0.01):

$$R = \frac{P}{A} \tag{2.1}$$

式中　R——石料的抗压强度,MPa;

　　　P——试件破坏时的荷载,N;

　　　A——试件的截面积,mm^2。

单轴抗压强度试验结果应同时列出每个试件的试验值及同组石料单轴抗压强度的平均值;有显著层理的石料,分别报告垂直与平行层理方向试件强度的平均值,计算值精确至 0.1 MPa。

2. 石料的软化系数计算

软化性是指含水状态对石料强度的影响,用软化系数表示。

$$K_p = \frac{R_w}{R_d} \tag{2.2}$$

式中　K_p——软化系数;

　　　R_w——石料水饱和状态下的单轴抗压强度,MPa;

　　　R_d——石料烘干状态下的单轴抗压强度,MPa。

软化系数计算值精确至 0.01,3 个试件平行测定,取算术平均值;3 个值中最大与最小之差不应超过平均值的 20%,否则,应另取第 4 个试件,并在 4 个试件中取最接近的 3 个值的平均值作为试验结果,同时在报告中将 4 个值全部给出。

1.3　石料抗冻性试验

石料的抗冻性试验是指试件在浸水条件下,经多次冻结和融化交替作用后测定试件的质量损失和单轴饱水抗压强度的变化。

石料的抗冻性是用来评估石料在饱和状态下经受规定次数的冻融循环后抵抗破坏的能力,分别用质量损失率和冻融系数表示。

评价石料抗冻性好坏有 3 个指标:冻融循环后强度变化、质量损失、外观变化。一般认为,抗冻系数大于 75%、质量损失率小于 2% 的,为抗冻性好的岩石;吸水率小于 0.5%、软化系数大于 0.75 以及饱水率系数小于 0.8 的岩石,具有足够的抗冻能力。

1. 质量损失率计算

试件冻融后的质量损失率按下式计算(精确至 0.1%):

$$L = \frac{m_s - m_f}{m_s} \times 100\% \tag{2.3}$$

式中　L——冻融后的质量损失率,%;

　　　m_s——试验前烘干试件的质量,g;

m_f——试验后烘干试件的质量，g。

冻融后的质量损失率取 3 个试件试验结果的算术平均值。

2. 冻融后的吸水率计算

冻融后的吸水率按下式计算（精确至 0.1%）：

$$w'_{sa} = \frac{m'_f - m_f}{m_f} \times 100\% \qquad (2.4)$$

式中　w'_{sa}——石料冻融后的吸水率，%；

　　　m'_f——冻融试验后的试件饱水质量，g；

　　　其他符号意义同前。

3. 冻融系数计算

冻融系数按下式计算（精确至 0.01）：

$$K_f = \frac{R_f}{R_s} \qquad (2.5)$$

式中　K_f——冻融系数；

　　　R_f——若干次冻融试验后的试件饱水抗压强度，MPa；

　　　R_s——未经冻融试验的试件饱水抗压强度，MPa。

4. 试验记录

抗冻性记录应包括石料名称、试验编号、试件编号、试件描述、冻融循环次数、冻融试验后的烘干质量、冻融试验后的试件饱水抗压强度、未经冻融试验的试件饱水抗压强度。

1.4 砌筑用砂浆

①砌筑用砂浆的类别和强度等级应符合设计规定。

②砂浆中所用水泥、砂、水等材料的质量应符合本项目任务 2 的相应规定。砂宜采用中砂或粗砂。当缺乏天然中砂或粗砂时，可采用满足质量要求的机制砂代替；在保证砂浆强度的基础上，也可采用细砂，但应适当增加水泥用量。对于砂的最大粒径，当用于砌筑片石时，不宜超过 5 mm；当用于砌筑块石、粗料石时，不宜超过 2.5 mm。

③砂浆的配合比应通过试验确定。当变更砂浆的组成材料时，其配合比应重新试验确定。砂浆应具有良好的和易性，用于石砌体时的稠度宜为 50～70 mm，气温较高时可适当增大。砂浆的配制宜采用质量比，并应随拌随用，保持适宜的稠度，且宜在 3～4 h 内使用完毕；气温超过 30 ℃时，宜在 2～3 h 内使用完毕。在运输过程或储存器中，若砂发生离析、泌水，砌筑前应重新拌和，已凝结的砂浆不得使用。

④各类砂浆均宜采用机械拌和，拌和时间宜为 3～5 min。

任务 2　混凝土检测

普通混凝土通常用水泥、水、砂、石子等材料按设计要求的比例混合，在需要时掺加适量的外加剂和掺合料。在混凝土组成材料中，砂、石是集（骨）料，对混凝土起骨架作用，其中小颗粒的集料填充大颗粒的空隙。水泥和水组成水泥浆包裹在所有粗、细集料的表面并填充在集料空隙中。在混凝土硬化前,水泥浆起润滑作用,赋予混凝土拌合物流动性,以便于施工;在混凝土硬化后起胶结作用,把砂、石集料胶结成为整体,使混凝土产生强度,成为坚硬的人造石材。

本任务主要介绍普通混凝土的配制原材料要求(水泥、水、集料、外加剂、掺合料)及混凝土的力学性质(抗压强度、轴心抗压强度、静力受压弹性模量、抗弯拉强度、劈裂抗拉强度)。

2.1　配制混凝土的原材料

混凝土工程所用的各种原材料均应符合现行国家或行业标准的规定,并应在进场时对其性能和质量进行检验。

1. 水泥

公路桥梁隧道工程采用的水泥应符合《通用硅酸盐水泥》(GB 175—2007/XG3—2018)的规定,水泥的品种和强度等级应通过混凝土配合比试验选定,且其特性应不会对混凝土的强度、耐久性和工作性能产生不利影响。当混凝土中采用碱活性集料时,宜选用含碱量不大于 0.6% 的低碱水泥。水泥的检验试验方法应符合《公路工程水泥及水泥混凝土试验规程》(JTG 3420—2020)的规定。

2. 细集料

(1)细集料技术指标

细集料宜采用级配良好、质地坚硬、颗粒洁净且粒径小于 5 mm 的河砂;当河砂不易得到时,可采用符合规定的其他天然砂或人工砂;细集料不宜采用海砂,不得不采用时,应经冲洗处理。细集料技术指标应符合表 2.2 的规定。

表 2.2　细集料技术指标

项目		技术要求		
		Ⅰ类	Ⅱ类	Ⅲ类
有害物质含量	云母(按质量计)/%	≤1.0	≤2.0	≤2.0
	轻物质(按质量计)/%	≤1.0	≤1.0	≤1.0
	有机物(比色法)	合格	合格	合格
	硫化物及硫酸盐(按 SO$_3$ 质量计)/%	≤0.5	≤0.5	≤0.5
	氯化物(以氯离子质量计)/%	<0.01	<0.02	<0.06
人工砂的石粉含量(按质量计)/%	亚甲蓝试验　MB 值<1.4 或合格	—	≤7.0	≤10.0
	亚甲蓝试验　MB 值≥1.4 或不合格	≤2.0	≤3.0	—
坚固性	天然砂(硫酸钠溶液法经 5 次循环后的质量损失)/%	≤8	≤8	≤10
	人工砂单级最大压碎指标/%	<20	<25	<20
表观密度/(kg·m^{-2})		>2 500		
松散堆积密度/(kg·m^{-2})		>1 350		
空隙率/%		<47		

续表

项目	技术要求		
	Ⅰ类	Ⅱ类	Ⅲ类
碱集料反应	经碱集料反应试验后,由砂配制的试件无裂缝、酥裂、胶体外溢现象,在规定试验龄期的膨胀率应小于0.10%		

注:①砂按技术要求分为Ⅰ类、Ⅱ类、Ⅲ类。Ⅰ类宜用于强度等级大于C60的混凝土;Ⅱ类宜用于强度等级为C30~C60及有抗冻、抗渗或其他要求的混凝土;Ⅲ类宜用于强度等级小于C30的混凝土和砌筑砂浆。
②天然砂包括河砂、湖砂、山砂、淡化海砂,人工砂包括机制砂和混合砂。
③石粉含量是指粒径小于0.075 mm的颗粒含量。
④砂中不应混有草根、树叶、树枝、塑料、煤块、炉渣等杂物。
⑤当对砂的坚固性有怀疑时,应做坚固性试验。
⑥当碱集料反应不符合表中要求时,应采取抑制碱集料反应的技术措施。

(2)砂的分类

砂的分类应符合表2.3的规定。

表2.3 砂的分类

砂组	粗砂	中砂	细砂	特细砂
细度模数	3.1~3.7	2.3~3.0	1.6~2.2	0.7~1.5

注:细度模数主要反映全部颗粒的粗细程度,不完全反映颗粒的级配情况。配制混凝土时,应同时考虑砂的细度模数和级配情况。

(3)细集料的颗粒级配

细集料的颗粒级配应处于表2.4中的任一级配区以内。

表2.4 细集料的分区及级配范围

砂的分类	天然砂			机制砂、混合砂		
级配区	1区	2区	3区	1区	2区	3区
方筛孔尺寸/mm	累计筛余/%					
4.75	0~10	0~10	0~10	0~5	0~5	0~5
2.36	5~35	0~25	0~15	5~35	0~25	0~15
1.18	35~65	10~50	0~25	35~65	10~50	0~25
0.60	71~85	41~70	16~40	71~85	41~70	16~40
0.30	80~95	70~92	55~95	80~95	70~92	55~95
0.15	90~100	90~100	90~100	85~97	80~94	75~94

细集料检验试验方法应符合《公路工程集料试验规程》(JTG E42—2005)的规定。

3.粗集料

（1）粗集料技术指标

粗集料宜采用质地坚硬、洁净、级配合理、粒形良好、吸水率小的碎石或卵石，其技术指标应符合表 2.5 的规定。

表 2.5　粗集料技术指标

项目		技术要求		
		Ⅰ类	Ⅱ类	Ⅲ类
碎石压碎指标/%		<10	≤20	≤30
卵石压碎指标/%		≤12	≤14	≤16
坚固性(硫酸钠溶液法试验质量损失值)/%		≤5	≤8	≤12
吸水率/%		≤1.0	≤2.0	≤2.0
针片状颗粒含量(按质量计)/%		≤5	≤10	≤15
有害物质含量	含泥量(按质量计)/%	≤0.5	≤1.0	≤1.5
	泥块含量(按质量计)/%	0	≤0.2	≤0.5
	有机物含量(比色法)	合格	合格	合格
	硫化物及硫酸盐(按 SO_3 质量计)/%	≤0.5	≤1.0	≤1.0
岩石抗压强度(水饱和状态)/MPa		火成岩≥80,变质岩≥60,水成岩≥30		
表观密度/(kg·m⁻³)		>2 600		
松散堆积密度/(kg·m⁻³)		≤43	≤45	≤47
空隙率/%		<47		
碱集料反应		经碱集料反应试验后,试件无裂缝、酥裂、胶体外溢等现象,在规定试验龄期的膨胀率应小于0.10%		

当混凝土结构物处于不同环境条件下时,粗集料坚固性试验的结果除应符合表 2.5 的规定外,还应符合表 2.6 的规定。

表 2.6　粗集料的坚固性试验

混凝土所处环境条件	在硫酸钠溶液中循环 5 次后的质量损失/%
寒冷地区,经常处于干湿交替状态	<5
严寒地区,经常处于干湿交替状态	<3
混凝土处于干燥条件,但粗集料风化或软弱颗粒过多时	<12
混凝土处于干燥条件,但有抗疲劳、耐磨、抗冲击要求或强度等级大于 C40	<5

注:有抗冻、抗渗要求的混凝土用硫酸钠法进行粗集料的坚固性试验不合格时,可再进行直接冻融试验。

（2）粗集料级配范围

粗集料宜根据混凝土最大粒径采用连续两级配或连续多级配,单粒级配宜用于组合成满足要求的连续粒级,也可与连续级配混合使用。粗集料级配范围应符合表2.7的规定。

（3）粗集料最大粒径

粗集料最大粒径宜按混凝土结构情况及施工方法选取,但最大粒径不得超过结构最小边尺寸的1/4和钢筋最小净距的3/4;在两层或多层布筋结构中,最大粒径不得超过钢筋最小净距的1/2,同时不得超过75.0 mm。混凝土实心板的粗集料最大粒径不宜超过板厚的1/3且不得超过37.5 mm。泵送混凝土时的粗集料最大粒径,除应符合上述规定外,对碎石不宜超过输送管径的1/3,对卵石不宜超过输送管径的1/2.5。

粗集料检验试验方法应符合《公路工程集料试验规程》(JTG E42—2005)的规定。

表2.7　粗集料级配范围

公称粒级/mm		累计筛余/%											
		方孔筛孔径/mm											
		2.36	4.75	9.50	16.0	19.0	26.5	31.5	37.5	53.0	63.0	75.0	90
连续粒级	5～16	95～100	85～100	30～60	0～10	0	—	—	—	—	—	—	—
	5～20	95～100	90～100	40～80	—	0～10	0	—	—	—	—	—	—
	5～25	95～100	90～100	—	30～70	—	0～5	0	—	—	—	—	—
	5～31.5	95～100	90～100	70～90	—	15～45	—	0～5	0	—	—	—	—
	5～40	—	95～100	70～90	—	30～65	—	—	0～5	0	—	—	—
单粒粒级	5～10	95～100	80～100	0～15	0	—	—	—	—	—	—	—	—
	10～16	—	95～100	90～100	0～15	0	—	—	—	—	—	—	—
	10～20	—	95～100	85～100	—	0～15	0	—	—	—	—	—	—
	16～25	—	—	95～100	55～70	25～40	0～10	0	—	—	—	—	—
	16～31.5	—	95～100	—	85～100	—	—	0～10	0	—	—	—	—
	20～40	—	—	95～100	—	80～100	—	—	0～10	0	—	—	—
	25～31.5	—	—	—	95～100	—	80～100	0～10	0	—	—	—	—
	40～80	—	—	—	—	95～100	—	—	70～100	—	30～60	0～10	0

注:"—"表示该孔径累计筛余不作要求;"0"表示该孔径累计筛余为0。

4. 水

符合国家标准的饮用水可直接作为混凝土的拌制和养护用水;当采用其他水源或对水质有疑问时,应对水质进行检验。混凝土用水的品质指标应符合表2.8的规定。

表2.8　混凝土用水的品质指标

项目	预应力混凝土	钢筋混凝土	素混凝土
pH 值	≥5.0	≥4.5	≥4.5
不溶物/(mg·L⁻¹)	≤2 000	≤2 000	≤5 000
可溶物/(mg·L⁻¹)	≤2 000	≤5 000	≤10 000
氯化物(以Cl⁻计)/(mg·L⁻¹)	≤500	≤1 000	≤3 500

项目	预应力混凝土	钢筋混凝土	素混凝土
硫酸盐(以 SO_4^{2-} 计)/(mg·L^{-1})	≤600	≤2 000	≤2 700
碱含量/(mg·L^{-1})	≤1 500	≤1 500	≤1 500

注:①对设计使用年限为100年的结构混凝土,氯离子含量不得超过500 mg/L;对使用钢丝或热处理钢筋的预应力混凝土,
　氯离子含量不得超过350 mg/L。
②碱含量按 $Na_2O+0.658K_2O$ 计算值表示。采用非碱活性集料时,可不检验碱含量。

混凝土用水还应符合下列规定:
①水中不应有漂浮明显的油脂、泡沫及有明显的颜色和异味;
②严禁将未经处理的海水用于结构混凝土的拌制。

5. 外加剂

工程使用的外加剂,与水泥、矿物掺合料之间应具有良好的相容性。所采用的外加剂,应是经过具备相关资质的检测机构检验并附有检验合格证明的产品,且其质量应符合《混凝土外加剂》(GB 8076—2008)的规定。外加剂使用前应进行复验,复验结果满足要求后方可用于工程中。外加剂的品种和掺量应根据使用要求、施工条件、混凝土原材料的变化等通过试验确定。

在公路桥涵混凝土工程中,采用的膨胀剂性能应符合《混凝土膨胀剂》(GB/T 23439—2017)的规定。膨胀剂的品种和掺量应通过试验确定。掺入膨胀剂的混凝土宜采取有效的持续保湿养护措施,且宜按不同结构和温度适当延长养护时间。

6. 掺合料

掺合料应保证其产品品质稳定,来料均匀;掺合料应由生产单位专门加工,进行产品检验并出具产品合格证书。掺合料的技术要求可参见《公路桥涵施工技术规范》(JTG/T 3650—2020)附录D。混凝土中需要掺用粉煤灰、磨细矿渣、硅灰等掺合料时,其掺入量应在使用前通过试验确定。

2.2 混凝土性能试验试件尺寸及数量

试件的尺寸应根据混凝土中集料的最大粒径选定。试验研究显示,试验机压板与试件之间存在不可忽略的摩擦作用(图2.3至图2.5),混凝土试件尺寸越小,测得的抗压强度值越大。因此,应对非标准试件试验结果进行修正。

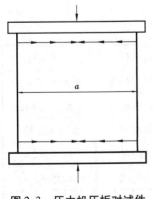

图2.3 压力机压板对试件的约束作用

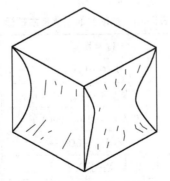

图2.4 受压板约束试件破坏残存的棱锥体

图2.5 不受压板约束试件破坏情况

混凝土试件的最小尺寸应根据混凝土所用集料的最大粒径确定。混凝土采用标准试件在标准条件下测定其抗压强度,以具有可比性。在实际施工中允许采用非标准尺寸的试件,但应将其抗压强度测值按表2.9所列系数换算成标准试件的抗压强度。

表 2.9　混凝土性能试验试件尺寸及数量

试件名称	试件形状	试件尺寸/mm	尺寸修正系数	每组试件数量/个
立方体抗压强度试件	立方体	200×200×200(53)	1.05	3
	立方体	150×150×150(31.5)	标准试件	3
	立方体	100×100×100(26.5)	0.95	3
棱柱体轴心抗压强度试件	棱柱体	200×200×400(53)	1.05	3
	棱柱体	150×150×300(31.5)	标准试件	3
	棱柱体	100×100×300(26.5)	0.95	3
棱柱体抗压弹性模量试件	棱柱体	200×200×400(53)	1.05	3
	棱柱体	150×150×300(31.5)	标准试件	3
	棱柱体	100×100×300(26.5)	0.95	3
抗弯拉强度试件	棱柱体	150×150×600(31.5)	标准试件	3
	棱柱体	150×150×550(31.5)	标准试件	3
	棱柱体	100×100×400(26.5)	0.85	3
立方体劈裂抗拉强度试件	立方体	150×150×150(31.5)	标准试件	3
	立方体	100×100×100(26.5)	—	3

注:括号中的数字为试件中集料公称最大粒径。

2.3　混凝土性能试验设备

1. 搅拌机

搅拌机采用自由式或强制式搅拌机。

2. 振动台

振动台的主要技术指标应符合表2.10的要求。

表 2.10　振动台的主要技术指标

部件名称	技术指标	部件名称	技术指标
振动台台面厚度	大于 10 mm	台面尺寸偏差	不大于±5 mm
台面平整度	平面度误差不应大于 0.3 mm	台平面粗糙度	不大于 6.3 μm
空载台面中心垂直振幅	0.5 mm±0.02 mm	空载频率	50 Hz±2 Hz
空载台面振幅均匀度	不大于10%	启动时间	不大于 2 s
负载与空载台面中心垂直振幅比	不小于 0.7	制动时间	不大于 5 s
试模固定装置	振动中试模无松动、无移动、无损伤	空载噪声	不大于 80 dB

3. 压力试验机或万能试验机

同本项目任务 1 压力试验机要求。

4. 试模

各种试模应符合《混凝土试模》(JG 237—2008)中的技术要求,且应根据试模的使用频率确定试模检查时间,至少每 3 个月应检查 1 次。试模的主要技术指标如表 2.11 所示。

表 2.11　试模的主要技术指标

部件名称	技术指标	部件名称	技术指标
试模内表面	光滑平整,不得有砂眼、裂纹及划痕	组装后相邻面夹角	90°±0.1°
内表面和上口面粗糙度	不大于 3.2 μm	试模内表面平整度	100 mm 不大于 0.04 mm
组装后内部尺寸误差	不得大于公称尺寸的±0.2%,且不大于 1 mm	组装后连接面缝隙	不大于 0.1 mm

5. 捣棒

捣棒为直径 16 mm、长约 600 mm,且具有半球形端头的钢质圆棒。

6. 钢垫板

混凝土强度等级大于或等于 C60 时,试验机上、下压板之间应各垫一块钢垫板,平面尺寸应不小于试件的承压面,其厚度至少为 25 mm。钢垫板应采用机械加工,其平面度允许偏差为±0.04 mm,表面硬度大于或等于 55HRC,硬化层厚度约 5 mm。试件周围应设置防崩裂网罩。

2.4　混凝土试件制作及现场取样方法

1. 试件成型

(1)混凝土试件制作的规定

①成型前,应检查试模尺寸并符合表 2.9 中的有关规定。尤其是对于高强度混凝土,应格外重视检查试模的尺寸是否符合试模标准的要求。特别应检查 150 mm×150 mm×150 mm 试模的内表面平整度和相邻面夹角是否符合要求。试模内表面应涂一薄层矿物油或其他不与混凝土发生反应的脱模剂。

②普通混凝土力学性能试验中,每组试件所用的拌合物应从同一盘混凝土或同一车混凝土中取样,取拌合物的总量应比所需量多 20% 以上,并取出少量混凝土拌合物代表样,在 5 min 内进行坍落度或维勃试验,认为品质合格后,在 15 min 内开始制件。

③在试验室拌制混凝土时,其材料用量应以质量计,称量的精度如下:集料为±1%,水、水泥、掺合料和外加剂为±0.5%。

④根据混凝土拌合物的稠度确定混凝土成型方法:对于坍落度小于 25 mm 的混凝土,可采用直径为 25 mm 的插入式振捣棒成型;对于坍落度大于 25 mm 且小于 70 mm 的混凝土,宜用标准振动台振实;对于坍落度大于 70 mm 的混凝土,宜用振捣棒人工捣实。检验现浇混凝土或预制构件的混凝土,试件成型方法宜与实际采用的方法相同。

（2）混凝土试件制作的步骤

①新拌混凝土现场从搅拌机、料斗、运输车或构件取样时,均需从3处以上的不同部位抽取大致相同分量的代表性样品(不要抽取已经离析的混凝土),集中用铁铲翻拌均匀,然后立即进行拌合物的试验。拌合物的取样量多于试验所需数量的1.5倍,其体积不小于20 L。为使样品具有代表性,宜采用多次取样的方法。从第一次取样到最后一次取样不宜超过15 min,取回的混凝土拌合物应经过人工再次翻拌均匀,然后进行试验。

②用标准振动台振实制作试件应按下述方法进行:

a.将混凝土拌合物一次装入试模,装料时应用抹刀沿各试模壁插捣,并使混凝土拌合物高出试模口。

b.将试模放在振动台上夹牢,防止振动时试模自由跳动。振动应持续到表面出现浆状水泥为止,振动过程中随时添加混凝土使试模常满,记录振动时间(为维勃秒数的2~3倍,一般不超过90 s)。

c.振动结束后,用金属直尺沿试模边缘刮去多余的混凝土,用镘刀将表面初次抹平。待试件收浆后,再次用镘刀将试件仔细抹平。试件抹面与试模边缘的高低差不得超过0.5 mm。

③用人工插捣制作试件应按下述方法进行:

a.混凝土拌合物应分两层装入模内,每层的装料厚度大致相等。

b.插捣应按螺旋方向从边缘向中心均匀进行。在插捣底层混凝土时,振捣棒应达到试模底部;插捣上层时,振捣棒应贯穿上层后插入下层20~30 mm;插捣时,应用力将振捣棒压下,保持振捣棒垂直,不得冲击,捣一层后,应用橡皮锤轻轻敲击试模外端10~15次,以填平插捣过程中留下的孔洞。

c.每层插捣次数按100 cm^{2}截面面积内不得少于12次;试件抹面与试模边缘的高低差不得超过0.5 mm。

④用插入式振捣棒振实制作试件应按下述方法进行:

a.将混凝土拌合物一次装入试模,装料时应用抹刀沿各试模壁插捣,并使混凝土拌合物高出试模口。

b.振捣时,振捣棒距试模底板10~20 mm,且不得触碰试模底板。振捣持续到表面出浆为止,且应避免过振,以防止混凝土离析,一般振捣时间为20 s。振捣棒拔出时要缓慢,拔出后不得留有孔洞。

c.刮除试模上口多余的混凝土,在临近初凝时,用抹刀抹平。试件抹面与试模边缘的高低差不得超过0.5 mm。

2.试件的养护

①试件成型后,应立即用湿布覆盖表面(或其他保湿办法)。

②采用标准养护的试件,应在温度为20 ℃±5 ℃、相对湿度大于50%的环境下,静置1~2昼夜,然后拆模并做第一次外观检查、编号,对有缺陷的试件应除去或加工补平。将完好试件放入标准养护室进行养护,养护室温度为20 ℃±2 ℃,相对湿度为95%以上。试件宜放在铁架或木架上,间距为10~20 mm,试件表面应保持一层水膜,并避免用水直接冲淋。当无标准养护室时,将试件放入温度为20 ℃±2 ℃的不流动Ca(OH)$_2$饱和溶液中养护。因为水泥石中存在的Ca(OH)$_2$是水泥水化和维持水泥石稳定的重要前提,如果养护水不是Ca(OH)$_2$饱和溶液,则

混凝土中的 Ca(OH)$_2$ 就会溶出。这会影响水泥的水化进程，从而影响混凝土的强度。

③同条件养护试件的拆模时间可与实际构件的拆模时间相同，拆模后，试件仍需保持同条件养护。

④标准养护龄期为 28 d（从搅拌加水开始），非标准养护龄期一般为 1 d、3 d、7 d、60 d、90 d 和 180 d。

2.5　混凝土抗压强度试验方法

混凝土立方体抗压强度试验应根据《公路工程水泥及水泥混凝土试验规程》（JTG 3420—2020）T 0553—2005 进行。

1. 试验步骤

①养护至试验龄期时，自养护室取出试件，应尽快试验，避免其湿度变化。

②取出试件，检查其尺寸形状，相对两面应平行。量出棱边长度，精确至 1 mm。按试件受力截面积与压力机上下接触面的平均值计算。在破型前，保持试件原有湿度，在试验时擦干试件。

③以成型时侧面为上下受压面，试件中心应与压力机几何对中。圆柱体应对端面进行处理，确保端面的平行度。

④混凝土强度等级小于 C30 时，取 0.3 ~ 0.5 MPa/s 的加荷速度；混凝土强度等级大于或等于 C30 且小于 C60 时，则取 0.5 ~ 0.8 MPa/s 的加荷速度；混凝土强度等级大于或等于 C60 时，取 0.8 ~ 1.0 MPa/s 的加荷速度。当试件接近破坏而开始迅速变形时，应停止调整试验机油门，直至试件破坏，记下破坏极限荷载 $F(N)$。

2. 试验结果

①混凝土试件抗压强度按下式计算：

$$f_{cu} = \frac{F}{A} \qquad (2.6)$$

式中　f_{cu}——混凝土立方体抗压强度，MPa，结果计算精确至 0.1 MPa；

F——极限荷载，N；

A——受压面积，mm^2。

②混凝土强度等级小于 C60 时，用非标准试件的抗压强度应乘以尺寸换算系数（表 2.12），并应在报告中注明。

表 2.12　立方体抗压强度尺寸换算系数

试件尺寸（mm）	尺寸换算系数
100×100×100	0.95
150×150×150	1.00
200×200×200	1.05

③当混凝土强度等级大于或等于 C60 时，宜用 150 mm×150 mm×150 mm 标准试件；使用非标准试件时，换算系数由试验确定。

④以 3 个试件测值的算术平均值为测定值,计算精确至 0.1 MPa。3 个测值中的最大值或最小值中,如有一个与中间值之差超过中间值的 15%,则取中间值为测定值;如最大值和最小值与中间值之差均超过中间值的 15%,则该组试验结果无效。

2.6 混凝土棱柱体轴心抗压强度试验方法

1.试验步骤

①混凝土轴心抗压强度试件应同龄期者为一组,每组为 3 个同条件制作和养护的混凝土试块。养护至试验龄期时,自养护室取出试件,用湿布覆盖,避免其湿度变化。试验时擦干试件,测量其高度和宽度,精确至 1 mm。

②在压力机下压板上放好试件,几何对中(试件的承压面应与成型时的顶面垂直,试件的中心应与试验机下压板中心对准),开动试验机。当上压板与试件或钢垫板接近时,调整球座,使接触均衡。

③混凝土强度等级小于 C30 时,取 0.3 ~ 0.5 MPa/s 的加荷速度;混凝土强度等级大于 C30 小于 C60 时,则取 0.5 ~ 0.8 MPa/s 的加荷速度;混凝土强度等级大于或等于 C60 时,取 0.8 ~ 1.0 MPa/s 的加荷速度。当试件接近破坏开始急剧变形时,应停止调整试验机油门,直至破坏,记下破坏极限荷载 $F(N)$。

2.试验结果计算及确定

①混凝土棱柱体轴心抗压强度 f_{cp} 按下式计算:

$$f_{cp} = \frac{F}{A}$$ (2.7)

式中 f_{cp}——混凝土棱柱体轴心抗压强度,MPa,结果计算精确至 0.1 MPa;

  F——极限荷载,N;

  A——受压面积,mm。

②采用非标准尺寸试件测得的棱柱体轴心抗压强度,应乘以尺寸换算系数(表 2.12)。当混凝土强度等级大于或等于 C60 时,宜用标准试件。

③以 3 个试件测值的算术平均值为测定值。3 个测值中的最大值或最小值中,如有一个与中间值之差超过中间值的 15%,则取中间值为测定值;如最大值和最小值与中间值之差均超过中间值的 15%,则该组试验结果无效。

2.7 混凝土棱柱体抗压弹性模量试验方法

混凝土棱柱体抗压弹性模量试验方法按《公路工程水泥及水泥混凝土试验规程》(JTG 3420—2020)T 0556—2005 进行。该规程规定了测定水泥混凝土在静力作用下的抗压弹性模量的试验方法,水泥混凝土的抗压弹性模量取轴心抗压强度的 1/3 时对应的弹性模量。

1.仪器设备

①微变形测量仪:千分表 2 个(0 级或 1 级);或精度不低于 0.001 mm 的其他仪表,如引伸计。

②微变形测量仪固定架 2 对,标距为 150 mm。

③钢尺(量程为 600 mm,分度值为 1 mm)、502 胶水、铅笔和秒表等。

2.试验步骤

①试件尺寸与棱柱体轴心抗压强度试件尺寸相同,应符合表 2.12 的规定。

②每组为同龄期同条件制作和养护的试件 6 根(其中,3 根用于测定轴心抗压强度,提供弹性模量试验的加荷标准;另外 3 根则做弹性模量试验)。试件取出后,用湿毛巾覆盖并及时进行试验,保持试件干湿状态不变。擦净试件,量出尺寸并检查外形,尺寸量测精确至 1 mm。试件不得有明显缺损,断面不平时须先抹平。

③取 3 根试件进行轴心抗压强度试验,计算棱柱体轴心抗压强度值 f_{cp}。

④取另外 3 根试件做抗压弹性模量试验,微变形测量仪应安装在试件两侧的中线上并对称于试件两侧。

⑤将试件移于压力机球座上,几何对中,加荷方法如图 2.6 所示。图 2.6 中,90 s 包括 60 s 持荷时间、30 s 读数时间;60 s 为持荷时间。

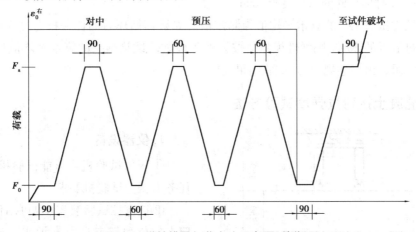

图 2.6　弹性模量加荷方法示意图(单位:s)

⑥调整试件位置:开动压力机,当上压板与试件接近时,调整球座,使接触均衡。加荷至基准应力为 0.5 MPa 对应的初始荷载值 F_0,并记录两侧变形量测仪的度数 $\varepsilon_0^{左}$、$\varepsilon_0^{右}$。应立即以 0.6 MPa/s±0.4 MPa/s 的加荷速率连续均匀加荷至 1/3 轴心抗压强度 f_{cp} 对应的荷载值 F_a,保持恒载 60 s 并在后续的 30 s 内记录两侧变形量测仪的读数 $\varepsilon_a^{左}$、$\varepsilon_a^{右}$。

⑦以上读数应与它们的平均值相差在 20% 以内,否则应重新对中试件后重复步骤⑥。如果无法使差值降低到 20% 以内,则此次试验无效。

⑧预压:确认步骤⑦后,以相同的速度卸荷至基准应力 0.5 MPa,对应的初始荷载值 F_0 并持荷 60 s。以相同的速度加荷至荷载值 F_a,再保持 60 s 恒载,最后以相同的速度卸荷至初始荷载 F_0,至少进行 2 次预压循环。

⑨在完成最后一次预压后,保持 60 s 初始荷载值 F_0,在后续的 30 s 内记录两侧变形量测仪的读数 $\varepsilon_0^{左}$、$\varepsilon_0^{右}$,再用同样的加荷速度加荷至荷载值 F_a,再保持 60 s 恒载值,并在后续的 30 s 内记录两侧变形量测仪的读数 $\varepsilon_a^{左}$、$\varepsilon_a^{右}$。

⑩卸除微变形量测仪,以同样的速度加荷至破坏,记下破坏极限荷载 $F(N)$。如果试件的轴心抗压强度与 f_{cp} 之差超过 20% f_{cp} 时,应在报告中注明。

3.试验结果

混凝土抗压弹性模量 E_c 按下式计算:

$$E_c = \frac{F_a - F_0}{A} \times \frac{L}{\Delta n} \qquad\qquad (2.8)$$

$$\Delta n = \frac{\varepsilon_a^{左} + \varepsilon_a^{右}}{2} - \frac{\varepsilon_0^{左} + \varepsilon_0^{右}}{2} \qquad\qquad (2.9)$$

式中　E_c——混凝土抗压弹性模量,MPa,结果计算精确至 100 MPa;

　　　F_a——终荷载(1/3f_{cp} 时对应的荷载值),N;

　　　F_0——初荷载(0.5 MPa 时对应的荷载值),N;

　　　L——测量标距,mm;

　　　A——试件承压面积,mm^2;

　　　Δn——最后一次加荷时,试件两侧在 F_a 及 F_0 作用下变形差的平均值,mm;

　　　ε_a——F_a 时标距间的试件变形,mm;

　　　ε_0——F_0 时标距间的试件变形,mm。

以 3 个试件试验结果的算术平均值为测定值。如果其循环后的任一根与循环前轴心抗压强度之差超过后者的 20%,则弹性模量值按另外 2 根试件试验结果的算术平均值计算;如有 2 根试件试验结果超出上述规定,则试验结果无效。

2.8　混凝土抗弯拉强度试验方法

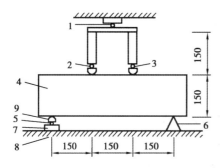

图 2.7　抗弯拉试验装置(单位:mm)

1、2—单个钢球;3、5—两个钢球;4—试件;
6—固定支座;7—活动支座;8—机台;9—活动船形垫块

1.仪器设备

①压力试验机或万能试验机:同本项目任务 1 压力试验机要求。

②抗弯拉试验装置(也可用作三分点处双点加荷和三点自由支承式混凝土抗弯拉强度与抗弯拉弹性模量试验装置)如图 2.7 所示。

2.试验步骤

①试件尺寸应符合表 2.10 的规定,同时在试件长向中部 1/3 区段内表面不得有直径超过 5 mm、深度超过 2 mm 的孔洞。混凝土抗弯拉强度试件应取同龄期者为一组,每组 3 根同条件制作和养护的试件。

②试件取出后,用湿毛巾覆盖并及时进行试验,保持试件干湿状态不变。在试件中部量出其宽度和高度,精确至 1 mm。

③调整 2 个可移动支座,将试件安放在支座上,试件成型时侧面朝上。几何对中后,务必使支座及承压面与活动船形垫块的接触面平稳、均匀,否则应垫平。

④加荷时,应保持均匀、连续。当混凝土强度等级小于 C30 时,加荷速度为 0.02 ~ 0.05 MPa/s;当混凝土的强度等级大于 C30 且小于 C60 时,加荷速度为 0.05 ~ 0.08 MPa/s;当混凝土的强度等级大于或等于 C60 时,加荷速度为 0.08 ~ 0.10 MPa/s。当试件接近破坏而开始迅速变形时,不得调整试验机油门,直至试件破坏,记下破坏极限荷载 $F(N)$。

⑤记录最大荷载和试件下边缘断裂位置。

3. 试验结果

当断面发生在两个加荷点之间时,抗弯拉强度 f_f 按下式计算:

$$f_f = \frac{FL}{bh^2} \qquad (2.10)$$

式中　f_f——抗弯拉强度,MPa,精确至 0.01 MPa;

　　　F——极限荷载,N;

　　　L——支座间距离,mm;

　　　B——试件宽度,mm;

　　　h——试件高度,mm。

以 3 个试件测值的算术平均值为测定值。3 个试件中最大值或最小值中,如有一个与中间值之差超过中间值的 15%,则把最大值和最小值舍去,以中间值作为试件的抗弯拉强度;如最大值和最小值与中间值之差值均超过中间值的 15%,则该组试验结果无效。

3 个试件中如有一个断裂面位于加荷点外侧,则混凝土抗弯拉强度按另外 2 个试件测值的平均值为测试结果,否则结果无效。如果有 2 根试件均出现断裂面位于加荷点外侧,则该组结果无效。

断面位置在试件断块短边一侧的底面中轴线上量得。采用 100 mm×100 mm×400 mm 非标准试件时,在三分点加荷的试验方法同前述,但所取得的抗弯拉强度值应乘以尺寸换算系数 0.85。当混凝土强度等级大于或等于 C60 时,应采用标准试件。

2.9　混凝土立方体劈裂抗拉强度试验方法

1. 仪器设备

劈裂钢垫条和三合板(或纤维板垫层)如图 2.8 所示。钢垫条顶面为半径 75 mm 的弧形,长度不小于试件边长。木质三合板或纤维板垫层宽度为 20 mm,厚度为 3~4 mm,长度不小于试件长度,垫条不得重复使用。

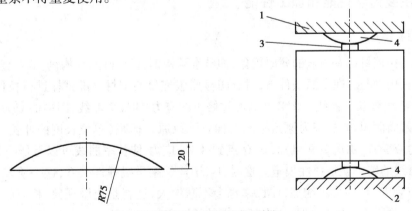

图 2.8　劈裂试验用钢垫条(单位:mm)

1—上压板;2—下压板;3—垫层;4—垫条

2. 试验步骤

①混凝土抗压强度试件应同龄期者为一组,每组为 3 个同条件制作和养护的混凝土试块。

②养护至试验龄期时,自养护室取出试件,应尽快试验,避免其湿度变化。检查外观时,在试块中部画出劈裂面位置线,劈裂面与试件成型时的顶面垂直。尺寸测量精确至 1 mm。

③试件放在球座上,几何对中,放稳垫条层垫条,其方向与试件成型时的顶面垂直。

④当混凝土强度等级小于 C30 时,加荷速度为 0.02 ~ 0.05 MPa/s;当混凝土强度等级大于或等于 C30 且小于 C60 时,加荷速度为 0.05 ~ 0.08 MPa/s;当混凝土强度等级大于或等于 C60 时,加荷速度为 0.08 ~ 0.10 MPa/s。当试件接近破坏而开始迅速变形时,不得调整试验机油门,直至试件破坏,记下破坏极限荷载 $F(N)$。

3. 试验结果计算

混凝土劈裂抗拉强度按下式计算:

$$f_{ts} = \frac{2F}{\pi A} = 0.637 \frac{F}{A} \tag{2.11}$$

式中 f_{ts}——混凝土劈裂抗拉强度,MPa,计算结果精确至 0.01 MPa;

F——试件破坏荷载,N;

A——试件劈裂面面积,为试件横截面面积,mm^2。

劈裂抗拉强度值的计算和异常数据的取舍原则:以 3 个试件测值的算术平均值作为测定值。如 3 个试件中最大值或最小值中,有一个与中间值的差值超过中间值的 15% 时,则取中间值为测定值;如有两个测值与中间值的差均超过中间值的 15%,则该组试件的试验结果无效。

任务3 钢材检测

钢材具有优异的力学性能和加工性能,广泛应用于各种不同类型的桥涵工程结构。

根据化学成分、冶炼和轧制工艺、形状不同等,工程用钢材可以分为很多种类。作为结构材料,钢材的力学性能是最重要的。在工程结构施工、构件制作时,都需要对钢材进行加工,如弯曲、焊接等,因此对钢材的加工性能也有很高的要求。

本任务主要讨论钢材的力学性能、加工性能及相应的试验检测方法等。

3.1 主要力学性能和加工性能

1. 屈服强度 R_{eL}

大部分结构钢材都有明显的屈服现象,如碳素结构钢、优质碳素结构钢、低合金结构钢等以及钢筋混凝土用钢筋。在室温条件下,对有明显屈服现象的钢材标准试样进行拉伸试验,可以得到钢材的应力-伸长率曲线。图 2.9 为经过修正的应力-伸长率曲线,图中的应力为拉力除以试样的原始截面面积,伸长率为原始标距的伸长除以原始标距(单位长度的伸长,用百分率表示,也可称为应变)。由图 2.9 可知,从 O 点到 A 点,应力-伸长率曲线可以看作一条通过 O 点的斜直线,直线的斜率就是弹性模量。这时,应力-伸长率呈线弹性关系,这一阶段称为线弹性阶段;从 A 点到 B 点,应力不增加,伸长率也会不断增大,这就是屈服现象,相应的应力称为屈服强度。这一阶段称为屈服阶段,A 点到 B 点的长度称为屈服平台。

屈服阶段中,应力-伸长率曲线会发生波动,取首次下降前的最大应力为上屈服强度;不计初始瞬时效应,取其最小应力下屈服强度 R_{eL}。通常,将下屈服强度 R_{eL} 作为屈服强度特征值(或屈服强度)。

2. 抗拉强度 R_m

在图 2.9 中,从 B 点起,继续拉伸,应力又随着伸长率的增加而增大,到 C 点处达到最大值

（即抗拉强度），B 点到 C 点称为强化段。从 C 点起，随着伸长率的增加，应力下降，试样最薄弱处出现颈缩显现；到 D 点时，试样受拉断裂，C 点到 D 点称为下降段。

对其他没有明显屈服现象的钢材，拉伸试验中的最大应力，即为抗拉强度。

3. 规定塑性延伸强度 R_p

在室温条件下，对没有明显屈服现象的钢材标准试样进行拉伸试验，可以得到另一种应力-延伸率曲线（图 2.10）。延伸率为引伸计标距的延伸除以引伸计标距（单位长度的延伸，也可称为应变）。由于应力-延伸率曲线没有明显的屈服现象，可以取对应于某一规定塑性延伸率（图 2.10 中的 e_p）对应的应力作为规定塑性延伸强度，作为这类钢材的强度指标。通常取塑性延伸率为 0.2% 所对应的应力作为规定塑性延伸强度，即 $R_{p0.2}$。

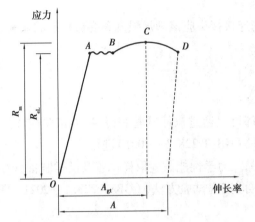 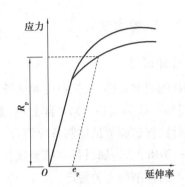

图 2.9　有明显屈服现象钢材的应力-伸长率曲线　　图 2.10　无明显屈服现象钢材的应力-延伸率曲线

4. 断后伸长率 A

钢材拉伸试验中，伸长率是用以表示钢材变形的重要参数。断后伸长率为试样拉伸断裂后的残余伸长量与原始标距之比（以百分率表示）。它是表示钢材变形性能、塑性变形能力的重要指标（图 2.9）。

5. 最大力总延伸率 A_{gt}

钢材拉伸试验中，最大力时原始标距的总延伸（弹性延伸加塑性延伸）与引伸计标距之比，称为最大力总延伸率（以百分率表示）。

6. 弯曲性能

在钢结构制作和安装、钢筋加工中，常常需要对钢材进行弯曲，要求钢材具有良好的弯曲性能。这是钢材的一个重要工艺性能或加工性能。

弯曲性能要求钢材具有一定的弯曲塑性变形能力。在弯曲到规定的角度后，弯曲部位不得发生裂纹等损坏现象。钢材的弯曲性能由弯曲试验或反复弯曲试验得到。

7. 应力松弛性能

应力松弛是钢材在规定的温度和规定约束条件下，应力随时间而减少的现象。松弛率为松弛应力与初始应力之比，用松弛率评价钢材的应力松弛性能。由于应力松弛通常会造成不利的后果，特别是在预应力混凝土结构中，预应力钢筋或钢绞线等受到很大的拉应力作用，应力松弛会造成预应力损失，影响结构性能。

应力松弛性能要求钢材特别是预应力用钢材的松弛率不得大于规定值。

8. 疲劳性能

钢材在一定次数的交变应力(随时间作周期性交替变优的应力)作用下,往往会在最大应力远小于其抗拉强度的情况下,发生突然破坏,这种现象称为"疲劳破坏"。钢材抵抗疲劳破坏的能力称为疲劳性能。

9. 冲击性能

钢材在冲击荷载作用下断裂时吸收能量的能力,称为冲击性能。它是衡量钢材抵抗脆性破坏的力学性能指标。

10. 钢筋连接

钢筋的连接通常采用焊接和机械连接。钢筋连接接头应该满足强度和变形性能的要求。

3.2 试验方法

1. 拉伸试验

钢材的屈服强度、抗拉强度和伸长率等性能都可以通过拉伸试验获得,拉伸试验应该按照《金属材料 拉伸试验 第1部分:室温试验方法》(GB/T 228.1—2021)进行。

钢材拉伸试验的试样制备应符合《钢及钢产品 力学性能试验取样位置及试样制备》(GB/T 2975—2018)、《金属材料 拉伸试验 第1部分:室温试验方法》(GB/T 228.1—2021)等相关金属产品标准的有关规定。

拉伸试验的试验机应按照《静力单轴试验机的检验 第1部分:拉力和(或)压力试验机测力系统的检验与校准》(GB/T 16825.1—2008)进行校准,并应为1级或优于1级。引伸计的准确度级别应符合《金属材料 单轴试验用引伸计系统的标定》(GB/T 12160—2019)的要求,测定上屈服强度、下屈服强度、屈服点延伸率、规定塑性延伸强度、规定总延伸强度、规定残余延伸强度,以及规定残余延伸强度的验证试验,应使用不劣于1级准确度的引伸计;测定其他具有较大延伸率的性能,如抗拉强度、最大力总延伸率和最大力塑性延伸率、断裂伸长率以及断后伸长率,应使用不劣于2级准确度的引伸计。

拉伸试验一般在室温10～35 ℃内进行。对于温度要求严格的试验,试验温度应为23 ℃±5 ℃。

拉伸试验的试验速率可以根据要求、条件等,选择采用应变速率控制(方法A)或应力速率控制(方法B)。应变速率控制可以使用引伸计测量试样的应变来实现,也可以通过控制试验机横梁位移速率来实现。应力速率控制是用拉伸力除以试样的原始截面面积得到应力,通过控制拉伸力的速率来实现控制应力速率。

1) 屈服强度

采用方法A控制试验速率,应变速率可以取0.000 25 s^{-1},相对误差为±20%。采用方法B控制试验速率,可按材料弹性模量的大小取相应的应力速率。弹性模量$E < 1.5 \times 10^5$ MPa时,应力速率不大于20 MPa/s;弹性模量$E \geq 1.5 \times 10^5$ MPa时,应力速率取60 MPa/s。

对于有明显屈服现象的钢材,可以采用图解法和指针法测定其上屈服强度和下屈服强度。

（1）图解法

试验时,记录力-延伸曲线或力-位移曲线(图2.11),从曲线图读取首次下降前的最大力和不计初始瞬时效应时屈服阶段中的应力最小力或屈服平台的恒定力,将其分别除以试样原始横截面积得到上屈服强度 R_{eH} 和下屈服强度 R_{eL}。

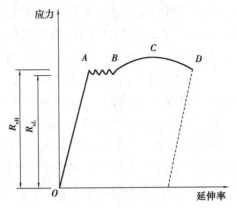

图2.11　图解法测定屈服强度

（2）指针法

试验时,读取测力度盘指针首次回转前指示的最大力和不计初始瞬时效应时屈服阶段中指示的最小力或首次停止转动指示的恒定力,将其分别除以试样原始横截面积得到上屈服强度和下屈服强度。

2）抗拉强度

采用方法A控制试验速率,应变速率可以取 $0.006\,7\ s^{-1}$,相对误差为±20%（$0.4\ min^{-1}$,相对误差为±20%）。

采用方法B控制试验速率,在测定屈服强度或塑性延伸强度后,试验速率可以用不大于 $0.008\ s^{-1}$ 的应变速率;如果仅仅需要测定抗拉强度,在整个试验过程中取不超过 $0.008\ s^{-1}$ 的单一试验速率。

也可以采用图解法、指针法或自动装置测定试样的抗拉强度:

①图解法。从试验记录的力-延伸曲线或力-位移曲线(图2.9)上读取最大力,将最大力除以试样原始横截面积得到抗拉强度。

②指针法。从测力度盘读取试验过程中的最大力,将最大力除以试样原始横截面积得到抗拉强度。

③自动装置。使用自动装置或自动测试系统等测定抗拉强度。

3）规定塑性延伸强度

采用方法A控制试验速率,用引伸计测量应变时,应变速率可以取 $0.000\,25\ s^{-1}$,相对误差为±20%,也可以换算成横梁位移速率。

采用方法B控制试验速率,在弹性范围可按材料弹性模量的大小取相应的应力速率,弹性模量 $E<1.5\times10^{5}$ MPa 时,应力速率取 $2\sim20$ MPa/s;弹性模量 $E\geqslant1.5\times10^{5}$ MPa 时,应力速率取 $6\sim60$ MPa/s;在塑性范围,改为按应变速率控制,应变速率不应超过 $0.002\,5\ s^{-1}$。

在试验得到的应力-延伸率曲线图上(图2.9),画一条与曲线的弹性直线段部分平行,且在延伸轴上与此直线段的距离等效于规定塑性延伸率,如 0.2% 的直线。此平行线与曲线的交截点给出相应于所求规定塑性延伸强度的力。将此力除以试样原始横截面积得到规定塑性延伸强度。

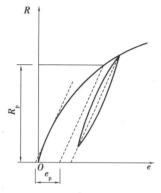

图 2.12　测定规定塑性延伸强度

如果力-延伸曲线的弹性直线部分不能明确确定,以致不能以足够的准确度画出该平行线,建议用另一种方法(图 2.12)。图 2.12 中,e 为延伸率,e_p 为规定塑性延伸率,R 为应力,R_p 为规定塑性延伸强度。试验中,加载超过预期的规定塑性延伸强度后,将力降至约为已达到力的 10%,然后再加载直至超过原已达到的力,可以得到一个力-延伸的滞后环。过滞后环的两端点画一条直线,然后作一条与此平行且经过横轴的平行线,其与横轴的交点到曲线原点的距离等效于规定塑性延伸率。该平行线与曲线的交截点给出相应于规定塑性延伸强度的力,此力除以试样原始横截面积得到规定塑性延伸强度。

可以按以下方法修正曲线的原点:作一条平行于滞回环所确定直线的平行线,并使其与力-延伸曲线相切,此平行线与延伸轴的交点即为曲线的修正原点(图 2.12)。

4)断后伸长率

采用方法 A 控制试验速率,应变速率可以取 0.006 7 s^{-1},相对误差为 ±20%(0.4 min^{-1},相对误差为 ±20%)。

采用方法 B 控制试验速率,在测定屈服强度或塑性延伸强度后,试验速率可以用不大于 0.008 s^{-1} 的应变速率。

试样被拉伸断裂后,应将其断裂的部分仔细配接在一起,使其轴线处于同一直线上,并采取特别措施确保试样断裂部分适当接触后测量试样断后标距。按前述的定义计算断后伸长率,即断后标距减去原始标距,然后除以原始标距。

应使用分辨力优于 0.1 mm 的量具或测量装置测定断后标距,精确到 ±0.25 mm;如规定的最小断后伸长率小于 5%,宜采用特殊方法进行测定。

原则上,只有断裂处与最接近的标距标记的距离不小于原始标距的 1/3 情况方为有效。断后伸长率大于或等于规定值时,不论断裂位置处于何处,测量均为有效。

为避免因断裂发生在离最接近的标距标记的距离小于原始标距的 1/3 而造成试样报废,可以采用移位法测定断后伸长率(图 2.13)。

如图 2.13 所示,试验前将原始标距 L_0 细分为 5 mm(标准推荐)到 10 mm 的 N 等份。试验后,以符号 X 表示断裂后试样短段的标距标记,以符号 Y 表示断裂后试样长段上的某个标记,使此标记 Y 到断裂处的距离最接近于断裂处到标距标记 X 的距离。测得 X 与 Y 之间的分格数为 n,按以下方法测定断后伸长率。

①如 $N-n$ 为偶数[图 2.13(a)],测量 X 与 Y 之间的距离(XY)和 Y 与 Z 之间的距离(YZ)[Y 与 Z 之间的分格数为 $(N-n)/2$],按下式计算断后伸长率:

$$A = \frac{XY + 2 \times YZ - L_0}{L_0} \times 100\% \tag{2.12}$$

②如 $N-n$ 为奇数[图 2.13(b)],测量 X 与 Y 之间的距离(XY)和 Y 与 Z' 之间的距离(YZ')

[Y 与 Z' 之间的分格数为 $(N-n-1)/2$]和 Y 与 Z'' 之间的距离 (YZ'')[Y 与 Z'' 之间的分格数为 $(N-n+1)/2$]，按下式计算断后伸长率：

$$A = \frac{XY+YZ'2+YZ''-L_0}{L_0} \times 100\%$$ (2.13)

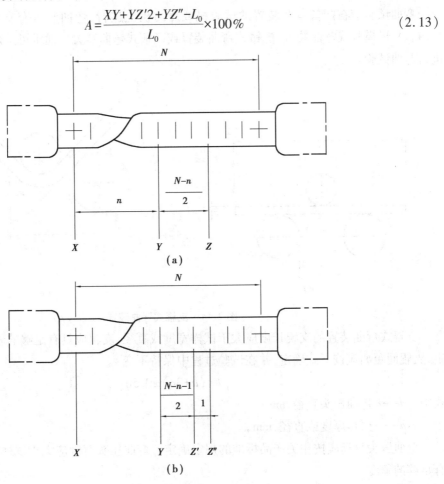

图 2.13　移位法测定断后伸长率

5）最大力总延伸率

采用方法 A 控制试验速率，应变速率可以取 $0.006\ 7\ \text{s}^{-1}$，相对误差为 $\pm 20\%$（$0.4\ \text{min}^{-1}$，相对误差 $\pm 20\%$）。

采用方法 B 控制试验速率，在测定屈服强度或塑性延伸强度后，试验速率可以用不大于 $0.008\ \text{s}^{-1}$ 的应变速率。

拉伸试验中，用引伸计得到力-延伸曲线上测定最大力时的总延伸。该总延伸除以引伸计标距，得到最大力总延伸率。

如有些钢材在最大力时，曲线呈现一平台，则取曲线平台中点的最大力对应的总延伸率。用该总延伸除以引伸计标距也可得最大总延伸率。

2. 弯曲试验

钢材的弯曲性能可以通过弯曲试验获得，弯曲试验应该按照《金属材料　弯曲试验方法》（GB/T 232—2010）进行。

钢材弯曲试验的试样制备应符合《钢及钢产品　力学性能试验取样位置及试样制备》（GB/

T 2975—2018)、《金属材料　弯曲试验方法》(GB/T 232—2010)等相关金属产品标准的有关规定。

弯曲试验应在配备弯曲装置的试验机或压力机上进行,弯曲装置有支辊式弯曲装置(图2.14)、V形模具式弯曲装置、虎钳式弯曲装置或翻板式弯曲装置。通常可采用支辊式弯曲装置进行弯曲试验。

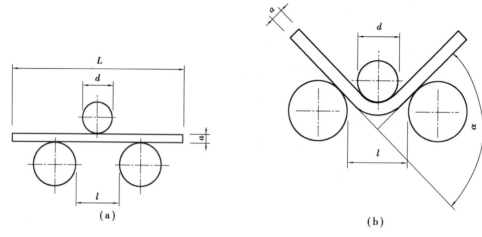

图 2.14　支辊式弯曲装置

支辊式弯曲装置的支辊长度应大于试样宽度或直径,支辊应具有足够的硬度。除非另有规定,支辊间距离应按下式确定,并在试验过程中保持不变:

$$l = (d+3a) \pm 0.5a \tag{2.14}$$

式中　d——弯曲压头直径,mm;

　　　a——试样厚度或直径,mm。

弯曲压头直径应按相关产品标准的规定确定。弯曲压头宽度应大于试样宽度或直径,且具有足够的硬度。

试验一般在 10~35 ℃的室温范围内进行。对于温度要求严格的试验,试验温度应为 23 ℃±5 ℃。

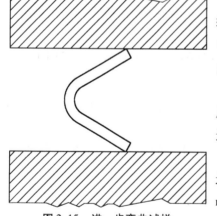

图 2.15　进一步弯曲试样

试验过程时,应将试样放于两支辊上(图2.14),试样轴线应与弯曲压头轴线垂直。弯曲压头在两支辊之间的中点处对试样连续施加力使其弯曲,直至达到规定的弯曲角度。

如不能直接达到规定的角度,应将试样置于两平行压板之间,连续施加力压其两端,使其进一步弯曲,直至达到规定的弯曲角度(图2.15)。

弯曲试验时,应缓慢施加弯曲力,以使材料能够自由地进行塑性变形。当出现争议时,试验速率应为(1±0.2)mm/s。

应按照相关产品标准的要求评定弯曲试验结果。如标准中未作具体要求,弯曲试验后不使用放大仪器观察,试样弯曲外表面无可见裂纹应评定为合格。

以相关产品标准规定的弯曲角度作为最小值。若规定弯曲压头直径,以规定的弯曲压头直径作为最大值。

3. 反复弯曲试验

直径或厚度为 0.3 ~ 10 mm(包括 10 mm)金属线材的弯曲性能可以通过反复弯曲试验获得。反复弯曲试验应该按照《金属材料 线材 反复弯曲试验方法》(GB/T 238—2013)进行。

反复弯曲试验的试样应尽可能平直,必要时可以对试样进行矫直。反复弯曲试验机工作原理和构造示意如图 2.16 所示。反复弯曲试验一般应在室温 10 ~ 35 ℃下进行。对于温度要求严格的试验,试验温度应为 23 ℃±5 ℃。

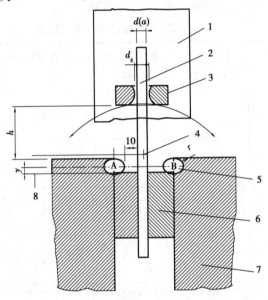

图 2.16 反复弯曲试验机工作原理和构造示意图(单位:mm)

1—弯曲臂;2—试样;3—拔杆;4—弯曲臂转动中心;5—圆柱支座 A 和 B;6—夹块;7—支座;

8—夹块顶面;d—圆金属线材直径;a—非圆截面试样最小厚度;r—圆柱支座半径;

h—圆柱支座顶部至拔杆底部距离;d_g—拔杆孔直径;y—两圆柱支座轴线所在平面与试样最近接触点的距离

反复弯曲试验程序如下:

①根据线材直径,选择圆柱支座半径、圆柱支座顶部至拔杆底部距离及拔杆孔直径;

②使弯曲臂处于垂直位置,将试样由拔杆孔插入,下端用夹块夹紧,并使试样垂直于圆柱支座轴线;

③将试样由垂直位置向任一方向弯曲90°,再弯曲至起始位置,作为一次弯曲;

④将试样向相反方向弯曲90°,再弯曲至起始位置,作为又一次弯曲;

⑤依次向相反方向进行连续不间断的反复弯曲,直至达到规定的弯曲次数或出现肉眼可见裂纹或试样完全断裂为止。试样断裂的最后一次弯曲不计入弯曲次数。

3.3 钢材产品检验

1. 钢筋混凝土用钢筋

1)热轧带肋钢筋

根据《钢筋混凝土用钢 第 2 部分:热轧带肋钢筋》(GB/T 1499.2—2018),热轧带肋钢筋

（包括普通热轧带肋钢筋和细品粒热轧带肋钢筋）按屈服强度特征值分为 400 级、500 级、600 级,普通热轧带肋钢筋的牌号为 HRB400、HRB500 和 HRB600,细晶粒热轧带肋钢筋的牌号为 HRBF400 和 HRBF500。

热轧带肋钢筋横截面为圆形,表面带有横肋,通常还带有纵肋;有些钢筋横肋的纵截面呈月牙形,可称为月牙肋钢筋。

（1）力学性能

热轧带肋钢筋的屈服强度 R_{eL}、抗拉强度 R_m、断后伸长率 A、最大力总伸长率 A_{gt} 等力学性能特征值如表 2.13 所示。表 2.13 中,直径 28 ~ 40 mm 各牌号钢筋的断后伸长率 A 可降低 1%,直径大于 40 mm 各牌号钢筋的断后伸长率 A 可降低 2%。

表 2.13 热轧带肋钢筋力学性能特征值

牌号	下屈服强度 R_{eL}/MPa	抗拉强度 R_m/MPa	断后伸长率 A/%	最大力总伸长率 A_{gt}/%	R_m^0/R_{eL}^0	R_{eL}^0/R_{eL}
HRB400	400	500	≤16	7.5	—	—
HRBF400						
HRB400E			—	9.0	1.25	≤1.30
HRBF400E						
HRB500	500	630	≤15	7.5	—	—
HRBF500						
HRB500E			—	9.0	1.25	≤1.30
HRBF500E						
HRB600	600	730	≤14	7.5	—	—

注: R_m^0 为钢筋实测抗拉强度, R_{eL}^0 为钢筋实测下屈服强度。

钢筋力学性能的试验按照《金属材料 拉伸试验 第 1 部分:室温试验方法》(GB/T 228.1 —2021)的有关规定进行,试样数量为 2 根,从任选 2 根钢筋上切取,计算强度所用面积应为公称截面面积。

（2）弯曲性能

按表 2.14 规定,弯芯直径弯曲 180° 后,钢筋受弯曲部位表面不得产生裂纹。

钢筋弯曲性能试验按照《金属材料 弯曲试验方法》(GB/T 232—2010)的有关规定进行,试样数量为 2 根,从任选 2 根钢筋上切取。

表 2.14 热轧钢筋弯曲性能要求

牌号	公称直径 d/mm	弯芯直径
HRB400	6 ~ 25	$4d$
HRBF400		
HRB400E	28 ~ 40	$5d$
HRBF400E	>40 ~ 50	$6d$

续表

牌号	公称直径 d/mm	弯芯直径
HRB500 HRBFS00	6～25	$6d$
HRB500E HRBF500E	28～40	$7d$
HRB600	>40～50	$8d$

（3）其他检验项目

根据工程使用需求,还可以检验其他项目,如反向弯曲性能、疲劳性能、焊接性能和表面质量等。表面形状及尺寸允许偏差、质量偏差及相应的检验方法,应参照《钢筋混凝土用钢　第 2 部分:热轧带肋钢筋》(GB/T 1499.2—2018)相关规定执行。

2）热轧光圆钢筋

根据《钢筋混凝土用钢　第 1 部分:热轧光圆钢筋》(GB/T 1499.1—2017),热轧光圆钢筋（包括热轧直条钢筋和盘卷光圆钢筋）按屈服强度特征值分为 300 级,其牌号为 HPB300。

（1）力学性能

热轧光圆钢筋的屈服强度 R_{eL}、抗拉强度 R_m、断后伸长率 A、最大力总伸长率 A_{gt} 等力学性能特征值如表 2.15 所示,钢筋检验结果应不小于表 2.15 中所列的特征值。

表 2.15　热轧光圆钢筋力学性能特征值

牌号	R_{eL}/MPa	R_m/MPa	A/%	A_{gt}/%
HPB300	≥300	≥420	≥25.0	≥10.0

钢筋力学性能试验按照《金属材料　拉伸试验　第 1 部分:室温试验方法》(GB/T 228.1—2021)的有关规定进行,试样数量为 2 根,从任选 2 根钢筋上切取,计算强度所用面积为公称横截面面积。

（2）弯曲性能

弯曲试验的弯芯直径为钢筋的公称直径,弯曲 180°后,钢筋受弯曲部位表面不得产生裂纹。

钢筋弯曲性能的试验按照《金属材料　弯曲试验方法》(GB/T 232—2010)的有关规定进行,试样数量为 2 根,从任选 2 根钢筋上切取。

（3）其他检验项目

表面质量、表面形状、尺寸允许偏差、质量偏差及相应的检验方法,应参照《钢筋混凝土用钢　第 1 部分:热轧光圆钢筋》(GB/T 1499.1—2017)相关规定执行。

2.预应力混凝土用钢棒

按照《预应力混凝土用钢棒》(GB/T 5223.3—2017),预应力混凝土用钢棒（以下称为钢棒）由低合金钢热轧圆盘条经过冷加工后（或不经过冷加工）淬火和回火所得到,按表面形状分为光圆、螺旋槽、螺旋肋和带肋钢棒。

钢棒按不同的制造加工有不同的强度等级和试验要求,此外还有延性级别和松弛级别要求。

（1）力学性能

钢棒的抗拉强度 R_m、规定非比例延伸强度 $R_{p0.2}$ 如表 2.16 所示，伸长特性（断后伸长率 A、最大力总伸长率 A_{gt}）要求如表 2.17 所示。钢棒检验结果应不小于表 2.16、表 2.17 中所列的规定值。

表 2.16　预应力混凝土用钢棒强度要求

表面形状类型	公称直径/mm	R_m/MPa	$R_{p0.2}$/MPa
光圆	6～16	对所有规格	对所有规格
螺旋槽	7.1～14.0	1 080	930
螺旋肋	6～14	1 230	1 080
		1 420	1 280
带肋	6～16	1 570	1 420
螺旋肋	16～22	1 080	930
		1 270	1 140

表 2.17　预应力混凝土用钢棒伸长特性要求

延性级别	$A_{gt}(L_0 = 200 \text{ mm})/\%$	$A(L_0 = 8d)/\%$
延性 35	3.5	7.0
延性 25	2.5	5.0

注：L_0 为标距，d 为钢棒公称直径。

钢棒力学性能的试验按照《金属材料　拉伸试验　第 1 部分：室温试验方法》（GB/T 228.1—2021）的有关规定进行，但伸长特性试验的标距按表 2.17 确定；抗拉强度试样数量为 1 根/盘，规定非比例延伸强度试样数量为 3 根/批，断后伸长率试样数量为 1 根/盘，最大力总伸长率试样数量为 3 根/批，从每（任一）盘中任意一端截取；计算强度所用面积为公称横截面面积。拉伸试验后，目视观察，钢棒应呈现出缩颈韧性断口。

（2）弯曲性能

公称直径不大于 10 mm 的钢棒（螺旋槽钢棒和带肋钢棒除外）应按表 2.18 的规定进行反复弯曲试验，公称直径大于 10 mm 的钢棒（螺旋槽钢棒和带肋钢棒除外）应按表 2.18 的规定进行弯曲试验。

表 2.18　钢棒的弯曲性能要求

表面形状类型	公称直径 d/mm	弯曲性能	
		性能要求	弯曲半径/mm
光圆	6	反复弯曲不小于 4 次/180°	15
	7～8		20
	9～10		25
	11～16	弯曲 160°～180° 后弯曲处无裂纹	弯芯直径为钢棒公称直径的 10 倍

表面形状类型	公称直径 d/mm	弯曲性能	
		性能要求	弯曲半径/mm
螺旋肋	6	反复弯曲不小于 4 次/180°	15
	7～8		20
	9～10		25
	11～22	弯曲 160°～180°后弯曲处无裂纹	弯芯直径为钢棒公称直径的 10 倍

钢棒反复弯曲试验按照《金属材料　线材　反复弯曲试验方法》(GB/T 238—2013)的有关规定进行,钢棒弯曲试验按照《金属材料　弯曲试验方法》(GB/T 232—2010)的有关规定进行,试样数量均为 3 根/批,从每(任一)盘中任意一端截取。

(3)应力松弛性能

钢棒应进行初始应力为 70% 公称抗拉强度的 1 000 h 松弛试验。如需方有要求,也应测定初始应力为 60% 和 80% 公称抗拉强度 1 000 h 的松弛值,实测松弛值应不大于表 2.19 规定的最大松弛值。

表 2.19　钢棒最大松弛值

初始应力为公称抗拉强度的百分数/%	1 000 h 松弛值/%
70	2.0
60	1.0
80	4.5

应力松弛试验应参照《金属材料　拉伸应力松弛试验方法》(GB/T 10120—2013)的有关规定进行。试样数量为不少于 1 根/每条生产线每个月,从每(任一)盘中任意一端截取。

(4)其他检验项目

疲劳试验、表面质量、横截面面积等相应的检验方法应参照《预应力混凝土用钢棒》(GB/T 5223.3—2017)。

3.预应力混凝土用钢绞线

按照《预应力混凝土用钢绞线》(GB/T 5224—2014)的规定,预应力混凝土用钢绞线(以下称为钢绞线)是由冷拉光圆钢丝及刻痕钢丝捻制而成,按结构形式分为以下 8 类:

①用 2 根钢丝捻制的钢绞线,1×2;

②用 3 根钢丝捻制的钢绞线,1×3;

③用 3 根刻痕钢丝捻制的钢绞线,1×3I;

④用 7 根钢丝捻制的标准型钢绞线,1×7;

⑤用 6 根刻痕钢丝和 1 根光圆中心钢丝捻制的钢绞线,1×7I;

⑥用 7 根钢丝捻制又经模拔的钢绞线,(1×7)C;

⑦用 19 根钢丝捻制的 1+9+9 西鲁式钢绞线,1×19S;

⑧用 19 根钢丝捻制的 1+6+6/6 瓦林吞式钢绞线,1×19W。

钢绞线的产品标记包含结构代号、公称直径、强度级别和标准编号。

（1）力学性能

按不同的结构形式、公称直径和强度等级,有不同的力学性能要求,表2.20为1×2结构钢绞线的力学性能要求,表2.21为1×3结构钢绞线的力学性能要求,表2.22为1×3I结构钢绞线的力学性能要求,表2.23为1×7结构钢绞线的力学性能要求,表2.24为1×7I结构钢绞线的力学性能要求,表2.25为(1×7)C结构钢绞线的力学性能要求,表2.26为1×19S(1+9+9)结构钢绞线力学性能要求,表2.27为1×19W(1+6+6/6)结构钢绞线力学性能要求,检验结果应不小于各表中所列的规定值。表2.20至表2.27中,L_0为标距。

表2.20　1×2结构钢绞线的力学性能要求

钢绞线公称直径 D_n/mm	公称抗拉强度 R_m/MPa	整根钢纹线最大力 F_m/kN	整根钢绞线最大力的最大值 $F_{m,max}$/kN	0.2%屈服力 $F_{p0.2}$/kN	最大力总伸长率 A_{gt}（$L_m \geq 400$ mm）/%
8.00		≥36.9	≤41.9	≥32.5	
10.00	1 470	≥57.8	≤65.6	≥50.9	
12.00		≥83.1	≤94.4	≥73.1	
5.00		≥15.4	≤17.4	≥13.6	
5.80		≥20.7	≤23.4	≥18.2	
8.00	1 570	≥39.4	≤44.4	≥34.7	
10.00		≥61.7	≤69.6	≥54.3	
12.00		≥88.7	≤100	≥78.1	
5.00		≥16.9	≤18.9	≥14.9	
5.80		≥22.7	≤25.3	≥20.0	
8.00	1 720	≥43.2	≤48.2	≥38.0	≥3.5
10.00		≥67.6	≤75.5	≥59.5	
12.00		≥97.2	≤108	≥85.5	
5.00		≥18.3	≤20.2	≥16.1	
5.80		≥24.6	≤27.2	≥21.6	
8.00	1 860	≥46.7	≤51.7	≥41.1	
10.00		≥73.1	≤81.0	≥64.3	
12.00		≥105	≤116	≥92.5	
5.00		≥19.2	≤21.2	≥16.9	
5.80	1 960	≥25.9	≤28.5	≥22.8	
8.00		≥49.2	≤54.2	≥43.3	
10.00		≥77.0	≤84.9	≥67.8	

表 2.21　1×3 结构钢绞线的力学性能要求

钢绞线公称直径 D_n/mm	公称抗拉强度 R_m/MPa	整根钢绞线最大力 F_m/kN	整根钢绞线最大力的最大值 $F_{m,max}$/kN	0.2% 屈服力 $F_{p0.2}$/kN	最大力总伸长率 A_{gt} ($L_m \geqslant 400$ mm) /%
8.60	1 470	≥55.4	≤63.0	≥48.8	
10.80	1 470	≥86.6	≤98.4	≥76.2	
12.90		≥125	≤142	≥110	
6.20	1 570	≥31.1	≤35.0	≥27.4	
6.50	1 570	≥33.3	≤37.5	≥29.3	
8.60		≥59.2	≤66.7	≥52.1	
8.74	1 570	≥60.6	≤68.3	≥53.3	
10.80	1 570	≥92.5	≤104	≥81.4	
12.90		≥133	≤150	≥117	
8.74	1 670	≥64.5	≤72.2	≥56.8	
6.20		≥34.1	≤38.0	≥30.0	
6.50		≥36.5	≤40.7	≥32.1	
8.60	1 720	≥64.8	≤72.4	≥57.0	≥3.5
10.80		≥101	≤113	≥88.9	
12.90		≥146	≤163	≥128	
6.20		≥36.8	≤40.8	≥32.4	
6.50		≥39.4	≤43.7	≥34.7	
8.60	1 860	≥70.1	≤77.7	≥61.7	
8.74		≥71.8	≤79.5	≥63.2	
10.80		≥110	≤121	≥96.8	
12.90		≥158	≤175	≥139	
6.20		≥38.8	≤42.8	≥34.1	
6.50		≥41.6	≤45.8	≥36.6	
8.60	1 960	≥73.9	≤81.4	≥65.0	
10.80		≥115	≤127	≥101	
12.90		≥166	≤183	≥146	

表 2.22　1×3I 结构钢绞线的力学性能要求

钢绞线公称直径 D_n/mm	公称抗拉强度 R_m/MPa	整根钢绞线最大力 F_m/kN	整根钢绞线最大力的最大值 $F_{m,max}$/kN	0.2%屈服力 $F_{p0.2}$/kN	最大力总伸长率 A_{gt} ($L_m \geq 400$ mm)/%
8.70	1 570	≥60.4	≤68.1	≥53.2	≥3.5
	1 720	≥66.2	≤73.9	≥58.3	
	1 860	≥71.6	≤79.3	≥63.0	

表 2.23　1×7 结构钢绞线的力学性能要求

钢绞线公称直径 D_n/mm	公称抗拉强度 R_m/MPa	整根钢绞线最大力 F_m/kN	整根钢绞线最大力的最大值 $F_{m,max}$/kN	0.2%屈服力 $F_{p0.2}$/kN	最大力总伸长率 A_{gt} ($L_m \geq 400$ mm)/%
15.20(15.24)	1 470	≥206	≤234	≥181	≥3.5
	1 570	≥220	≤248	≥194	
	1 670	≥234	≤262	≥206	
9.50(9.53)	1 720	≥94.3	≤105	≥83.0	
11.10(11.11)		≥128	≤142	≥113	
12.70		≥170	≤190	≥150	
15.20(15.24)		≥241	≤269	≥212	
17.80(17.78)		≥327	≤365	≥288	
18.90	1 820	≥400	≤444	≥352	
15.70	1 770	≥266	≤296	≥234	
21.60		≥504	≤561	≥444	
9.50(9.53)	1 860	≥102	≤113	≥89.8	
11.10(11.11)		≥138	≤153	≥121	
12.70		≥184	≤203	≥162	
15.20(15.24)		≥260	≤288	≥229	
15.70		≥279	≤309	≥246	
17.80(17.78)		≥355	≤391	≥311	
18.90		≥409	≤453	≥360	
21.60		≥530	≤587	≥466	
9.50(9.53)	1 960	≥107	≤118	≥94.2	
11.10(11.11)		≥145	≤160	≥128	
12.70		≥193	≤213	≥170	
15.20(15.24)		≥274	≤302	≥241	

注:可按括号内规格供货。

表 2.24　1×7I 结构钢绞线的力学性能要求

钢绞线公称直径 D_n/mm	公称抗拉强度 R_m/MPa	整根钢绞线最大力 F_m/kN	整根钢绞线最大力的最大值 $F_{m,max}$/kN	0.2% 屈服力 $F_{p0.2}$/kN	最大力总伸长率 A_{gt} ($L_m \geqslant 400$ mm) /%
12.70	1 860	≥184	≤203	≥162	≥3.5
15.20(15.24)		≥260	≤288	≥229	

注:可按括号内规格供货。

表 2.25　(1×7)C 结构钢绞线的力学性能要求

钢绞线公称直径 D_n/mm	公称抗拉强度 R_m/MPa	整根钢绞线最大力 F_m/kN	整根钢绞线最大力的最大值 $F_{m,max}$/kN	0.2% 屈服力 $F_{p0.2}$/kN	最大力总伸长率 A_{gt} ($L_m \geqslant 400$ mm) /%
12.70	1 860	≥208	≤231	≥183	≥3.5
15.20(15.24)	1 820	≥300	≤333	≥264	
≤18.00	1 720	≥384	≤428	≥338	

表 2.26　1×19S(1+9+9) 结构钢绞线力学性能要求

钢绞线公称直径 D_n/mm	公称抗拉强度 R_m/MPa	整根钢绞线最大力 F_m/kN	整根钢绞线最大力的最大值 $F_{m,max}$/kN	0.2% 屈服力 $F_{p0.2}$/kN	最大力总伸长率 A_{gt} ($L_m \geqslant 400$ mm) /%
28.6	1 720	≥915	≤1 021	≥805	≥3.5
17.8	1 770	≥368	≤410	≥334	
19.3		≥431	≤481	≥379	
20.3		≥480	≤534	≥422	
21.8		≥554	≤617	≥488	
28.6		≥942	≤1 048	≥829	
20.3	1 810	≥491	≤545	≥432	
21.8		≥567	≤629	≥499	
17.8	1 860	≥387	≤428	≥341	
19.3		≥454	≤503	≥400	
20.3		≥504	≤558	≥444	
21.8		≥583	≤645	≥513	

表 2.27 1×19W(1+6+6/6)结构钢绞线力学性能要求

钢绞线公称直径 D_n/mm	公称抗拉强度 R_m/MPa	整根钢绞线最大力 F_m/kN	整根钢绞线最大力的最大值 $F_{m,max}$/kN	0.2%屈服力 $F_{p0.2}$/kN	最大力总伸长率 A_{gt} ($L_m \geq 400$ mm) /%
28.6	1 720	≥915	≤1 021	≥805	
	1 770	≥942	≤1 048	≥829	≥3.5
	1 860	≥990	≤1 096	≥854	

钢绞线力学性能的试验按《预应力混凝土用钢材试验方法》(GB/T 21839—2019)的有关规定进行,试样在夹头内和距钳口 2 倍钢绞线公称直径内断裂达不到标准要求时,试验无效。计算抗拉强度时,取钢绞线的公称横截面面积值。屈服力 F_a 指引伸计标距(不小于一个捻距)的非比例延伸达到引伸计标距0.2%时的力。测定最大力总伸长率时,如有预加负荷,应考虑将预加负荷所产生的伸长率计入总伸长率内。

整根钢绞线的最大力试样数量为 3 根/批,屈服力试样数量为 3 根/批,最大力总伸长率试样数量为 3 根/批,从每(任一)盘中任意一端截取。

(2)应力松弛性能

所有不同规格钢绞线的松弛性能要求如表 2.28 所示,实测应力松弛率应不大于表中规定的松弛率。

表 2.28 钢绞线应力松弛性能要求

初始负荷相当于实际最大力的百分数/%	1 000 h 应力松弛率 r/%
70	≤2.5
80	≤4.5

应力松弛试验应参照《预应力混凝土用钢材试验方法》(GB/T 21839—2019)的有关规定进行,试样的环境温度应保持在 20 ℃±2 ℃内,标距长度不小于公称直径的 60 倍,试样制备后不得进行任何热处理和冷加工,允许用至少 120 h 的测试数据推算 1 000 h 的松弛值。试样数量为不少于 1 根/每合同批,从每(任一)盘卷中任意一端截取。

(3)其他检验项目

其他检验项目包括表面质量、外形尺寸和钢绞线伸直性的检验以及疲劳性能试验和偏斜拉伸试验,应参照《预应力混凝土用钢绞线》(GB/T 5224—2014)进行。

4.预应力混凝土用螺纹钢筋

按照《预应力混凝土用螺纹钢筋》(GB/T 20065—2016)的规定,预应力混凝土用螺纹钢筋(以下称为螺纹钢筋)采用热轧、轧后余热处理或热处理等工艺生产。外表有热轧成的不连续外螺纹的直条钢筋,可以与带有匹配形状的内螺纹连接器或锚具进行连接。螺纹钢筋按屈服强度划分级别,用其代号为"PSB"加上规定屈服强度最小值表示。

(1)力学性能

表 2.29 为不同级别螺纹钢筋的力学性能要求,检验结果应不小于表中所列的规定值。如

无明显屈服时,用规定非比例延伸强度 $R_{p0.2}$ 代替。

表 2.29 预应力混凝土用螺纹钢筋力学性能要求

级别	屈服强度 R_{eL}/MPa	抗拉强度 R_m/MPa	断后伸长率 A/%	总伸长率 A_{gt}/%
PSB785	785	980	8	
PSB830	830	1 030	7	
PSB930	930	1 080	7	3.5
PSB1080	1 080	1 230	6	
PSB1200	1 200	1 330	6	

螺纹钢筋力学性能的试验按照《金属材料 拉伸试验 第 1 部分:室温试验方法》(GB/T 228.1—2021)的有关规定进行,计算应力时用公称横截面面积,试样数量为 2 根。

(2)应力松弛性能

各个级别螺纹钢筋的松弛性能要求均相同,初始应力取 $0.7R$(公称屈服强度),实测 1 000 h 后应力松弛率不大于 4%。

应力松弛试验应参照《金属材料 拉伸应力松弛试验方法》(GB/T 10120—2013)的有关规定进行,试样的环境温度应保持在 20 ℃±2 ℃内,标距长度不小于公称直径的 60 倍,试样制备后不得进行任何热处理和冷加工,初始负荷应在 3~5 min 内均匀施加完毕、持荷 1 min 后开始记录松弛值,允许用至少 120 h 的测试数据推算 1 000 h 的松弛值。试样数量为 1 根/1 000 t。

(3)其他检验项目

表面质量、外形尺寸的检验以及疲劳性能试验,应参照《预应力混凝土用螺纹钢筋》(GB/T 20065—2016)进行。

5. 碳素结构钢

按照《碳素结构钢》(GB/T 700—2006)的规定,碳素结构钢的牌号由代表屈服强度的字母 Q、屈服强度数值、质量等级符号(A、B、C、D)、脱氧方法符号(F、Z、TZ)组成。强度等级有 Q195、Q215、Q235、Q275。

碳素结构钢的形式有热轧钢板、钢带、型钢和钢棒。

(1)力学性能

表 2.30 为碳素结构钢的力学性能要求。对于不同的厚度和直径,有不同的要求,检验结果应不小于表中所列的规定值。

表 2.30 碳素结构钢的力学性能要求

牌号	屈服强度/MPa						抗拉强度 R_m/MPa	伸长率/%				
	厚度(或直径)/mm							厚度(或直径)/mm				
	≤16	>16~40	>40~60	>60~100	>100~150	>150~200		≤40	>40~60	>60~100	>100~150	>150~200
Q195	195	185	—	—	—	—	315~430	33	—	—	—	—
Q215	215	205	195	185	175	165	335~450	31	30	29	27	26

续表

牌号	屈服强度/MPa						抗拉强度 R_m/MPa	伸长率/%				
	厚度(或直径)/mm							厚度(或直径)/mm				
	≤16	>16 ~40	>40 ~60	>60 ~100	>100 ~150	>150 ~200		≤40	>40 ~60	>60 ~100	>100 ~150	>150 ~200
Q235	235	225	215	215	195	185	370 ~ 500	26	25	24	22	21
Q275	275	265	255	245	225	215	410 ~ 540	22	21	20	18	17

注:①Q195 的屈服强度仅作为参考。

②厚度大于 100 mm 的钢材,抗拉强度下限允许降低 20 MPa。

碳素结构钢力学性能试验按照《金属材料 拉伸试验 第 1 部分:室温试验方法》(GB/T 228.1—2021)的有关规定进行,试样数量为 1 个。

（2）弯曲性能

按表 2.31 规定的弯芯直径弯曲 180°后,试样受弯曲部位表面不得产生裂纹。

表 2.31 碳素结构钢的弯曲性能要求

牌号	试样方向	冷弯试验 180°,B=20	
		钢材厚度(或直径)/mm	
		≤60	>60 ~100
		弯芯直径 d	
Q195	纵向	0	—
	横向	0.5a	—
Q215	纵向	0.5a	1.5a
	横向	a	2a
Q235	纵向	a	2a
	横向	1.5a	2.5a
Q275	纵向	1.5a	2.5a
	横向	2a	3a

注:B 为试样宽度,a 为试样厚度。

碳素结构钢弯曲性能的试验按照《金属材料 弯曲试验方法》(GB/T 232—2010)的有关规定进行,试样数量为 1 个。

（3）冲击试验

厚度不小于 12 mm 或直径不小于 16 mm 的钢材应做冲击试验,试验方法按《金属材料 夏比摆锤冲击试验方法》(GB/T 229—2007)的有关规定进行,试样数量为 3 个。

6. 低合金高强度结构钢

按照《低合金高强度结构钢》(GB/T 1591—2018)的规定,低合金高强度结构钢的牌号由代表屈服强度"屈"字的汉语拼音首字母 Q、规定的最小上屈服强度数值、交货状态代号、质量等级符号(B、C、D、E、F)4 个部分组成。

强度等级有 Q355、Q390、Q420、Q460、Q500、Q550、Q620、Q690。交货状态有以热轧、正火、正火轧制和热机械(TMCP)轧制。热轧代号为 AR 或 WAR(可省略),正火、正火轧制代为 N,热机械轧制代号为 M。

低合金高强度结构钢的形式有热轧钢板、钢带、型钢和钢棒等。

(1)力学性能

表 2.32 至表 2.35 为低合金高强度结构钢的力学性能要求。对于不同的交货状态、厚度和直径,有不同的要求,检验结果应不小于表中所列的规定值。

表 2.32　热轧钢材的拉伸性能要求

牌号		上屈服强度 R_{eH}/MPa[①]									抗拉强度 R_m/MPa			
		公称厚度或直径/mm												
钢级	质量等级	≤16	>16~40	>40~63	>63~80	>80~100	>100~150	>150~200	>200~250	>250~400	≤100	>100~150	>150~250	>250~400
Q355	B、C	355	345	335	325	315	295	285	275	—	470~630	450~600	450~600	—
	D									265[②]				450~600[②]
Q390	B、C、D	390	380	360	340	340	320	—	—	—	490~650	470~620		
Q420[②]	B、C	420	410	390	370	370	350	—	—	—	520~680	500~650		
Q460[③]	C	460	450	430	410	410	390	—	—	—	550~720	530~700		

注:①当屈服不明显时,可用规定塑性延伸强度 $R_{p0.2}$ 代替上屈服强度。

　　②只适用于质量等级为 D 的钢板。

　　③只适用于型钢和棒材。

表 2.33　热轧钢材的断后伸长率

牌号			断后伸长率 A/%					
			公称厚度或直径/mm					
钢级	质量等级	试样方向	≤40	>40−63	>63~100	>100~150	>150~250	>250~400
Q355	B、C、D	纵向	22	21	20	18	17	17[①]
		横向	20	19	18	18	17	17[①]
Q390	B、C、D	纵向	21	20	20	19	—	—
		横向	20	19	19	18	—	—
Q420[②]	B、C	纵向	20	19	19	19	—	—
Q460[②]	C	纵向	18	17	17	17	—	—

注:①只适用于质量等级为 D 的钢板。

　　②只适用于型钢和棒材。

表 2.34 正火轧制钢材的拉伸性能

牌号		上屈服强度 R_{eH}/MPa								抗拉强度 R_m/MPa			断后伸长率 A/%					
钢级	质量等级	公称厚度或直径/mm								公称厚度或直径/mm								
		≤16	>16~40	>40~63	>63~80	>80~100	>100~150	>150~200	>200~250	100	>100~200	>200~250	<16	>16~40	>40~63	>63~80	>80~200	>200~250
Q355N	B、C、D、E、F	355	345	335	325	315	295	285	275	470~630	450~600	450~600	22	22	22	21	21	21
Q390N	B、C、D、E	390	380	360	340	340	320	310	300	490~650	470~620	470~620	20	20	20	19	19	19
Q400N	B、C、D、E	420	400	390	370	360	340	330	320	520~680	500~650	500~650	19	19	19	18	18	18
Q460N	C、D、E	460	440	430	410	400	380	370	370	540~720	530~710	510~690	17	17	17	17	17	16

表 2.35　热机械轧制（TMCP）钢材的拉伸性能

牌号		上屈服强度/MPa						抗拉强度/MPa					断后伸长率 A/%
钢级	质量等级	公称厚度或直径/mm						公称厚度或直径/mm					
		≤16	>16~40	>40~63	>63~80	>80~100	>100~120	≤40	>40~63	>63~80	>80~100	>100~120	
Q355M	B、C、D、E、F	355	345	335	325	325	320	470~630	450~610	440~600	440~600	430~590	≥22
Q390M	B、C、D、E	390	380	360	340	340	335	490~650	480~640	470~630	460~620	450~610	≥20
Q420M	B、C、D、E	420	400	390	380	370	365	520~680	500~660	480~640	470~630	460~620	≥19
Q460M	C、D、E	460	440	430	410	400	385	540~720	530~710	510~690	500~680	490~660	≥17
Q500M	C、D、E	500	490	480	460	450	—	610~770	600~760	590~750	540~730	—	≥17
Q550M	C、D、E	550	540	530	510	500	—	670~830	620~810	600~790	590~780	—	≥16
Q620M	C、D、E	620	610	600	580	—	—	710~880	690~880	670~860	—	—	≥15
Q690M	C、D、E	690	680	670	650	—	—	770~940	750~920	730~900	—	—	≥14

注：①热机械轧制（TMCP）状态包含热机械轧制（TMCP）加回火状态。

②当屈服不明显时，可用规定塑性延伸强度 $R_{p0.2}$ 代替上屈服强度。

③对于型钢和棒材，厚度或直径不大于 150 mm。

低合金高强度结构钢力学性能试验按照《金属材料　拉伸试验　第1部分:室温试验方法》(GB/T 228.1—2021)的有关规定进行,试样数量为1个/批。

(2)弯曲性能

按表2.36规定的弯芯直径弯曲180°后,试样受弯曲部位表面不得产生裂纹。

低合金高强度结构钢弯曲性能的试验按照《金属材料　弯曲试验方法》(GB/T 232—2010)的有关规定进行,试样数量为1个/批。

(3)冲击试验

厚度不小于6 mm或直径不小于12 mm的钢材应做冲击试验,试验方法按照《金属材料　夏比摆锤冲击试验方法》(GB/T 229—2007)的有关规定进行,试样数量为3个/批。

表2.36　弯曲试验

牌号	试样方向	冷弯试验180°	
		钢材厚度(直径,边长)/mm	
		≤16	>16~100
		弯芯直径 d/mm	
Q345	宽度不小于600 mm的扁平材,拉伸试验取横向试样;宽度小于600 mm的扁平材、型材及棒材,取纵向试样	$2a$	$3a$
Q390			
Q420			
Q460			

注:a 为试样厚度。

7.桥梁用结构钢

按照《桥梁用结构钢》(GB/T 714—2015)的规定,桥梁用结构钢的牌号由代表屈服强度的字母Q、屈服强度数值、桥字的汉语拼音字母、质量等级符号等组成。常用的强度等级有Q345q、Q370q、Q420q、Q460q、Q500q、Q550q、Q620q、Q690q。

桥梁用结构钢的形式有钢板、钢带、型钢等。

(1)力学性能

表2.37为桥梁用结构钢的力学性能要求。对于不同的厚度,有不同的要求,检验结果应不小于表中所列的规定值。对于厚度不大于16 mm的钢材,断后伸长率应在表中的百分数上提高1%,即现为20%,提高为21%。

表2.37　桥梁用钢结构的力学性能要求

牌号	下屈服强度 R_a/MPa			抗拉强度 R/MPa	断后伸长率 A/%
	厚度/mm				
	≤50	>50~100	>100~150		
Q345q	345	335	305	490	20
Q370q	370	360	—	510	20
Q420q	420	410	—	540	19

牌号	下屈服强度 R_a/MPa			抗拉强度 R/MPa	断后伸长率 A/%
	厚度/mm				
	≤50	>50~100	>100~150		
Q460q	460	450	—	570	18
Q500q	500	480	—	630	18
Q550q	550	530	—	660	16
Q620q	620	580	—	720	15
Q690q	690	650	—	770	14

注:①拉伸试验取横向试样。

②屈服不明显时,可用 R_{a2} 代替下屈服强度。

桥梁用结构钢力学性能试验按照《金属材料　拉伸试验　第 1 部分:室温试验方法》(GB/T 228.1—2021)的有关规定进行,试样数量为 1 个/批。

(2)弯曲性能

低合金高强度结构钢弯曲性能的试验按照《金属材料　弯曲试验方法》(GB/T 232—2010)的有关规定进行。当钢材厚度≤16 mm 时,弯芯直径取 2 倍的钢材厚度;当钢材厚度>16 mm 时,弯芯直径取 3 倍的钢材厚度。要求弯曲 180°后,试样受弯曲部位表面无肉眼可见裂纹。试样数量为 1 个/批。

(3)冲击试验

厚度不小于 6 mm 或直径不小于 12 mm 的钢材应做冲击试验,试验方法按照《金属材料　夏比摆锤冲击试验方法》(GB/T 229—2020)的有关规定进行,试样数量为 3 个/批。

8. 钢筋焊接连接

根据《钢筋焊接及验收规程》(JGJ 18—2012)的有关规定,钢筋焊接连接是通过熔解钢筋或焊接材料(如焊条),将两段钢筋(或钢筋与预埋件等)连接,并可以传递力的连接方法,分为电阻点焊、闪光对焊、电弧焊、窄间隙电弧焊、电渣压力焊、气压焊和预埋件钢筋埋弧压力焊等。

钢筋焊接接头的质量检验包括外观检查和力学性能检验,力学性能检验包括拉伸试验、弯曲试验、剪切试验、冲击试验和疲劳试验,试件数量和试验结果判定按照《钢筋焊接及验收规程》(JGJ 18—2012)的有关规定执行,试验方法按照《钢筋焊接接头试验方法标准》(JGJ/T 27—2014)的有关规定执行。

纵向受力钢筋焊接接头应进行拉伸试验,接头抗拉强度应满足标准要求;还应按照标准要求进行弯曲试验,接头弯曲性能也应满足标准要求。

9. 钢筋机械连接

根据《钢筋机械连接技术规程》(JGJ 107—2016)的有关规定,钢筋机械连接是通过钢筋与连接件的机械咬合作用或钢筋端面的承压作用,将一根钢筋中的力传递到另一根钢筋的连接方法。

按照连接形式、加工工艺,钢筋机械连接分为滚轧直螺纹钢筋连接、镦粗直螺纹钢筋连接、带肋钢筋套筒挤压连接、钢筋锥螺纹连接。

钢筋连接接头应满足强度及变形性能的要求。根据抗拉强度、残余变形以及高应力和大变形条件下反复拉压性能的差异,分为以下 3 个性能等级:

① Ⅰ 级接头,接头抗拉强度应不小于钢筋极限抗拉强度标准值(钢筋拉断时)或不小于 1.10 倍钢筋抗拉强度标准值(连接件破坏时),残余变形小且具有高延性及反复拉压性能。

② Ⅱ 级接头,接头抗拉强度应不小于被连接钢筋抗拉强度标准值,残余变形较小且具有高延性及反复拉压性能。

③ Ⅲ 级接头,接头抗拉强度应不小于被连接钢筋屈服强度标准值的 1.25 倍,残余变形较小且具有一定的延性及反复拉压性能。

接头应根据其性能等级和应用场合,确定相应的检验项目,如单向拉伸性能、高应力反复拉压、大变形反复拉压、抗疲劳等。试件数量和结果判定按照《钢筋机械连接技术规程》(JGJ 107—2016)的有关规定执行。

为确定接头性能等级,或材料、工艺、规格改动时,或型式检验报告超过 4 年时,应进行型式检验。对于每种类型、级别、规格、材料、工艺的钢筋机械连接接头,型式检验试件不应少于 12 个。其中,钢筋母材拉伸强度试件不应少于 3 个、单向拉伸试件不应少于 3 个、高应力反复拉压不应少于 3 个、大变形反复拉压不应少于 3 个,同时全部试件的钢筋均应在同一根钢筋截取。型式检验试件不得采用经过预拉的试件。

钢筋连接工程开始前,应对不同钢筋生产厂家的进场钢筋进行接头工艺检验,每种规格钢筋的接头试件不应少于 3 个。

对于接头的现场检验,应按验收批进行。对于每一验收批,必须在工程结构中随机截取 3 个接头试件做抗拉强度试验。

10. 硬度检测

钢结构零件硬度是指金属材料抵抗硬物压入其表面的能力。工程中,常用布氏硬度和洛氏硬度,按照《金属材料 洛氏硬度试验 第 1 部分:试验方法》(GB/T 230.1—2018)和《金属材料 布氏硬度试验 第 1 部分:试验方法》(GB/T 231.1—2018)的有关规定执行。

(1)检测设备

硬度检测按产品零件设计图样规定的硬度值种类(洛氏硬度或布氏硬度),选用相应的硬度测量仪(洛氏硬度计或布氏硬度计)进行检测。

(2)温度条件

硬度检测一般在 10 ~ 35 ℃室温下进行。对于温度要求严格的试验,温度为(23±5)℃。使用洛氏硬度计时,应在较小的温度变化范围内进行。

(3)试样放置

将试样稳固地放置于硬度计试台上,并使压头轴线与试样表面垂直。试验过程中,硬度计应避免受到影响试验结果的冲击和振动。

(4)洛氏硬度检测

①使压头与试样表面平稳接触,施加初试验力 F_0,F_0 保持时间不超过 3 s。

②将测量装置调整至基准位置,从初试验力 F_0 施加至总试验力 F 的时间应为 1 ~ 8 s。

③总试验力保持时间为 5 s。

④卸除主试验力 F_1，保持初试验力 F_0，经 4 s 稳定后，读出硬度值。

⑤相邻两压痕中心间距离至少应为压痕平均直径的 3 倍，且不应小于 2 mm。任一压痕中心到试样边缘距离至少应为压痕平均直径的 3 倍，任一压痕中心到试样边缘的距离至少应为压痕直径的 2.5 倍。

⑥每个试样检测 3 点。

(5)布氏硬度检测

①使压头与试样表面平稳接触，施加试验力直至达到规定试验力值。

②从施加力开始到全部试验力施加完毕的加载时间为 7.5 s。

③试验力保持时间为 14 s。

④任一压痕中心距试样边缘距离至少应为压痕平均直径的 2.5 倍，相邻两压痕中心间距离至少应为压痕平均直径的 3 倍。

⑤在两相互垂直方向测量压痕直径，用两个读数的平均值计算布氏硬度或按相关标准《金属材料　布氏硬度试验　第 4 部分：硬度值表》(GB/T 231.4—2009)中的硬度值表查得布氏硬度。

⑥每个试样检测 3 点。

任务 4　预应力筋用锚具、夹具、连接器试验检测

本任务内容所涉及的预应力筋用锚具、夹具、连接器产品标准和主要相关标准为《公路桥梁预应力钢绞线用锚具、夹具和连接器》(JT/T 329—2010)、《预应力筋用锚具、夹具和连接器)(GB/T 14370—2015)、《预应力混凝土用钢绞线》(GB/T 5224—2014)。

4.1　产品分类、代号及标记

1. 产品分类、代号

《公路桥梁预应力钢绞线用锚具、夹具和连接器》(JT/T 329—2010)将锚具、连接器按结构形式分为张拉端锚具、固定端锚具两类，《预应力筋用锚具、夹具和连接器)(GB/T 14370—2015)将锚具、夹具和连接器按锚固方式不同分为夹片式、支承式、组合式和握裹式 4 种基本类型。锚具、夹具和连接器产品分类及代号如表 2.38 所示。

表 2.38　锚具、夹具和连接器产品分类及代号

标准	产品分类名称			产品分类代号
《公路桥梁预应力钢绞线用锚具、夹具和连接器》(JT/T 329—2010)	张拉端锚具	圆锚张拉端锚具		YM
		扁锚张拉端锚具		YMB
	固定端锚具	固定端压花锚具	圆锚固定端压花锚具	YMH
			扁锚固定端压花锚具	YMHB
		固定端挤压式锚具	圆锚固定端挤压式锚具	YMP
			扁锚固定端挤压式锚具	YMPB
	夹具			YJ
	连接器	圆锚连接器		YMJ

续表

标准	产品分类名称			产品分类代号
《预应力筋用锚具、夹具和连接器》(GB/T 14370—2015)	锚具	夹片式	圆形	YJM
			扁形	BJM
		支承式	镦头	DTM
			螺母	LMM
		组合式	冷铸	LZM
			热铸	RZM
		握裹式	挤压	JYM
			压花	YHM
	连接器	夹片式	圆形	YJL
			扁形	BJL
		支承式	镦头	DTL
			螺母	LML
		握裹式	挤压	JYL
	夹具	夹片式	圆形	YJJ
			扁形	BJJ
		支承式	镦头	DTJ
			螺母	LMJ

2. 标记

锚具、夹具及连接器的标记由产品代号、预应力筋类型、预应力钢绞线直径和预应力钢绞线根数4部分组成。纤维增强复合材料筋为F,预应力钢材不标注。

示例1:预应力钢绞线的圆锚张拉端锚具,钢绞线直径为15.2 mm,锚固根数为12根,标记为:YM15-12。

示例2:预应力钢绞线的扁锚固定端挤压式锚具,钢绞线直径为15.2 mm,锚固根数为5根,标记为:YMPB15-5。

示例3:预应力钢绞线的圆锚连接器,钢绞线直径为15.2 mm,锚固根数为7根,标记为:YMJ15-7。

以上标记适用于《公路桥梁预应力钢绞线用锚具、夹具和连接器》(JT/T 329—2010)。

示例4:预应力钢绞线的圆形夹片式群锚锚具,钢绞线直径为15.2 mm,锚固根数为12根,标记为:YJM15-12。

示例5:预应力钢绞线用于固定端的挤压式锚具,钢绞线直径为12.7 mm,锚固根数为12根,标记为:JYM13-12。

示例6:预应力钢绞线可用于挤压式连接器,钢绞线直径为15.2 mm,锚固根数为12根,标记为:JYL15-12。

以上标记适用于《预应力筋用锚具、夹具和连接器)(GB/T 14370—2015)。

4.2　预应力筋用锚具、夹具、连接器的力学性能要求

预应力筋用锚具、夹具、连接器的力学性能要求如表 2.39 所示。

表 2.39　预应力筋用锚具、夹具、连接器的力学性能要求

标准	检测项目		力学性能要求
《公路桥梁预应力钢绞线用锚具、夹具和连接器》（JT/T 329—2010）	锚具、连接器	静载锚固性能	同时满足：效率系数 $\eta_a \geq 0.95$，实测极限拉力时的总应变 $\varepsilon_{apu} \geq 2.0\%$
		疲劳荷载性能	①试样经过 200 万次循环荷载后，锚具零件不应发生疲劳破坏；②钢绞线因锚具夹持作用发生或疲劳破坏的面积不应大于原试样总面积的 5%
		周期荷载性能	试样经过 50 次周期荷载试验后，钢绞线在锚具夹持区域不应发生破断、滑移和夹片松脱现象
		钢绞线内缩量	张拉端钢绞线内缩量应不大于 5 mm
		锚口摩阻损失率	锚口（含锚下垫板）摩阻损失率合计不大于 6%
	夹具	静载锚固性能	效率系数 $\eta_g \geq 0.92$
《预应力筋用锚具、夹具和连接器》（GB/T 14370—2015）	锚具	静载锚固性能	同时满足：效率系数 $\eta_a \geq 0.95$，实测极限拉力时预应力筋受力长度的总伸长率 $\varepsilon_{Tu} \geq 2.0\%$
		疲劳荷载性能	①试样经过 200 万次循环荷载后，锚具零件不应发生疲劳破坏；②预应力筋因锚具夹持作用发生疲劳破坏的面积不应大于原试样总面积的 5%
		锚固区传力性能	实测破坏荷载 $F_u \geq 1.1 F_{ptk} \times \dfrac{f_{cm,e}}{f_{cm,0}}$
		锚板强度	静载锚固性能试验合格，同时，卸载后的锚板表面直径中心的残余挠度不应大于配套锚垫板上口直径 D 的 1/600
		低温锚固区传力性能	实测极限抗拉力 $F_{Tu} \geq 0.95 n F_{pm}$
	夹具	静载锚固性能	①效率系数 $\eta_g \geq 0.95$；②组装件破坏应是预应力筋的破断，而不应是夹具的失效导致试验终止
		连接器	①永久留在混凝土结构或构件中的连接器力学性能要求与锚具的相同；②张拉后，还需放张和拆卸的连接器力学性能要求与夹具的相同

4.3 预应力筋用锚具、夹具、连接器的试验方法

1.试验准备

预应力筋用锚具、夹具、连接器组装件试验之前,必须进行单根预应力钢绞线(母材)的力学性能试验。

母材试样不应少于6根,力学性能试验结果符合《预应力混凝土用钢绞线》(GB/T 5224—2014)后方可使用。钢绞线力学性能试验结果记入表2.40。

表2.40 钢绞线力学性能试验结果

钢绞线规格	生产厂家	
公称面积/mm²	实测极限机拉强度平均值(6根试验结果平均值)/MPa	
公称直径/mm	抗拉强度标准值/MPa	

2.试验用设备

静载试验、疲劳荷载试验用设备,一般由加载千斤顶、荷载传感器、承力台座(架)、液压油泵源及控制系统组成。

测力系统必须经过法定的计量检测机构标定,并在有效期内使用。

3.静载锚固性能试验

夹具、连接器与锚具试验方法基本相同,以下介绍的试验方法均以锚具为例。

(1)试样准备

试样数量:组装件3个(6个锚环及相配套的夹片、钢绞线)。

(2)组装

组装前必须把锚固零件擦拭干净,然后将钢绞线、锚具与试验台组装,如图2.17所示。每根钢绞线受力应均匀,初应力为预应力钢材抗拉强度标准值 f_{ptk} 的5%~10%。总伸长率装置的标距不宜小于1 m。

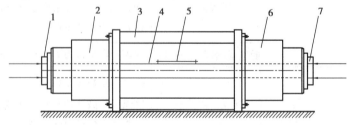

图2.17 预应力筋用锚具组装件静载试验示意图

1—张拉端试验锚具;2—加荷载用千斤顶;3—承力台座;4—预应力筋;
5—测量总应变的装置;6—荷载传感器;7—固定端试验锚具

(3)加载

①加载速率为100 MPa/min。

②以预应力钢绞线抗拉强度标准值的20%、40%、60%、80%,分4级等速加载。

③加载到钢绞线抗拉强度标准值的80%后,持荷1 h。

④持荷1 h后,缓慢加载至试样破坏。

（4）试验过程中测量项目

①测量预应力筋受拉段长度。

②测量固定端或张拉端有代表性的若干根钢绞线（一般取 3~4 根，下同）相对位移初始 Δa。

③测量荷载为 $0.1F_{ptk}$ 时总伸长率的标距 L。

④按施加荷载的前 4 级（20%、40%、60%、80%），逐级测量钢绞线相对位移 Δa。

⑤在预应力筋达到 $0.8F_{ptk}$ 时，持荷 30 min，逐级加载至破坏后，测量标距为增量 ΔL_1，如图 2.18 所示。

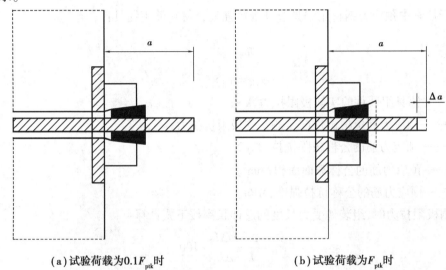

（a）试验荷载为 $0.1F_{ptk}$ 时 　　　　　　　　（b）试验荷载为 F_{ptk} 时

图2.18　试验期间预应力筋与锚具、夹具或连接器之间的相对位移示意图

（5）试验过程中观察项目

观察项目：观察锚具的变形。判断：在静载锚固性能满足后，夹片允许出现微裂和纵向断裂，不允许出现横向、斜向断裂及碎断；预应力筋达到极限破断时，锚板及其锥形锚孔不允许出现过大塑性变形，锚板中心残余变形不应出现明显挠度。

（6）记录项目

记录试样的破坏部位与形式。组装件的破坏部位与形式应符合以下内容：夹片式锚具、夹具或连接器的夹片加载到最高一级荷载时，不允许出现裂纹或断裂；在满足效率系数和总伸长率后允许出现微裂和纵向断裂，不允许出现横向、斜向断裂及碎断。

（7）静载试验结果计算

静载试验应连续进行 3 个组装件的试验，试验结束后需计算锚具效率系数和实测极限拉力时组装件受力长度的总应变。

①根据《公路桥梁预应力钢绞线用锚具、夹具和连接器》（JT/T 329—2010），锚具效率系数按下式计算：

$$\eta_\alpha = \frac{F_{apu}}{F_{pm}} \tag{2.15}$$

$$F_{pm} = nf_{pm} \times A_{pk} \tag{2.16}$$

式中 　F_{apu}——钢绞线锚具组装件的实测极限拉力，kN；

　　　　F_{pm}——钢绞线锚具组装件中各根钢绞线计算极限拉力之和，kN；

f_{pm}——由钢绞线中抽取的试样的极限抗拉强度平均值,MPa;

A_{pk}——钢绞线单根试样的特征(公称)截面面积,mm^2;

n——钢绞线锚具组装件中钢绞线根数。

②对于《预应力筋用锚具、夹具、连接器》(GB/T 14370—2015)中的锚具效率系数 n,根据锚固形式不同,分别按式(2.17)、式(2.18)计算。

a. 对于体内、体外束中预应力钢材用锚具:

$$\eta_{\alpha} = \frac{F_{Tu}}{nF_{pm}} \tag{2.17}$$

b. 对于拉索中预应力钢材用锚具及纤维增强复合材料筋用锚具:

$$\eta_{\alpha} = \frac{F_{Tu}}{F_{ptk}} \tag{2.18}$$

$$F_{ptk} = A_{pk} \times f_{ptk}$$

式中　F_{Tu}——锚具组装件的实测极限拉力,kN;

F_{pm}——预应力筋单根试件的实测平均极限抗拉力,kN;

F_{ptk}——预应力筋的公称极限抗拉力,kN;

A_{pk}——预应力筋的公称截面面积,mm^2;

f_{ptk}——预应力筋的公称抗拉强度,MPa。

③实测极限拉力时,组装件受力长度的总伸长率按下式计算:

$$\varepsilon_{Tu} = \frac{\Delta L_1 + \Delta L_2}{L_1 - \Delta L_2} \times 100 \tag{2.19}$$

式中　ΔL——试验荷载从 $0.1F_m$ 增长到 F_1 时,总伸长率测量装置标距的增量,mm;

ΔL_2——试验荷载从 0 增长到 $0.1F$ 时,总伸长率测量装置标距增量的理论计算值,mm;

L_1——总伸长率测量装置在试验荷载为 $0.1F$ 时的标距。

④夹具的静载锚固性能效率系数 n_g 按下式计算:

$$\eta_g = \frac{F_{Tu}}{F_{ptk}} \tag{2.20}$$

式中　F_{Tu}——预应力筋用夹具的实测极限抗拉力,kN;

F_{ptk}——预应力筋的公称极限抗拉力,kN。

(8)试验结果

每个组装件的试验结果均应满足力学性能要求,不得进行平均。

4. 疲劳荷载试验

(1)试样准备

试样数量:组装件 3 个(6 个锚环及相配套的夹片、钢绞线)。

(2)组装钢绞线、锚具与试验台,使每根钢绞线受力均匀。初应力为钢绞线抗拉强度标准值的 5% ~10%。

(3)应力幅度、试验应力上限值

①应力幅度应不小于 80 MPa。

②试验应力上限值为钢材抗拉强度标准值的 65%。

（4）疲劳试验机的脉冲频率、循环次数

①疲劳试验机的脉冲频率不应超过 500 次/min。

②循环次数为 200 万次。

（5）加载

根据所使用的试验机，以约 100 MPa/min 的速度加载至试验应力上限值，再调节应力幅度达到规定值后，开始记录循环次数。

（6）试验结果

①描述试样经受 200 万次循环荷载后，锚具零件是否发生疲劳破坏。

②描述预应力筋在锚具夹持区域发生疲劳破坏的截面面积大小。

5. 辅助性试验

辅助性试验项目包括钢绞线的内缩量试验、锚口摩阻损失试验和张拉锚固工艺试验。

（1）钢绞线的内缩量试验

①内缩量试验可在台座或混凝土承压构件上进行，台座或承压构件长度应不小于 3 m。

②试验中的张拉控制力 N_{con} 宜取 $0.8F_{ptk}$。

③测量预应力筋的内缩量可采用直接测量法或间接测量法。

a. 直接测量法按下式计算：

$$\alpha = L_1 - L_2 - \Delta l \tag{2.21}$$

$$\Delta l = \frac{N_{con} \times L_j}{E_p \times A_p} \tag{2.22}$$

式中　α——预应力筋的内缩量，mm；

　　　L_1——在张拉控制下，预应力筋在锚垫板外的长度，mm；

　　　L_2——当千斤顶回油至油压 1 MPa 时，预应力筋在锚垫板外的长度，mm；

　　　Δl——在张拉控制下，工作锚和工具锚预应力筋之间预应力筋的理论伸长值，mm；

　　　N_{con}——张拉控制力，N；

　　　L_j——零应力状态下预应力筋在工作锚和工具锚之间的长度，近似取为张拉控制力下预应力筋在工作锚和工具锚之间的长度，mm；

　　　A_p——预应力筋的公称截面积；

　　　E_p——预应力筋的弹性模量，MPa。

b. 间接测量法按下式计算：

$$\alpha = \frac{(P_1 - P_2) \times L}{E_p \times A_p} \tag{2.23}$$

式中　P_1——张拉控制力下，荷载传感器的读数，N；

　　　P_2——施工用张拉千斤顶回油至 1 MPa 时，荷载传感器的读数，N；

　　　L——零应力状态下预应力筋的受力长度，近似取为张拉控制力下预应力筋的受力长度，mm。

④试验结果：同一规格的锚具测量 3 套，取其算术平均值作为内缩量结果。

（2）锚口摩阻损失试验

①试验用混凝土承压构件锚固区配筋及构造钢筋应符合要求，混凝土构件的高度不应小于构件截面的长边。

②预应力筋的受力长度不宜小于 5 m。

③试验加载速度不宜大于 200 MPa/min。

④试验时,应分别按 $0.75F_{ptk}$ 和 $0.8F_{ptk}$ 进行分级张拉,每级持荷试件不应少于 1 min,记录每级持荷时两端荷载传感器的读数。

⑤按下式分别计算荷载为 $0.75F_{ptk}$ 和 $0.8F_{ptk}$ 时的锚口摩阻损失率,取其算术平均值作为该组装件的锚口摩阻损失率。

$$\delta = \frac{P_1 - P_2}{P_2} \times 100\% \tag{2.24}$$

式中　δ——锚口摩阻损失率,%;

　　　P_1——主动端荷载传感器的读数,N;

　　　P_2——被动端荷载传感器的读数,N。

⑥取 3 个组装件的锚口摩阻损失率的算术平均值作为锚具的锚口摩阻损失率。

(3)张拉锚固工艺试验

①应制作专门的钢筋混凝土构件作为试验平台,长度不应小于 3 m,或在施工现场进行试验。

②最大张拉力为 $0.8F_{ptk}$。

③按照 $0.2F_{ptk}$、$0.4F_{ptk}$、$0.6F_{ptk}$、$0.8F_{ptk}$ 进行分级张拉,进行至少 3 次、最大张拉力为 $0.8F_{ptk}$ 的张拉、锚固和放松操作。

④观察、判断临时锚固的可能性。

⑤观察发生张拉故障时,预应力筋全部或部分放松的可能性。

6. 外观、产品外形尺寸检测

(1)外观

产品外观用目测法检测,裂缝可用有刻度或无刻度放大镜检测。锚板和连接器应按《无损检测　磁粉检测　第 1 部分:总则》(GB/T 15822.1—2005)的规定进行表面磁粉探伤检验。

(2)产品外形尺寸检测

①测量器具为钢直尺、游标卡尺、螺旋千分尺或塞环规。

②锚具外形尺寸检测项目及检测方法如表 2.41 所示。

表 2.41　锚具外形尺寸检测项目及检测方法

检测项目	检测方法	检测结果
锚环(锚板)直径 D(mm)	①距锥孔大端平面约 15 mm 处取直径平面 A,在 A 直径面两个互相垂直的方向上测量,取平均值;②距锥孔小端平面约 15 mm 处取直径平面 B,在 B 直径面两个互相垂直的方向上测量,取平均值	A、B 两个直径平面的平均值应分别满足技术图纸要求,不进行平均
锚环(锚板)高度 H(mm)	①每件锚环(锚板)在相互垂直的两个方向取 4 个测量点,取平均值;②锚固锥孔大端面为平面时,可沿锚环外圆测量	4 个测量点的平均值应满足技术图纸要求
夹片高度 h(mm)	每件夹片在经小端且平行于轴线处,取 2 个测量点,取平均值	平均值应满足技术图纸要求

7. 注意事项

（1）组批与抽样［《预应力筋用锚具、夹具、连接器》（GB/T 14370—2015）］

①同一种产品、同一批原材料、同一种工艺、一次投料生产的产品为一组批。

②每个抽检组批不得超过 2 000 件（套）。

③尺寸、外观抽样数量不应少于 5%，且不少于 10 件（套）；硬度抽样数量应不少于 3%，且不少于 6 件（套）；静置锚固性能、疲劳荷载性能、内缩量、锚口摩阻损失和张拉锚固工艺各抽取 3 个组装件。

（2）常规检测项目

常规检测项目包括硬度检测和静载锚固性能试验。

①在锚具静载试验过程中，若试验值未满足 $\eta_a \geqslant 0.95$、$\varepsilon_{apu} \geqslant 2.0\%$，而钢绞线在锚具、夹具或连接器以外非夹持部位发生破断的，应更换钢绞线重新取样做试验。

②在锚具静载试验过程中，若试验值虽然满足 $\eta_a \geqslant 0.95$、$\varepsilon_{apu} \geqslant 2.0\%$，而锚具破坏、断裂、失效（滑丝、零件断裂、严重变形等）时，则试验结果判定为锚具不合格。

4.4　试验检测结果的判定

1. 外观及尺寸检测

外观检验如表面无裂缝，尺寸符合设计要求，判为合格；如有一套表面有裂缝或超过允许偏差，则应逐套检查，合格者方可使用。

2. 硬度和尺寸

当硬度值符合设计要求的范围，判为合格。如有一个零件不合格，则应另取双倍数量的零件重做试验；如仍有一个零件不合格，则应逐个检验，符合要求者判定零件该性能合格。

3. 静载锚固性能

3 个组装件中有 2 个组装件不符合要求，则判断该批产品为不合格品；如有一个组装件不符合要求，应取双倍数量的样品重新试验；如仍有不符合要求者，判断该批产品为不合格品。

注意：内缩量、锚口摩阻损失、张拉锚固工艺不做合格性判断。疲劳荷载性能不合格直接判定型式检验不合格。

任务 5　隧道用防水卷材性能检测

5.1　防水卷材的种类及性能要求

从 20 世纪 60 年代开始，弹性或弹塑性的合成高分子防水卷材在发达国家得到了广泛应用。高分子防水卷材与传统的石油沥青油毡相比，具有使用寿命长、技术性能好、冷施工、质量轻和污染性低等优点，在隧道防水工程中应用广泛。目前，隧道防水常用的高分子防水卷材有 ECB、EVA 和 PE 等，其性能要求如表 2.42 所示。

表 2.42　常用防水卷材技术指标

项目		单位	技术指标		
			乙烯-醋酸乙烯共聚物（EVA）	乙烯-醋酸乙烯与沥青共聚物（ECB）	聚乙烯（PE）
断裂拉伸强度		MPa	≥18	≥17	≥18
扯断伸长率		%	≥650	≥600	≥600
撕裂强度		kN/m	100	95	95
不透水性(0.3 MPa/24 h)		—	无渗漏	无渗漏	无渗漏
低温弯折性		℃	≤−35(无裂缝)	≤−35(无裂缝)	≤−35(无裂缝)
加热伸缩量	延伸	mm	≤2	≤2	≤2
	收缩	mm	≤6	≤6	≤6
热空气老化(80 ℃,168 h)	断裂拉伸强度	MPa	≥16	≥14	≥15
	扯断伸长率	%	≥600	≥550	≥550
耐碱性[饱和 Ca(OH)$_2$ 溶液,168 h]	断裂拉伸强度	MPa	≥17	≥16	≥161
	扯断伸长率	%	≥600	≥600	≥550
人工候化	断裂拉伸强度保持率	%	≥80	≥80	≥80
	扯断伸长率保持率	%	≥70	≥70	≥70
刺破强度	1.5 mm^2	N	≥300	≥300	≥300
	2.0 mm^2	N	≥400	≥400	≥400
	2.5 mm^2	N	≥500	≥500	≥500
	3.0 mm^2	N	≥600	≥600	≥600

高分子防水卷材类型发展较快,其理化性能检测应按相应规范执行。下面以《氯化聚乙烯防水卷材》(GB 12953—2003)为例,说明其检测方法。

5.2　取样方法

①合成高分子防水卷材均应成批提交验收。

②以同类同型的 10 000 m² 卷材为一批,不满 10 000 m² 也可作为一批。在该批产品中,随机抽取 3 卷进行尺寸偏差和外观检查。在上述检查合格的样品中任取一卷,在距外层端部 500 mm 处截取 3 m(出厂检验为 1.5 m)进行理化性能检验。

③试样截取前,在温度 23 ℃±2 ℃、相对湿度为 60% ±15% 的标准环境下进行状态调整,时间不少于 24 h。截取试件的部位、种类、数量及用作试验的项目应符合表 2.43 和图 2.19 的要求。试样应牢固地粘贴标签,并用样品袋封装,注明标签及样品袋。

表 2.43　理化性能试验所需的试样尺寸及数量

序号	项目	符号	尺寸(纵向×横向)/mm	数量
1	拉伸性能	A、A′	120×25	各6
2	热处理尺寸变化率	C	100×100	3
3	抗穿孔性	B	150×150	3
4	不透水性	D	150×150	3
5	低温弯折性	E	100×50	2
6	剪切状态下的黏合性	F	200×300	2
7	热老化处理	G	300×200	3
8	耐化学侵蚀	1—1、1—2、1—3	300×200	各3
9	人工候化加速老化	H	300×200	3

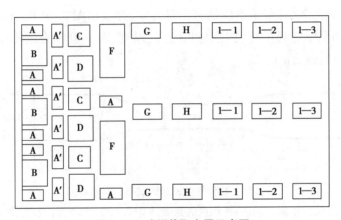

图 2.19　试样截取布置示意图

5.3　外观质量检查

①外观质量用目测法检测。

②卷材的接头不多于 1 处,其中较短的一段长度不小于 1.5 m,接头应剪切整齐,并加长 100 mm。卷材表面应平整、边缘整齐,无裂纹、孔洞和黏结,不应有明显气泡、疤痕。

5.4　长度、宽度、厚度、平直度和平整度量测

①长度和宽度用最小分度值为 1 mm 的卷尺测量,分别量测卷材两端和中部 3 处,取平均值。

②厚度用分度值为 0.01 mm、压力为(22±5)kPa、接触面直径为 6 mm 的厚度计进行测量,保持时间为 5 s。在卷材宽度方向测量 5 点,距卷材长度方向边缘 100 mm±15 mm 向内各取一点。在这两点中均分取其余 3 点,以 5 点的平均值作为卷材的厚度,并报告最小单值。厚度偏差和最小单值的要求如表 2.44 所示。

表 2.44　厚度偏差和最小单值的要求　　　　　　　　单位:mm

厚度	允许偏差	最小单值
1.2	±0.10	1.00
1.5	±0.15	1.30
2.0	±0.20	1.70

5.5　拉伸性能试验

1.试验设备

拉力试验机能同时测定拉力与延伸率,保证拉力测试值在量程的 20% ~80% ,精度为 1% ;能够达到(250±50)mm/min 的拉伸速度,测长装置测量精度为 1 mm。

2.试验程序

拉伸性能试验在标准环境下进行。在裁取的 3 块 A 样片上,用裁片机对每块样片沿卷材纵向和横向分别裁取如图 2.20 所示形状的试样各两块,并按如图 2.20 所示标注标距线和夹持线。在标距区内,用测厚仪测量标线及中间 3 点的厚度,取中值作为试样厚度 d,精确到 0.1 mm。测量两标距线间初始长度 L_0。

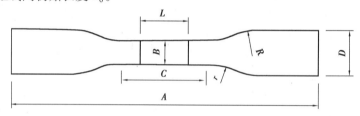

图 2.20　拉伸性能试验的试样(单位:mm)

A—总长,最小值 115;B—标距段的宽度,6.0+0.4;C—标距段的长度,32±2;

D—端部宽度,25±1;R—大半径,25±2;r—小半径,14±1;L—标距线间的距离,25±1

将试验机的拉伸速度调到(250±50)mm/min,再将试样置于夹持器的中心,对准夹持线夹紧。开动机器拉伸试样,读取试样断裂时的荷载 P,同时量取试样断裂瞬间标距线间的长度 L_1。若试样断裂在标距外,则该试样作废,另取试样重做。

3.试验结果计算

(1)拉伸强度

试样的拉伸强度按下式计算(精确至 0.1 MPa):

$$TS = \frac{P}{B \times d} \tag{2.25}$$

式中　TS——试样的拉伸强度,MPa;

　　　P——试样断裂时的荷载,N;

　　　B——试样标距段的宽度,mm;

　　　d——试样标距段的厚度,mm。

（2）断裂伸长率

断裂伸长率按下式计算：

$$E = \frac{L_1 - L_0}{L_0} \times 100\%$$ （2.26）

式中　E——试样的断裂伸长率，%；

　　　L_1——试样标距线间初始有效长度，mm；

　　　L_0——试样断裂瞬间标距线间的长度，mm。

分别计算并报告 5 块试样纵向和横向的算术平均值，精确至 1%。

5.6　热处理尺寸变化率试验

1. 试验器具

（1）鼓风恒温箱

鼓风恒温箱自动控温范围为 50～240 ℃，控温精度为±2 ℃。

（2）直尺

直尺量程为 150 mm，分度值为 0.5 mm。

（3）模板

模板为 100 mm×100 mm×0.4 mm 的正方形金属板，边长误差不大于±0.5 mm，直角误差不大于±1°。

（4）垫板

垫板为 300 mm×300 mm×2 mm 的硬纸板，3 块，表面应光滑平整。

2. 试验程序

用模板裁取 3 块 B 试样，标明卷材的纵横方向，并标明每边的中点，作为试样处理前后测量的参考点。

在标准环境下，试件上压一钢直尺，用游标卡尺测量试件纵横方向画线处的初始长度 S_0，精确至 0.1 mm。将试件平放在撒有少量滑石粉的釉面砖垫板上，再将垫板水平地置于鼓风恒温箱中，不得叠放。在（80±2）℃的温度下恒温 24 h，然后取出置于标准环境中调节 24 h，再测量纵向或横向上两参考点间的长度 S_1，精确至 0.1 mm。

3. 结果计算

纵向和横向的尺寸变化率按下式分别计算：

$$R = \frac{|S_1 - S_0|}{S_0} \times 100\%$$ （2.27）

式中　R——试样的热处理尺寸变化率，%；

　　　S_0——试样同方向上两参考点间的初始长度，mm；

　　　S_1——试样处理后同方向上两参考点间的长度，mm。

分别计算 3 块试样纵向和横向尺寸变化率的平均值，作为纵向或横向的试验结果。

5.7 低温弯折性试验

1.试验器具

①低温箱:可在-30~0℃自动控温,控温精度为±2℃。

②弯折仪:主要由金属材料制成的上下平板、转轴和调距螺钉组成,平板间距可任意调节,其形状与尺寸如图2.21所示。

③放大镜:放大倍数为6倍。

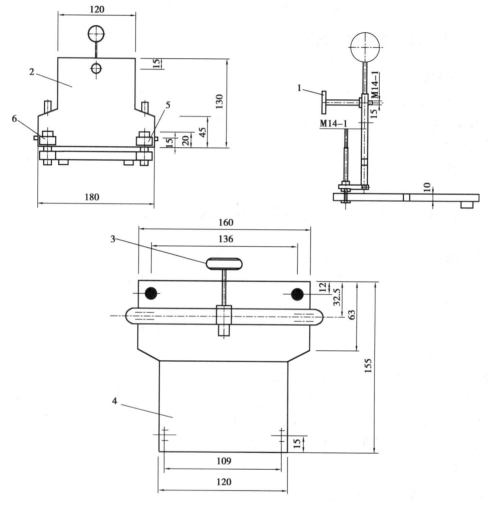

图2.21 弯折仪尺寸示意图(单位:mm)
1—手柄;2—上平板;3—转轴;4—下平板;5、6—调距螺钉

2.试验程序

在标准环境下,用测厚仪测量 C 试样的厚度。试样的耐候面应无明显缺陷。然后将试样的耐候面朝外,弯曲180°,使50 mm 宽的边缘重合、齐平,并确保不发生错位(可用定位夹或10 mm 宽的胶布将边缘固定),将弯折仪的上下平板间距调到卷材厚度的3倍。试验取2块试样。

将弯折仪上平板翻开,将2块试样平放在弯折仪下平板上,重合的一边朝向转轴,且距离转轴20 mm,将弯折仪连同试样放入低温箱内,在规定温度下保持1 h。然后,在1 s 内将弯折仪的上平板压下,达到所调间距位置,保持1 s 后将试样取出。待恢复到室温后,观察试样弯折处是否断裂,或用6倍放大镜观察试样弯折处受拉面是否有裂纹。

3. 结果评定

2块试样均未断裂或无裂纹时,评定为无裂纹。

5.8　抗渗透性试验

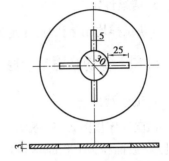

图2.22　不透水试验用槽盘(单位:mm)

1. 试验仪器

试验仪器采用《建筑防水卷材试验方法》(GB/T 328—2007)系列规范规定的不透水仪,但透水盘的压盖采用如图2.22所示的不透水试验用槽盘。

2. 试验程序

试验在标准环境下进行。先按《建筑防水卷材试验方法》(GB/T 328—2007)系列规范的规定做好准备,将裁取的3块D试样分别置于3个透水盘中,盖紧槽盘,然后按《建筑防水卷材试验方法》(GB/T 328—2007)系列规范的规定操作不透水仪,以每小时提高1/6规定压力(2×10^5 Pa)的速度升压,达到规定压力后保压24 h,观察试样表面是否有渗水现象。

3. 结果评定

3块试样均无渗水现象时,评定为不透水。

5.9　抗穿孔性试验

1. 试验器具

①穿孔仪由一个带刻度的金属导管、可在其中自由运动的活动重锤、锁紧螺栓和半球形钢珠冲头组成。其中,导管刻度长为0～500 mm,分度值为10 mm;重锤质量为500 g,钢珠直径为12.7 mm。

②铝板:厚度不小于4 mm。

③玻璃管:内径大于或等于30 mm,长600 mm。

2. 试验程序

将截取的E试样自由地平放在铝板上,并一起放在密度为25 kg/m²、厚度为50 mm的泡沫聚苯乙烯垫板上。穿孔仪置于试样表面,将冲头下端的钢珠置于试样中心部位,把重锤调节到规定的落差高度300 mm并定位。使重锤自由下落,撞击位于试样表面的冲头,然后将试样取出,检查试样是否穿孔。试验取3块试样。

无明显穿孔时,采用图2.23所示装置对试样进行水密性试验。将圆形玻璃管垂直放在试样穿孔试验点的中心,用密封胶密封玻璃管与试样间的缝隙。将试

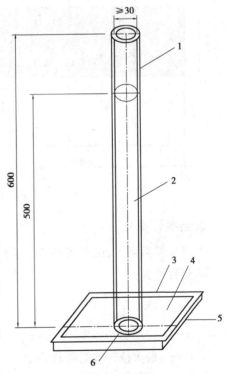

图2.23　水密性试验装置(单位:mm)
1—玻璃管;2—染色水;3—滤纸;
4—试样;5—玻璃板;6—密封胶

样置于滤纸(150 mm×150 mm)上。滤纸由玻璃板支承,把染色水溶液加入璃管中,静置24 h后检查滤纸。如有变色、水迹现象,则表明试样已穿孔。

3. 结果评定

3 块试样均无穿孔时,评定为不渗水。

5.10 剪切状态下的黏合性试验

1. 试验程序

试验程序按图2.19、图2.24裁取试片,在标准试验条件下,将与卷材配套的胶黏剂涂在试片上,涂胶面积为100 mm×300 mm,按图2.24进行黏合,黏合时间按生产厂商要求进行。黏合好的试片放置24 h,裁取5块300 mm×50 mm的试件,将试件在标准试验条件下养护24 h。将试件夹在拉力试验机上,拉伸速度为(250±50)mm/min,夹具间距为150~200 mm。开动拉力试验机,记录试件最大拉力 P。

试验使用的拉力试验机应保证拉力测试值在量程的20%~80%,精度为1%,能够达到(250±50)mm/min的拉伸速度。

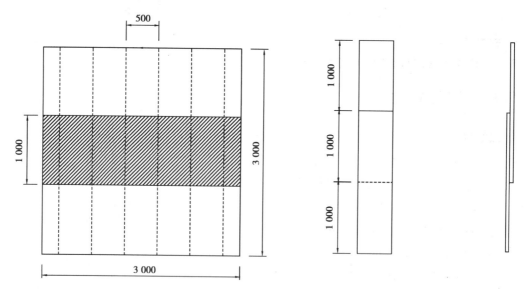

图2.24 剪切状态下的黏合性试件(单位:mm)

2. 结果计算

如果拉伸剪切时,试样在黏结面滑脱,则剪切状态下的黏合性以拉伸剪切强度 σ 表示。σ按下式进行计算:

$$\sigma = \frac{P}{b} \tag{2.28}$$

式中 σ——拉伸剪切强度,N/mm;

P——最大拉伸剪切荷载,N;

b——试样黏合面宽度,mm。

结果以5块试样的算术平均值表示,精确至0.1 N/mm。

如果在拉伸剪切时,试样在接缝外断裂,则评定为接缝外断裂。该试验方法也可以测试热焊接接缝的黏结特性。

5.11　热老化处理试验

1.试验仪器

热老化试验箱:自动控温范围为 50 ~ 240 ℃,误差为±2 ℃。

2.试验程序

将截取的 3 块 G 试样放置在撒有滑石粉且按热处理尺寸变化率试验要求的垫板上,然后一起放入热老化试验箱中。在(80±2)℃的温度下保持 168 h。处理后的样片在标准环境下调节 24 h,然后检查外观,并在每块试件上裁取纵向、横向哑铃形试件各 2 块,做拉伸强度试验。在一块试件上截取纵向 1 块,另一块试件截取横向 1 块做低温弯折性试验。

3.结果计算

①3 块 G 样片外观质量与低温弯折性的结果评定分别与相应试验条文相同。

②处理后试样拉伸强度相对变化率按下式计算(精确到1%):

$$R_t = \left(\frac{TS_1}{TS} - 1 \right) \times 100\% \qquad (2.29)$$

式中　R_t——试样处理后拉伸强度相对变化率,%;

　　　TS——样品处理前平均拉伸强度,MPa(或拉力,N/cm);

　　　TS_1——样品处理后平均拉伸强度,MPa(或拉力,N/cm)。

③处理后断裂伸长率相对变化率按下式计算(精确到1%):

$$R_e = \left(\frac{E_1}{E} - 1 \right) \times 100\% \qquad (2.30)$$

式中　R_e——试样处理后断裂伸长率相对变化率,%;

　　　E——样品处理前平均断裂伸长率,%;

　　　E_1——样品处理后平均断裂伸长率,%。

5.12　结果评判

防水卷材的外观质量、尺寸允许偏差均合格,可判定为合格。若存在不合格,允许在该批产品中随机另抽 3 卷重新检验,全部达到标准规定即判其尺寸偏差、外观合格。若仍有不符合标准规定的,即判该批产品不合格。对于拉伸性能、热处理尺寸变化率、剪切状态下的黏合性以同一方向试件的算术平均值分别达到标准规定,即判该项合格。

低温弯折性、抗穿孔性、不透水性所有试件都符合标准规定,判定该项合格。若有一个试件不符合标准规定,则为不合格。

若表 2.43 中所列各项理化性能检测结果仅有一项不符合标准规定,允许在该批产品中随机另取一卷进行单项复测,合格则判该批产品理化性能合格,否则判该批产品理化性能不合格。

任务 6　隧道用土工布性能检测

土工织物也称土工布,是透水性的土工合成材料,按制造方法分为无纺或非织造土工织物、有纺或机织土工织物。因其具有过滤、排水、隔离、加筋、防渗和防护等作用,在水利、冶金、电力、石油、海港、铁路、公路、机场、市政和建筑等部门均得到了广泛应用,特别是无纺土工织物在隧道工程中作为防水卷材的垫层和排水通道,用量十分可观。为了选择和应用土工织物,必须了解材料的工程特性,以便正确确定设计参数。同一种类型的材料,因加工工艺制造过程不同,其工程特性有时差别很大。因此,使用单位应通过抽样试验来核实和确定。对于隧道工程,比较重要的工程特性有物理特性、力学特性和水力学特性。

土工布的物理特性主要指土工布的厚度与单位面积质量,一般隧道设计中通常只对单位面积质量有要求。在我国,公路隧道中常用 $250 \sim 400 \, g/m^2$ 的土工布,国外在公路隧道中也有用到 $700 \, g/m^2$ 的土工布。

土工布的力学性能包括抗拉强度及延伸率、握持强度及延伸率、抗撕裂强度、顶破强度、刺破强度、抗压缩性能等。

土工布水力学特性反映其在反滤和排水方面的性能,本任务仅介绍孔隙率的确定、有效孔径及垂直渗透性能的测试方法。

土工布各项性能试验检测均根据《公路工程土工合成材料试验规程》(JTG E50—2006)进行。

6.1 试样制备及数据整理

1.试样的制备

隧道用土工布检测的试样制备必须满足以下要求:

①试样不应含有灰尘、折痕、损伤部分和可见疵点。

②每项试验的试样应从样品长度与宽度方向上随机抽取,但距样品边缘至少 100 mm。

③为同一试验剪取 2 个以上的试样时,不应在同一纵向或横向位置上剪取。如不可避免时,应在试验报告中说明。

④剪取试样应满足精度要求。

⑤剪取试样时,应先制订剪裁计划,对每项试验所用的全部试样进行编号。

2.试样的调湿与饱和

①对于土工织物,试样一般应置于温度为(20±2)℃、相对湿度为 65% ±5% 和标准大气压的环境中调湿 24 h。对于塑料土工合成材料,在温度为(23±2)℃的环境下,进行状态调节的时间不得少于 4 h。

②如果确认试样不受环境影响,则可不调湿,但应在记录中注明试验时的温度和湿度。

③土工织物试样在需要饱和时,宜采用真空抽气法饱和。

3.试样记录

①对试样的制取和准备方法应做详细记录,并作为试验报告的组成部分。

②对与取样程序不符的情况、制样的日期、样品来源、样品名称及制造商等信息做相应记录。

4.数据的整理方法

①算术平均值 x 按下式计算:

$$\bar{x} = \frac{\sum_{i=1}^{n} x_i}{n} \qquad (2.31)$$

式中　n——试样个数；

x_i——第 i 块试验的试样值；

$\bar{x}$——n 块试样测试数值的算术平均值。

②标准差 σ 按下式计算：

$$\sigma = \sqrt{\sum_{i=1}^{n} (x_i - \bar{x})^2 / (n - 1)} \qquad (2.32)$$

③变异系数按下式计算：

$$C_V = \frac{\sigma}{\bar{x}} \times 100\% \qquad (2.33)$$

④在资料分析时，可疑数据的舍弃以 K 倍标准差作为舍弃标准，即舍弃在 $\bar{x} \pm K\sigma$ 范围以外的测定值。对不同的试件数量，K 值按表 2.45 选用。

表 2.45　统计量的临界值

试件数量	3	4	5	6	7	8	9	10	11	12	13	14
K	1.15	1.45	1.57	1.82	1.94	2.03	2.11	2.18	2.23	2.28	2.33	2.37

6.2　单位面积质量测定

1. 仪器和仪具

①剪刀或切刀。

②直尺：最小分度值为 1 mm，精度为 0.5 mm。

③天平：感量 0.01 g（现场测试可为 0.1 g）。

2. 试样制备

①试样数量不得少于 10 块，对试样进行编号。

②试样面积：对于一般土工合成材料，试样面积为 10 cm×10 cm，裁剪和测量精度为 1 mm；对于网孔较大或均匀性较差的土工合成材料，可适当加大试样尺寸。

③取样方法：按前述方法取试样，用切刀或剪刀裁取。

3. 试验步骤

将裁剪好的试样按编号顺序逐一在天平上称量，并细心测读和记录，读数精确到 0.01 g。

4. 结果整理

①每块试样的单位面积质量 $G(\text{g/m}^2)$ 按下式计算：

$$G = \frac{m}{A} \qquad (2.34)$$

式中　m——试样质量，g；

A——试样面积，m^2。

②保留一位小数,按前述方法计算单位面积质量的平均值、标准差及变异系数。

6.3 厚度测定

采用厚度试验仪测定土工织物厚度。本试验方法适用于测定土工合成材料在一定压力下的厚度。土工织物在承受规定的压力下,正反两面之间的距离称为厚度。常规厚度是指在 2 kPa 压力下的试样厚度。

1.仪器和仪具

厚度试验仪组成如图 2.25 所示。目前,新型厚度试验仪具有数显读数功能。

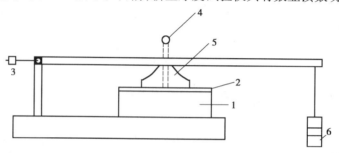

图 2.25　厚度试验仪示意图

1—基准板;2—试样;3—平衡锤;4—指示表;5—压块;6—砝码

①基准板:面积要大于 2 倍的压块面积。

②压块:采用表面光滑、面积为 25 cm² 的圆形压块,重力为 5 N、50 N 和 500 N 不等。其中,测量常规厚度的压块重力为 5 N。放在试样上时,其自重对试样施加的压力为(2±0.01)kPa。

③百分表:用以量测基准板至压脚间的垂直距离,最小分度值为 0.01 mm。

④秒表:最小分度值为 0.1 s。

2.试样制备

①试样数量不得少于 10 块,对试样进行编号。

②试样面积不小于基准板的面积。

③取样要求同前述。

3.试验步骤

①擦净基准板和压块,检查压脚轴是否灵活,调整百分表至零读数。

②提起压块,将试样自然平放在基准板与压块之间。轻轻放下压块,稳压 30 s 后记录百分读数,精确至 0.01 mm。

③土工合成材料的厚度一般指在 2 kPa 压力下的厚度测定值。如需测定厚度随压力的变化时,还需进行④、⑤步骤。

④增加砝码对试样施加(20±0.1)kPa 的压力,稳压 30 s 后读数。

⑤增加砝码对试样施加(200±1)kPa 的压力,稳压 30 s 后读数。除去压力,取出试样。

⑥重复上述步骤,测试完 10 块试样。

4.结果整理

①分别计算每种压力下 10 块试样厚度的算术平均值,以 mm 表示。

②计算每种压力下试样厚度的标准差 σ 及变异系数 C。

③在未明确规定压力时,采用2 kPa压力下的试样厚度平均值作为土工合成材料试样的厚度。

④以压力的对数为横坐标、厚度的平均值为纵坐标,绘制厚度与压力的关系曲线图。

6.4　宽条拉伸试验

土工合成材料的拉伸强度和最大负荷下伸长率是各项工程设计中最基本的技术指标。拉伸性能的好坏,可以通过拉伸试验进行测试。测定土工织物拉伸性能的试验方法有宽条法和窄条法。由于窄条试样在拉伸的过程中会产生明显的横向收缩(颈缩),这使测得的拉伸强度和伸长率不能真实反映样品的实际情况;而采用宽条试样和较慢的拉伸速率,可以有效地降低横向收缩,使试验结果更加符合实际情况。所以,国内外相关标准中土工织物拉伸均采用宽条法。

根据《公路工程土工合成材料试验规程》(JTG E50—2006),用拉伸试验测定土工织物及其相关产品的拉伸性能。根据隧道工程中土工布的应用环境,可采用调湿和浸湿状态下的拉伸试验。常用的试验指标有单位宽度下最大负荷、最大负荷下的伸长率和特定伸长率下的拉伸力。伸长率是指试验中试样实际夹持长度(名义夹持长度与预负荷伸长之和)的增加与实际夹持长度的比值,以%表示。

1.仪器和材料

①拉伸试验机:具有等速拉伸功能,拉伸速率可以设定,并能测读拉伸过程中试样的拉力和伸长量,记录拉力-伸长量曲线(图2.26)。

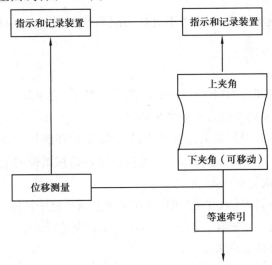

图2.26　平面拉伸试验装置示意图

②夹具:一对夹持试样的夹具,其钳口面要有一定的约束作用,并能防止试样在钳口滑移和损伤。钳口宽度至少与试样200 mm同宽。

③伸长计:测量和记录装置,能够测量试样上两个标记点之间的距离,对试样无任何损伤和滑移,能反映标记点的真实动程。伸长计包括力学、光学或电子形式的。伸长计的精度应不超过±1 mm。

④蒸馏水:用于浸湿试样。

⑤非离子润湿剂:用于浸湿试样。

2.试样制备

（1）试样数量

试样数量分别以土工合成材料纵向和横向作为试样长边，各剪取试样至少5块。

（2）试样尺寸

①无纺土工织物试样宽度为（200±1）mm（不包括边缘），试样有足够长度以保证夹具净间距为100 mm。实际长度视夹具而定，必须有足够的长度使试样伸出夹具。

②对于有纺土工织物，裁剪试样宽度为220 mm，再在两边拆去大约相同数量的纤维，使试样宽度达到（200±1）mm 的名义试样宽度。

③除测定干态强度外，要求测定湿态强度时，裁剪2倍的长度，然后截为等长度的2块。

④对于湿态试样，要求从水中取出到上机拉伸的时间间隔不大于10 min。

（3）取样方法

取样原则同"厚度测试"。针织土工织物等采用裁剪方法取样可能影响织物结构时，可以采用热切割方法取样，但是需要在试验报告中说明。

3.试样调湿和状态调节

①对于土工织物，试样一般应置于温度为（20±2）℃的蒸馏水中，浸润时间应足以使试样全湿或至少为24 h。为使试样完全湿润，可以在水中加入不超过0.05%的非离子型湿润剂。

②对于塑料土工合成材料，在温度为（23±2）℃的环境下，进行状态调节的时间不得少于4 h。

③如果确认试样不受环境影响，则可不进行调湿和状态调节，但应在报告中注明试验时的温度和湿度。

4.试验步骤

①调整两夹具的初始间距为（100±3）mm。两个夹具中，要求其中一个的支点能自由旋转或为万向接头，保证两个夹具平行且在一个平面内。

②选择拉伸试验机的满量程范围，使试样的最大断裂力在满量程的30%～90%，设定拉伸速率为名义夹持长度的（20±1）%/min。名义夹持长度是指在试样的受力方向上，标记的两个参考点间的初始距离，一般为60 mm，记为 L_0。

③将试样对中放入夹具内，为方便对中，可在试样上画垂直于拉伸方向的两条相距100 mm的平行线作为标志线。对于湿试样，应从水中取出3 min 内进行试验。

④测读试样的名义夹持长度 L_0。

⑤试验预张拉。对于已夹持好的试样，预张拉力相对于最大负荷的1%，记录因预张拉试样产生的夹持长度的增加值 L_0。

⑥安装伸长计。在试样上相距60 mm 处设定标记点（距试样中心各30 mm），安装伸长计。

⑦测定拉伸性能。开动试验机，以名义夹持长度的（20±1）%/min 的拉伸速率进行拉伸，同时启动记录装置，连续运转直到试样破坏时停机。对于延伸率较大的试样，应拉伸至其拉力明显降低时方可停机。记录最大负荷，精确至满量程的0.2%。记录最大负荷下的伸长量 ΔL，精确至0.1 mm。上述最大负荷、预负荷伸长量、最大负荷下的伸长量 ΔL 的含义如图2.27所示。

如果试样在距钳口5 mm 范围内断裂，则该试验结果应剔除。纵、横向分别至少应有5个合格试样。当试样在钳口内打滑或大多数试样在钳口边缘断裂时，可采取下列改进措施：钳口内加衬垫;钳口内的试样加以涂层;改进夹具钳口表面。

注意:不论采取哪种措施均应在试验报告中说明。

⑧测定特定伸长率下的拉伸力。在拉伸过程中,测定特定伸长率下的拉伸力,记录精确到满量程的0.2%。

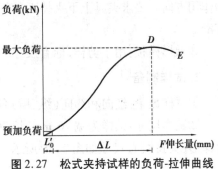

图 2.27　松式夹持试样的负荷-拉伸曲线

5. 结果整理

①拉伸强度。土工织物或小孔径土工网试样的拉伸强度 α_f 可按下式计算:

$$\alpha_f = F_f C \tag{2.35}$$

式中　α_f——拉伸强度,kN/m;

　　　F_f——测读的最大负荷,kN;

　　　C——按以下两种情况之一计算:对于非织造、高密织物或类似产品,$C = 1/B$,其中,B 为试样的名义宽度,m;对于稀松土工织物、土工网等松散结构材料,$C = N_m/N_s$,其中,N_m 为试样 1 m 宽度内的拉伸单元数,N_s 为试样宽度内的拉伸单元数。

②最大负荷下的伸长率。试样最大负荷下的伸长率可按下式计算:

$$\varepsilon = \frac{\Delta L}{L_0 - L_0'} \times 100\% \tag{2.36}$$

式中　ε——最大负荷下的伸长率,%;

　　　L_0——名义夹持长度(使用夹具时为 100 mm,使用伸长计时为 60 mm);

　　　L_0'——预负荷伸长量,mm。

③特定伸长率下的拉伸力。试样在特定伸长率下的拉伸力按下式计算:

$$F_{n\%} = f_{n\%} C \tag{2.37}$$

式中　$F_{n\%}$——对应于伸长率为 n% 时试样的每延米拉伸力,kN/m;

　　　$f_{n\%}$——对应于伸长率为 n% 时试样的测定负荷,kN;

　　　C——计算同"拉伸强度"中的方法。

④计算拉伸强度、最大负荷下伸长率和特定伸长率下拉伸力的平均值,并计算它们的标准差 σ 及变异系数 C。

如有需要,可绘制如图 2.27 所示典型的负荷-拉伸曲线。

6.5　撕破强力试验

土工织物在铺设和使用过程中,常常会有不同程度的破损。土工织物抵抗扩大破损裂口的能力可以用撕裂强度表示。土工织物的撕裂强度指试样在撕裂过程中抵抗扩大破裂口的最大拉力,也称撕破强力。

根据《公路工程土工合成材料试验规程》(JTG E50—2006),采用梯形样品测定土工织物的梯形撕破强力。

1. 仪器和仪具

①拉力机:同"宽条拉伸试验"用的拉伸试验机。

②夹具夹:持面尺寸(长×宽)为 50 mm×84 mm,宽度要求不小于 84 mm,宽度方向垂直于力

的作用方向。要求夹具上下夹持面平行、光滑,夹紧时不损坏试样,同时要求试验中试样不发生打滑。

③梯形模板:用于剪样,标有尺寸。

2.试样制备

①试样数量:经向和纬向(纵、横)各取10块试样。

②试样尺寸:试样为宽76 mm、长200 mm的矩形试样,在矩形试样中部用梯形模板画一等腰梯形(夹持线),尺寸如图2.28所示。

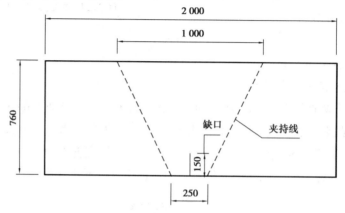

图2.28 梯形试样平面图(单位:mm)

③取样方法应符合试样制备的一般原则,如前述试样制备的要求。

④有纺土工织物试样测定经向纤维的撕裂强度时,剪取试样长边应与经向纤维平行,使试样切缝切断及试验时拉断的为经向纤维。测定纬向撕裂强度时,剪取试样长边应与纬向纤维平行,使试样被切断及撕裂拉断的为纬向纤维。

⑤无纺土工织物试样测定经向撕裂强度时,剪取试样长边应与织物经向平行,使切缝垂直于经向;测定纬向撕裂强度时,剪取试样长边应与织物纬向平行,使切缝垂直于纬向。

⑥在已画好的梯形试样短边1/2处剪一条垂直于短边的长15 mm的切缝。

⑦准备好试样,如进行湿态撕裂试验,要求同"宽条拉伸试验"。

3.试验步骤

①调整拉力机夹具的初始距离为25 mm,设定拉力机满量程范围,使试样最大撕裂荷载在满量程的30%～90%,设定拉伸速率为(100±5)mm/min。

②将试样放入夹具内,沿梯形不平行的两腰边缘(夹持线)夹住试样。梯形的短边平整绷紧垂直,其余呈起皱叠合状,夹紧夹具。

③开动拉力机,以拉伸速率100 mm/min拉伸试样,并记录拉伸过程中的撕裂力,直至试样破坏时停机。撕裂力可能有几个峰值和谷值,也可能单一上升而只有一个最大值,如图2.29所示。取最大值作为撕破强力,单位以N表示。

④在夹具内有打滑现象或有1/4以上的试样在夹具边缘5 mm范围内发生断裂时,夹具可做如下处理:

a.夹具内加垫片;

b.与夹具接触部分的织物用固化胶加固;

c.修改夹具面。

采用任何处理均要在试验报告中说明。

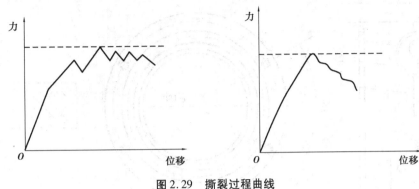

图 2.29　撕裂过程曲线

4. 结果整理

①分别计算纵向和横向撕破强力的平均值 T，作为试验值，精确至 0.1 N。

②计算纵向和横向撕破强力的标准差和变异系数，变异系数精确至 0.1%。

6.6　CBR 顶破强力试验

在隧道工程中，土工织物直接与初期支护内表面接触，在二次衬砌施做后，土工布一般要受到径向挤压力。对于采用锚喷支护为初期支护的结构，其内表面往往凹凸不平，导致土工织物常被置于不均匀受压状态。其中，最不利的一种状态为处于紧绷状态的土工合成材料受到法向集中力的作用。按接触面的受力特征和破坏形式可分为顶破、刺破和穿透 3 种受力状态。

顶破强度是反映土工织物抵抗垂直织物平面的法向压力的能力。在顶破强力试验中，顶杆顶压试样直至破裂过程中测得的最大顶压力称为顶破强力。与刺破强力试验相比，顶破强力试验试样压力作用面积相对较大，材料呈双向受力状态。

顶破强力试验的常用方法有 CBR 顶破试验和圆球顶破试验。两者的差异主要在于：前者用圆柱形顶压杆顶压，后者用圆球顶压；两者的夹具环直径不同。《公路工程土工合成材料试验规程》(JTG E50—2006)推荐采用 CBR 顶破强力试验。本节介绍顶破试验中常用的 CBR 顶破强力试验，测定土工织物的顶破强力、顶破位移和变形率。

以 CBR 试验仪的圆柱顶杆均匀垂直顶压于土工合成材料平面时，测定土工合成材料所能够承受的最大顶压力，称为顶破强力。顶破位移是指在试验过程中，从顶压杆顶端开始与试样表面接触时起，直至达到顶破强力时，顶压杆顶进的距离。变形率是指环形夹具内侧距顶压杆边缘之间试样的长度变化百分率。

1. 仪器设备

①试验机：具有等速加荷功能，加荷速率可以设定，能测读拉伸过程中土工合成材料的拉力和伸长量，记录应力-应变曲线。量力环（测力计）安装在加荷框架上，量力环下部装有 50 mm的圆柱体压杆，量力环中的百分表用于测定量力环变形计算顶压力（图 2.30）。一般 CBR 试验仪最大压力约 50 kN，行程为 100 mm。

②顶破夹具：夹具夹持环底座高度须大于 100 mm，环形夹具内径为 150 mm（图 2.30）。试验仪上的夹具中心必须在圆柱顶压杆的轴线上。

③顶压杆：直径 50 mm、高度 100 mm 的圆柱体，顶端边缘倒成半径为 2.5 mm 的圆弧。

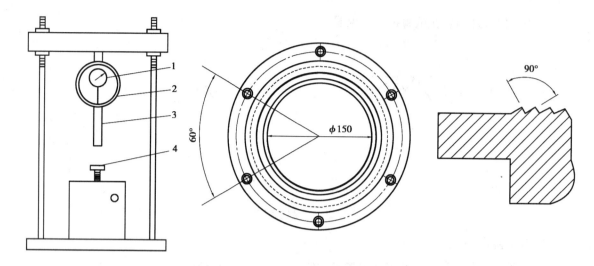

图2.30 CBR试验仪及环形夹持设备(单位:mm)

1—百分表;2—量力环;3—圆柱顶杆;4—托盘

2. 试样制备

①取样方法同本任务6.1节所述。

②试样数量:每组试验截取直径300 mm的圆形试样5块。

③试样制备:在每块试样离外圈50 mm处均等开6条8 mm宽的槽,如图2.31所示。

④试样调湿和状态调节同"宽条拉伸试验"。

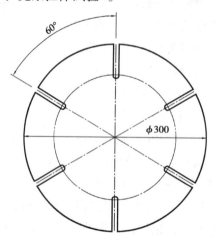

图2.31 CBR试验仪环形样品(单位:mm)

3. 试验步骤

①试样放入环形夹具内,在自然状态下拧紧夹具。

②将夹持好试验的夹具对中放在加荷系统的托盘上,调整高度,使试样与顶杆刚好接触。设定试验机满量程,使试样最大顶破强力在满量程的30% ~90%,设定顶压杆的下降速率为(60±5)mm/min。

③启动试验机,直至试样完全顶破为止。观察记录顶破情况,记录顶破强力(N)和顶破位移值(mm)。如果试验时试样在夹具中有明显滑动,则剔除该试样结果,重新取样补做。

4. 结果整理

①由量力环标定曲线,将量力环中百分表的读数换算为力,单位为 N。计算每块试样的顶破强力平均值,精确到 0.1 N。

②计算顶破位移的平均值,精确到 0.1 mm。

③按下式计算变形率 ε:

$$\varepsilon = \frac{L_1 - L_0}{L_0} \times 100\% \tag{2.38}$$

$$L_1 = \sqrt{h^2 + L_0^2} \tag{2.39}$$

式中 L_0——试验前夹具内侧至顶压杆顶端边缘的距离,mm;

L_1——试验后夹具内侧至顶压杆顶端边缘的距离,mm;

h——压顶杆位移,mm。

各参数的含义如图 2.32 所示。

④如需要,计算 5 块试样顶破强力平均值的变异系数。

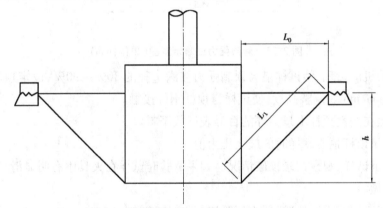

图 2.32　CBR 顶破试验参数示意图(单位:mm)

6.7　刺破强力试验

刺破强力是反映土工织物抵抗如有棱角的石子、支护用钢构件端头等小面积集中荷载的能力。试验方法与圆球顶破试验相似,只是以金属杆代替圆球。

刺破强力试验用一刚性顶杆以规定的速率垂直顶向土工合成材料平面,测试试样被刺破时的最大力。

1. 仪器设备

①试验机:具有等速加荷功能,能测读拉伸过程中土工合成材料的拉力和伸长量,记录应力-应变曲线;试验机行程大于 100 mm,加荷速率能达到(300±10)mm/min。

②环形夹具:内径为(44.5±0.025)mm,底座高度大于顶杆长度,有较高的支撑力,稳定性好。

③平头顶杆:钢质实心杆,直径为(8±0.01)mm,顶端平头,边缘倒角为 0.5 mm×45°。

2. 试样准备

①取样方法:取样原则同"CBR 顶破强力试验"。

②试样数量:每组试验取圆形试样10块。

③试样制备:试样直径不小于100 mm,根据夹具的结构在对应的螺栓位置处开孔。

3.试验步骤

①将试样放入环形夹具内,使试样在自然状态下放平,拧紧夹具。

②将夹持好试样的夹具对中放在加荷系统的托盘上,使平头顶杆对中,如图2.33所示。

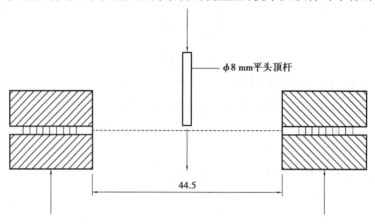

图2.33 刺破强力试验示意图(单位:mm)

③设定试验机满量程,使试样最大顶刺强力在满量程的30%～90%,设定顶压杆的下降速率为(300±10)mm/min。调整高度,使试样与顶杆刚好接触。

④调整连接在刚性顶杆上量力环的百分表读数至零。

⑤开机,记录顶杆顶压试样时的最大压力值。

⑥停机,取下试样,观察记录顶破情况。如果试验时试样在夹具中有明显滑动,则剔除该试样结果,重新补做。

⑦重复步骤①～⑥进行试验,每组试验进行10块试样。

4.结果整理

①由量力环标定曲线,将量力环中百分表的读数换算为力,单位为N。计算每块试样的顶破强力平均值,保留3位有效数字。

②如有需要,计算刺破强力平均值的变异系数,精确到0.1%。

6.8 孔隙率确定

1.孔隙率

土工织物的孔隙率是指其孔隙体积与总体积的比值,以n表示。它是无纺土工织物的主要物理性质之一。孔隙率的确定不需要直接进行试验,可通过下式计算求得:

$$n = \left(1 - \frac{m}{\rho\delta}\right) \times 100\% \tag{2.40}$$

式中　m——单位面积质量,g/m²;

　　　ρ——原材料密度,g/m²;

　　　δ——织物厚度,m。

无纺土工织物的孔隙率随承受的压力变化很大。不承压时,一般在90%以上;承压后,孔隙率明显降低。

2. 筛分法试验

土工布的有效孔径(EOS)或表观孔径(AOS)表示能有效通过的最大颗粒直径。目前,具体试验方法有干筛法[《土工布及其有关产品　有效孔径的测定　干筛法》(GB/T 14799—2005)]和湿筛法[《土工布及其有关产品　有效孔径的测定　湿筛法》(GB/T 17634—2019)]两种。干筛法相对较简便,但振筛时易产生静电,颗粒容易集结。湿筛法根据 ISO 标准制订,在理论上可消除静电的影响,但因喷水后产生表面张力,集结现象并不能完全消除。目前,国内应用仍以干筛法为主。干筛法标准制备是分档颗粒(从 0.05 ~ 0.07 mm 至 0.35 ~ 0.4 mm 分成 9档),逐档放于振筛上(以土工布作为筛布),得出一系列不同粒径的筛余率。当某一粒径的筛余率等于总量的 90% 或 95% 时,该粒径即为该土工布的表观孔径或有效孔径,相应地用 O90 或O95 表示,如 O95 表示土工织物中 95% 的孔径低于该值。根据《公路工程土工合成材料试验规程》(JTG E50—2006),标准颗粒材料可以是玻璃珠或天然砂,但是粒径分组应符合要求。

(1)仪器和仪具

①标准分析筛:细筛一个,孔径为 2 mm,外径为 200 mm。

②振筛机:具有水平摇动和垂直(或拍击)装置的筛析仪器。横向振动频率:(220±10)次/min,回转半径:(12±1)mm,垂向振动频率:(150±10)次/min,振幅:(10±2)mm。

③天平:称量 200 g,感量 0.01 g。

④其他用品:秒表、剪刀、画笔、小毛刷等。

(2)材料与试样

①试样数量:剪取试样数量为 5n 块,n 为选取的粒径组数。

②试样的准备:按前述土工试样的制备要求进行。试样调湿时,当试样在间隔至少 2 h 的连续称量中质量变化幅度不超过试样质量的 0.25% ,认为已满足要求。

③标准颗粒材料的准备:将洗净烘干的颗粒材料用筛析法制备分级标准颗粒,可参照《公路土工试验规程》(JTG 3430—2020)进行。

(3)试验步骤

①将试样和标准颗粒同时放在标准大气下调湿平衡。

②将同组 5 块试样平整地放入能够支撑试样,且不下凹的、孔径约 2 mm 的细筛网上,并固定好。

③称量较细粒径规格的标准颗粒材料 50 g,均匀地撒在筛中的试样表面。

④将筛子、上盖和下部底盘一起固定在摇筛机上筛析,开启振筛机,摇筛试样 10 min。

⑤停机后,用天平称量通过试样进入接收盘中的颗粒,准确至 0.01 g。

⑥用小毛刷将筛筐上的表面颗粒清理干净,更换试样。

⑦采用同级标准颗粒材料,重复步骤①~④,共进行 5 次平行试验。

⑧另取一组分级标准颗粒材料按步骤①~⑥进行试验。需要取不小于 3 组连续分级标准颗粒的过筛率,且要求试验点分布均匀,其中一组的筛余率在 95% 左右。

(4)结果整理

①按下式计算某组标准颗粒的过筛率 B:

$$B = \frac{P}{T} \times 100\%$$

(2.41)

式中　T——每次试验时标准颗粒的质量,g;

　　　P——5 块试样同组粒径过筛量的平均值,g。

②绘制孔径分布曲线。以分级标准颗粒粒径平均值为横坐标(对数坐标)、过筛率平均值为纵坐标绘制孔径分布曲线,即过筛率-粒径分布曲线(图 2.34)。该曲线可间接反映织物孔径的分布情况。

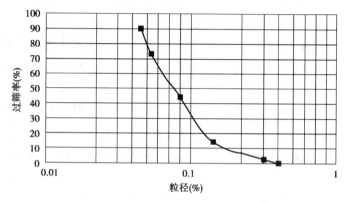

图 2.34　有效孔径分布曲线示意图

③有效孔径 O90 和 O95 的确定。在分布曲线(图 2.34)上纵坐标为 10%(1-90%)的点所对应的横坐标,即定义为等效孔径 O90;曲线上纵坐标为 5%(1-95%)的点所对应的横坐标,即定义为等效孔径 O95,单位为 mm,取 2 位有效数字。

6.9　垂直渗透性能试验

根据《公路工程土工合成材料试验规程》(JTG E50—2006),采用恒水头法测定土工织物的垂直渗透特性参数,包括流速指数、垂直渗透系数、透水率等。

流速指数是指试样两侧 50 mm 水头差下的流速(mm/s),试验精确到 1 mm/s。垂直渗透系数是指单位水力梯度下垂直于土工织物平面的水的流速(mm/s)。透水率是指垂直于土工织物平面流动的水,在水位差等于 1 时的渗透流速(L/s)。

本试验方法适用于各种具有透水性能的土工织物。试验目的为确定土工织物在法向水流作用下的透水特性。

1.仪器和仪具

①水平式恒水头渗透仪如图 2.35 所示。

a.渗透仪夹持器的最小直径为 50 mm,能使试样与夹持器周壁密封良好,没有渗漏。

b.渗透仪器能设定的最大水头差应不小于 70 mm,有溢流和水位调节装置,能够在试验期间保持试件两侧水头恒定,有达到 250 mm 恒定水头的能力。

c.测量系统的管路应避免直径变化,以减少水头损失。

d.有测量水头高度的装置,精确到 0.2 mm。

e.试验用水应符合《水质　溶解氧的测定　碘量法》(GB/T 7489—1987)对水质的要求,采用蒸馏水或经过过滤的清水。试验前必须用抽气法或煮沸法脱气,水中的溶解氧含量不得超过 10 mg/kg。溶解氧含量的测定在水入口处进行,溶解氧的测定仪器应符合《水质　溶解氧的测定　碘量法》(GB/T 7489—1987)的有关规定。

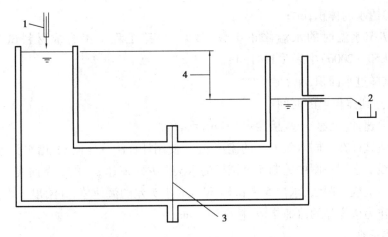

图 2.35　水平式恒水头渗透仪示意图
1—进水系统;2—出水收集;3—试样;4—水头差

f. 水温控制在 18~22 ℃。

②其他设备和用品:温度计(精度 0.2 ℃)、秒表(精度 0.1 s)、量筒(精度 10 mL)。

2. 试样制备

①取样方法同本任务 6.1 节所述。

②试样数量,取不少于 5 块,尺寸大小与试验仪器相适应。

3. 试验步骤

①将试样浸泡在含湿润剂(0.1% 体积分数的烷基苯磺酸钠)水中至少 12 h,至饱和,并赶走气泡。

②将饱和的试样装入渗透仪的夹持器内,安装时防止空气进入。有条件的可在水下装样,并使所有的接触点不漏水。

③向渗透仪注水,直到试样两侧达到 50 mm 的水头差。关掉供水,如果试样两侧的水头在 5 min 内不能平衡,查找是否有未排除干净的空气,重新排气,并在试验报告中注明。

④调整水流,使水头差达到(70±5)mm,记录此值,精确到 1 mm。待水头稳定至少 30 s 后,在规定的时间周期内,用量杯收集通过仪器的渗透水量,体积精确到 10 mL,时间精确到 s。收集渗透水量至少 1 000 mL,时间至少 30 s。如果使用流量计,流量计至少应有能测出水头差 70 mm 时的流速的能力,实际流速由最小时间间隔 15 s 的 3 个连续读数的平均值得出。

⑤分别对最大水头差 80%、60%、40%、20% 的水头差,重复步骤④,从最高流速开始,到最低流速结束,并记录下相应的渗透水量和时间。如果使用流量计,采用同样的原则。

⑥记录水温,精确到 0.2 ℃。

⑦对剩下的试样重复步骤②~⑥。

4. 结果计算

（1）流速指数

①按下式计算标准温度(20 ℃)下的流速:

$$v_{20} = \frac{VR_T}{At} \qquad (2.42)$$

式中 V——渗透水的体积,m^2;

   R_T——$T℃$水温时的水温修正系数,参见《公路工程土工合成材料试验规程》(JTG E50—2006)中表T 1141-1;

   A——试样过水面积,m^2;

   t——水达到体积V的时间。

如果采用流速计,流速v_T直接测定,则$v_{20}=v_TR_T$。

②计算每块试样在不同水头差下的流速v_{20}。使用计算法或作图法,用水头差h对流速v_{20}通过原点作曲线。在同一图中绘制5个试样的水头差h对流速v_{20}的5条曲线。

③通过计算法或作图法,求出5个试样50 mm水头差的流速值,并给出平均值、最大值、最小值。平均值作为该样品的流速指数,精确到1 mm/s。

(2)垂直渗透系数

按下式计算实际水温下的垂直渗透系数k:

$$k=\frac{v}{i}=\frac{v\delta}{\Delta h} \tag{2.43}$$

式中 k——实际水温下的垂直渗透系数,mm/s;

   v——垂直土工织物平面水的流动深度,mm/s;

   i——土工织物上下两侧的水力梯度;

   δ——土工织物试样的厚度,mm;

   Δh——土工织物试样施加的水头差,mm。

20 ℃温度下的垂直渗透系数k_{20}按下式计算:

$$k_{20}=kR_T \tag{2.44}$$

式中 R_T——$T℃$水温时的水温修正系数,参见《公路工程土工合成材料试验规程》(JTG E50—2006)中表T1141-1。

(3)透水率

标准温度(20 ℃)下的透水率θ_{20}按下式计算:

$$\theta_{20}=\frac{k_{20}}{\delta}=\frac{v_{20}}{\Delta h} \tag{2.45}$$

式中 θ_{20}——标准温度(20 ℃)下试样的透水率,s;

   k_{20}——水温20 ℃下的垂直渗透系数,mm/s;

   v_{20}——温度20 ℃下垂直土工织物平面水的流动深度,mm/s;

   δ——土工织物试样的厚度,mm;

   Δh——土工织物试样施加的水头差,mm。

5.试验报告

试验报告应包括以下内容:

①土工织物在标准温度(20 ℃)的渗透系数,也可同时给出透水率;

②如果进行不同压力下的渗透试验,给出渗透系数与压力的变化曲线;

③对试验中发生的可能影响试验结果的情况做出必要的说明。

值得指出的是,上述试验是基于渗透试验服从达西定律进行的,而达西定律仅适用于层流状态。实际上,当水力坡降大于某一数值后,流态将由层流转变为紊流,达西定律将不再适用。

土工织物的渗透系数一般在 $8×10^{-4} \sim 5×10^{-1}$ cm/s,而无纺土工布的渗透系数一般在 $4×10^{-3} \sim 5×10^{-1}$ cm/s。

土工织物的厚度随法向压力而变化,其测量误差将影响水力梯度及渗透系数的精度,在应用时需要注意。

项目实训

1. 低碳钢的拉伸与压缩实训

(1)实训目的

①测定低碳钢拉伸时的屈服强度、抗拉强度、断后延伸率和断面收缩率。

②观察材料在拉伸过程中的各种现象,并绘制拉伸图。

③测定低碳钢压缩时的屈服压缩强度。

(2)实训任务

①利用万能试验机进行低碳钢的拉伸试验。

②分析铸铁的拉伸曲线、断口形状。

③利用万能试验机进行铸铁压缩试验。

④测定铸铁压缩抗压强度。

2. 标准混凝土试块的单轴受压实训

(1)实训目的

①测定标准混凝土试块的抗压强度。

②观察材料在受压过程中的各种现象。

(2)实训任务

①利用万能试验机进行标准混凝土试块的受压试验。

②分析不同等级标准混凝土试块的抗压强度。

项目3 构件材质无损检测

【项目概述】本项目主要介绍了桥梁隧道常见构件材质进行无损检测的内容和方法,包括混凝土强度检测与评定、钢筋锈蚀检测与评定、混凝土中钢筋分布及保护层厚度的检测以及用超声波检测混凝土内部缺陷。

【教学目标】了解桥梁隧道常见构件类型,能掌握桥梁隧道构件外观检查的方法和内容,会进行混凝土强度检测与评定,了解钢筋锈蚀类型和锈蚀程度,能掌握混凝土中钢筋分布及保护层厚度的检测,知道如何使用无损检测方法检测混凝土的内部缺陷。

【学习重点】回弹法检测混凝土强度,钢筋锈蚀检测技术,混凝土中钢筋分布保护层厚度检测技术,超声波检测混凝土内部缺陷。

任务1　混凝土强度检测与评定

1.1　结构混凝土强度检测方法分类与要求

结构混凝土强度检测方法分为无损检测、半破损检测和破损检测,如图3.1、图3.2所示。本任务对目前桥梁隧道工程常用的回弹法、超声回弹综合法、取芯法、回弹结合取芯法等测定混凝土强度的通用方法进行介绍。

使用这些方法时,要注意桥梁隧道工程结构的特点。混凝土桥梁结构有其特殊性,混凝土强度检测评定分为结构或构件的强度检测评定与承重构件的主要受力部位的强度检测评定。例如,对于主梁,根据具体检测目的和检测要求,选择合适的方法进行检测时,可以对主梁整个构件进行检测评定,也可以对主梁跨中部位进行混凝土强度的检测评定,但测区布置必须满足相关的规范规定。

图3.1　无损检测(回弹法检测混凝土强度)

图3.2　破损检测(钻芯法检测混凝土强度)

原则上,对结构不采取破损检测,但在其他方法不能准确评定结构或承重构件主要受力部位的混凝土强度时,应采用取芯法或结合其他方法综合评定。在结构上钻、截取试件时,应尽量选择承重构件的次要部位或次要承重构件,并应采取有效措施确保结构安全。钻、截取试件后,应及时进行修复或加固处理。

1.2 回弹法检测结构混凝土强度的方法

1. 回弹法的基本原理

混凝土的表面硬度与其强度存在某种关系。回弹法是通过测定混凝土的表面硬度来推断强度的一种无损检测方法,广泛应用于混凝土工程的质量检测中。

回弹法的主要检测仪器是回弹仪。回弹仪是用弹簧驱动重锤,通过弹击杆弹击混凝土表面,并测出重锤被反弹回来的距离,以回弹值(反弹距离与弹簧初始长度之比)作为直接检测结果。回弹值的大小取决于与冲击能量有关的回弹能量,而回弹能量主要取决于被测混凝土的弹塑性性能。一般情况下,混凝土的强度越低,则塑性变形越大,消耗与产生塑性变形的功也越大,弹击锤所获得的回弹能量就越小,回弹距离相应也越小,从而回弹值就越小,反之亦然。据此,可建立"混凝土抗压强度-回弹值"的相关曲线,通过回弹仪对混凝土表面弹击后的回弹值来推算混凝土的强度值。

1) 回弹仪

(1) 回弹仪的构造及工作原理

回弹仪的类型比较多,有重型、中型、轻型和特轻型,一般工程使用最多的是中型回弹仪。回弹仪可分为指针直读式和数字式。其中,以指针直读的直射锤击式仪器应用最广。随着数字技术的发展,数字回弹仪应用也越来越多。回弹仪的外观及构造如图3.3所示。

（a）数显式回弹仪外观

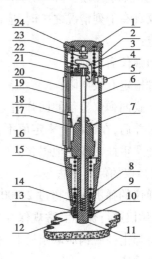

（b）回弹仪构造

图3.3 回弹仪

1—尾盖;2—壳体;3—挂钩;4—压簧;5—按钮;6—中心导杆;7—弹击锤;8—拉簧座;9—盖帽;10—密封毡圈;11—弹击杆;12—混凝土构件试面;13—卡环;14—缓冲弹簧;15—弹击拉簧;16—指针轴座;17—弹簧片;18—指针滑块;19—指针轴;20—刻度牌;21—导向法兰;22—挂钩弹簧;23—调整螺钉;24—调整螺母

仪器工作时,随着对回弹仪施压,弹击杆徐徐向机壳内推进,弹击拉簧被拉伸,使连接弹击拉簧的弹击锤获得恒定的冲击能量。当仪器在水平状态工作时,击能量大小为 2.207 J,标准规定弹击拉簧的刚度为 785.0 N/m,单击拉簧工作时的拉伸长度为 0.075 m。

当挂钩与调零螺钉互相挤压时,弹击锤脱钩,弹击锤的冲击面与弹击杆的后端平面相碰撞。此时,弹击锤释放出来的能量借助弹击杆传递给混凝土构件,混凝土弹性反应的能量又通过弹击杆传递给弹击锤,使弹击锤获得回弹的能量向后弹回并获得回弹值。回弹值由仪器外壳上的刻度尺示出。

(2)对中型回弹仪的技术要求

①水平弹击时,弹击锤脱钩的瞬间,中型回弹仪的标称能量应为 2.207 J。

②在弹击锤与弹击杆碰撞的瞬间,弹击拉簧应处于自由状态。此时,弹击锤起跳点应相应于指针指示刻度尺上"0"处。

③在洛式硬度 HRC 为 60±2 的钢砧上,回弹仪的率定值应为 80±2。

④数字式回弹仪应带有指针直读示值系统,数字显示的回弹值与指针读示值相差不超 1。

⑤回弹仪使用时的环境温度应为 -4 ~ 40 ℃。

(3)回弹仪的率定方法

在工程检测前后,回弹仪应在钢砧上做率定试验,并应符合以下要求:

①率定试验宜在干燥、室温为 5 ~ 35 ℃ 的条件下进行;

②率定时,钢砧应稳固地平放在刚度大的物体上;

③测定回弹值时,取连续向下弹击 3 次稳定回弹值的平均值;

④弹击杆应分 4 次旋转,每次旋转宜为 90°,弹击杆每旋转一次的率定平均值应为 80±2;

⑤率定回弹仪的钢砧应每 2 年校准一次。

(4)回弹仪的检定

回弹仪具有下列情况之一时,应由法定部门按《回弹仪检定规程》(JJG 817—2011)对回弹仪进行检定:

①新回弹仪启用前;

②超过检定有效期限;

③数字式回弹仪显示的回弹值与指针读示值相差大于 1;

④经保养后,在钢砧上率定值不合格;

⑤遭受严重撞击或其他损害。

(5)回弹仪的保养方法

当回弹仪的弹击次数超过 2 000 次,或者对检测值有怀疑以及在钢砧上的率定值不合格时,应对回弹仪进行保养。常规保养应符合下列规定:

①先将弹击锤脱钩后取出机芯,然后卸下弹击杆,取出里面的缓冲压簧,并取出弹击锤、弹击拉簧和拉簧座。

②清洗机芯各零部件,重点清洗中心导杆、弹击锤和弹击杆的内孔和冲击面。清洗后应在中心导杆上涂抹一层薄薄的钟表油,其他零部件均不得抹油。

③应清理机壳内壁,卸下刻度尺,并应检查指针,其摩擦力应为 0.5 ~ 0.8 N。

④对于数字式回弹仪,还应按产品要求的维护程序进行维护。

⑤保养时,不得旋转尾盖上已定位紧固的调零螺丝,不得自制或更换零部件。

⑥保养后应对回弹仪进行率定试验。

回弹仪使用完毕后,应使弹击杆伸出机壳,清除弹击杆、杆前端球面以及刻度尺表面和外壳上的污垢、尘土。回弹仪不用时,应将弹击杆压入仪器内,经弹击后方可按下按钮锁住机芯,将回弹仪装入仪器箱,平放在干燥阴凉处。数字回弹仪长期不用时,应取出电池。

2)检测方法

在正常情况下,混凝土强度的检验与评定应按《混凝土结构工程施工质量验收规范》(GB 50204—2015)及《混凝土强度检验评定标准》(GB/T 50107—2010)执行。但是,当出现标准养护试件或同条件试件数量不足或未按规定制作试件时;当所制作的标准试件或同条件试件与所成型的构件在材料用量、配合比、水灰比等方面有较大差异,已不能代表构件的混凝土质量时;当标准试件或同条件试件的试压结果不符合现行标准、规范规定的对结构或构件的强度合格要求且对该结果持有怀疑时,即当结构中混凝土实际强度有检测要求时,可以考虑依据《回弹法检测混凝土抗压强度技术规程》(JGJ/T 23—2011)采用回弹法来检测。检测结果可作为评价混凝土质量的一个依据。

(1)收集基本技术资料

收集的基本技术资料包括以下内容:

①工程名称及设计、施工、监理(或监督)和建设单位名称;

②结构或构件名称、外形尺寸、数量及混凝土强度等级;

③水泥品种、强度等级、安定性、厂名,砂石种类、粒径,外加剂或掺和料品种、掺量,混凝土配合比等;

④施工时的材料计量情况,模板、浇筑、养护情况及成型日期等;

⑤必要的设计图纸和施工记录;

⑥检测原因。

(2)确定抽样数量及适用范围

结构或构件混凝土强度检测可采用单个检测、批量检测两种方式,其适用范围及结构或构件数量应符合下列规定:

①单个检测适用于单个结构或构件的检测。例如,桥梁定期检测中,怀疑某跨主梁混凝土强度不满足设计要求时,采用该检测方式。

②批量检测适用于在相同的生产工艺条件下,混凝土强度等级相同,原材料、配合比、成型工艺、养护条件基本一致且龄期相近的同类结构或构件的检测。按批进行检测的构件,抽检数量不得少于同批构件总数的 30%,且构件数量不得少于 10 件。抽检构件时,应随机抽取并使所选构件具有代表性。当检验批构件数量大于 30 个时,抽样构件数量可适当调整,且不得少于国家现行有关标准规定的最少抽样数量。例如,对高速公路预制梁厂中各预制 T 梁或空心板的检测,采用该检测方式。

(3)选择符合规定的测区

①对于一般构件,测区数不宜少于 10 个。当受检构件数量大于 30 个且不需提供单个构件推定强度,或构件某一方向尺寸不大于 4.5 m 且另一方向尺寸不大于 0.3 m 时,其测区数量可适当减少,但不应少于 5 个。

②相邻两测区的间距不应大于 2 m,测区离构件端部或施工缝边缘的距离不宜大于 0.5 m,

且不宜小于 0.2 m。

③测区宜选在使回弹仪处于水平方向检测的混凝土浇筑侧面。当不能满足该要求时,也可选择在使回弹仪处于非水平方向检测的混凝土构件的浇筑表面或底面。

④测区宜选在构件的两个对称可测面上。当不能布置在对称可测面上时,也可布置在一个可测面上,且应均匀分布。在构件的重要部位及薄弱部位应布置测区,并应避开预埋件。

⑤测区的面积不宜大于 0.04 m²。

⑥检测面应为原状混凝土表面,并应清洁、平整,不应有疏松层、浮浆、油垢、涂层以及蜂窝、麻面。

⑦对弹击时产生颤动的薄壁、小型构件应进行固定,使之有足够的约束力,否则会使检测结果偏小。

⑧结构或构件的测区应有清晰的编号。必要时,应在记录纸上描述测区布置示意图和外观质量。

(4)回弹值测量

①回弹仪的操作:将弹击杆顶住混凝土的表面,轻压仪器,松开按钮,弹击杆徐徐伸出使仪器对混凝土表面缓慢均匀施压,待弹击锤脱钩冲击弹击杆后立即回弹,带动指针向后移动并减压,使弹击杆自仪器内伸出。重复进行上述操作,即可测得被测构件或结构的回弹值。操作中,注意仪器的轴线应始终垂直于混凝土构件的检测点,缓慢施压,准确读数,快速复位。

②测点宜在测区范围内均匀分布,相邻两测点的净距不宜小于 20 mm,测点距外露钢筋、预埋件的距离不宜小于 30 mm。测点不应在气孔或外露石子上,同一测点只应弹击一次。每一测区应记取 16 个回弹值,每一测点的回弹值读数应精确至 1。

(5)碳化深度值测量

①回弹值测量完毕后,应在有代表性的位置上测量碳化深度值。测点数不应少于构件测区数的 30%,取其平均值为该构件每侧区的碳化深度值。当碳化深度值大于 2.0 mm 时,应在每一测区测量碳化深度值。

②碳化深度值测量方法:采用适当的工具在测区表面形成直径约 15 mm 的孔洞,其深度应大于混凝土的预估碳化深度。孔洞中的粉末和碎屑应除净,且不得用水擦洗。同时,采用浓度为 1% ~2% 的酚酞酒精溶液滴在孔洞内壁的边缘处。当已碳化和未碳化界限清楚时,再用深度测量工具测量已碳化与未碳化混凝土交界面到混凝土表面的垂直距离,测量 3 次,读数精确到 0.25 mm;取其平均值作为检测结果,精确到 0.5 mm。混凝土碳化深度测量仪如图 3.4 所示。

2. 回弹值计算和测区混凝土强度的确定

①计算测区平均回弹值,应从该测区的 16 个回弹值中剔除 3 个最大值和 3 个最小值,剩下的 10 个回弹值按下式计算:

$$R_m = \frac{\sum_{i=1}^{m} R_i}{10} \tag{3.1}$$

式中　R_m——测区平均回弹值,精确至 0.1；

　　　R_i——第 i 个测点的回弹值。

②测区混凝土强度值的确定。结构或构件第 i 个测区混凝土强度的换算值,根据每一测区

的回弹平均值及碳化深度值,查阅统一测强曲线得出详见《回弹法检测混凝土抗压强度技术规程》(JGJ/T 23—2011)中附录 A 测区混凝土强度换算表。当有地区测强曲线或专用测强曲线时,混凝土强度换算值应按地区测强曲线或专用测强曲线换算得出。

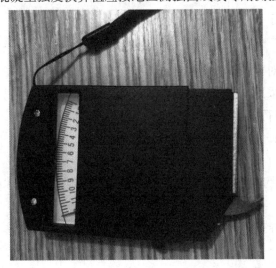

图 3.4　混凝土碳化深度测量仪

3. 混凝土强度计算

①结构或构件测区混凝土强度的平均值可根据各测区混凝土强度的换算值计算。当测区数为 10 个及以上时,应计算强度标准差。平均值及标准差应按下列公式计算:

$$m_{f_{cu}^c} = \frac{\sum\limits_{i=1}^{n} f_{cu,i}^c}{n} \tag{3.2}$$

$$s_{f_{cu}^c} = \sqrt{\frac{\sum (f_{cu,i}^c)^2 - n(m_{f_{cu}^c})^2}{n-1}} \tag{3.3}$$

式中　$m_{f_{cu}^c}$——结构或构件测区混凝土强度换算值的平均值,MPa,精确至 0.1 MPa;

　　　n——对于单个检测的构件,取一个构件的测区数;对于批量检测的构件,取所有被抽检构件的测区数之和;

　　　$s_{f_{cu}^c}$——结构或构件测区混凝土强度换算值的标准差,MPa,精确至 0.01 MPa。

②结构或构件混凝土强度推定值 $f_{cu,e}$ 应按下列公式确定。

a. 当该结构或构件测区数少于 10 个时,按式(3.4)计算:

$$f_{cu,e} = f_{cu,min}^c \tag{3.4}$$

b. 当该结构或构件测区强度值中出现小于 10 MPa 时,按式(3.5)计算:

$$f_{cu,e} < 10 \text{ MPa} \tag{3.5}$$

c. 当该结构或构件测区数不少于 10 个时,按式(3.6)计算:

$$f_{cu,e} = m_{f_{cu}^c} - 1.645 \times s_{f_{cu}^c} \tag{3.6}$$

d. 当批量检测时,应按式(3.7)计算:

$$f_{cu,e} = m_{f_{cu}^c} - k \times s_{f_{cu}^c} \tag{3.7}$$

式中　k——推定系数,宜取 1.645,当需要推定强度区间时,可按国家现行有关标准的规定取值。

e.对于按批量检测的构件,当按构件混凝土强度标准差出现下列情况之一时,则该批构件应全部按单个构件检测:

- 当该批构件混凝土强度平均值小于 25 MPa、$s_{f_{cu}}$ >4.5 MPa 时;
- 当该批构件混凝土强度平均值不小于 25 MPa 且不大于 60 MPa、$s_{f_{cu}}$ >5.5 MPa 时。

4.注意问题

①回弹法测强度的误差比较大,因此,对比较重要的构件或结构物必须慎重使用。

②符合下列条件的非泵送混凝土才能采用全国统一测强曲线进行测区混凝土强度换算:

a.混凝土采用的材料、拌和用水符合现行国家有关标准;

b.不掺外加剂或仅掺非引气型外加剂;

c.采用普通成型工艺;

d.采用符合《混凝土结构工程施工质量验收规范》(GB 50204—2015)规定的钢模、木模及其他材料制作的模板;

e.自然养护或蒸汽养护出池后经自然养护 7 d 以上,混凝土表层为干燥状态;

f.龄期为 14~1 000 d;

g.抗压强度为 10~60 MPa。

③当有下列情况之一时,测区混凝土强度值不得按全国统一测强曲线进行测区混凝土换算:

a.粗集料最大粒径大于 60 mm;

b.特种成型工艺制作的混凝土;

c.检测部位曲率半径小于 250 mm;

d.潮湿或浸水混凝土。

④当构件混凝土抗压强度大于 60 MPa 时,可采用标准能量大于 2.207 J 的混凝土回弹仪,并应另行制订检测方法及专用测强曲线进行检测。

⑤批量检测的条件:适于在相同的生产工艺条件下,混凝土强度等级相同,原材料、配合比、成型工艺、养护条件基本一致且龄期相近的同类结构或构件。按批进行检测的构件,抽检数量不得少于同批构件总数的 30%,且构件数量不得少于 10 件。抽检构件时,应随机抽取并使所选构件具有代表性。

1.3 超声回弹综合法检测结构混凝土强度的方法

超声回弹综合法是指采用超声仪和回弹仪,在结构混凝土同一测区分别测量声时值和回弹值,然后利用已建立起来的测强公式推算该测区混凝土强度。与单一回弹法或超声法相比,超声回弹综合法具有受混凝土龄期和含水率的影响小、测试精度高、适用范围广、能够较全面地反映结构混凝土的实际质量等优点。

1.超声法的基本原理

超声波检测仪是超声检测的基本装置。它的作用是产生重复的电脉冲去激励发射换能器,发射换能器发射的超声波经耦合进入混凝土,在混凝土中传播后被接收换能器所接收并转换成电信号,电信号被送至超声仪,经放大后显示在示波屏上。超声波检测仪除了产生电脉冲以及接收、显示超声波外,还具有测量超声波有关参数,如声传播时间、接收波振幅、频率等功能。其基本工作原理和组成总体框如图3.5所示。

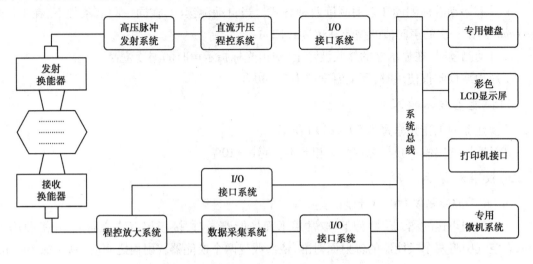

图3.5 超声波检测仪基本工作原理和组成总体框架

2.设备要求

超声回弹综合法检测混凝土强度技术,实质上就是超声法和回弹法两种单一测强度的综合测试。因此,有关回弹仪技术要求、检测方法及规定与本任务1.2节基本相同,超声波仪器技术要求、检测方法及规定如下所述。

1)一般规定

①所采用的混凝土超声波检测仪应通过技术鉴定,必须具有产品合格证和检定证。

②用于混凝土的超声波检测仪可分为以下两类:

a.模拟式:接收的信号为连续模拟量,可由时域波形信号测读声学参数;

b.数字式:接收的信号转化为离散数字量,具有采集、储存数字信号、测读声学参数和对数字信号处理的智能化功能。

③所采用的超声波检测仪应符合《混凝土超声波检测仪》(JG/T 5004—1992)的要求,并在计量检定有效期内使用。

④超声波检测仪应满足下列要求:

a.具有波形清晰、显示稳定的示波装置;

b.声时最小分度值为0.1 μs;

c.具有最小分度值为1 dB的信号幅度调整系数;

d.接收放大器频响范围为10~500 kHz,总增益不小于80 dB,接收灵敏度(信噪比3∶1时)不大于50 μV;

e.电源电压被动范围在标称值±10%情况下能正常工作;

f.连续正常工作时间不少于4 h。

⑤模拟式超声波检测仪还应满足下列要求:

a.具有手动游标和自动整形两种声时测读功能;

b.数字显示稳定,声时调节在20~30 μs,连续静置1 h数字变化不超过±0.2 μs。

⑥数字式超声波检测仪还应满足下列要求:

a. 具有采集、储存数字信号并进行数据处理的功能。

b. 具有手动游标测读和自动测读两种方式。当自动测读时,在同一测试条件下,在 1 h 内每 5 min 测读一次的声时值的差异不超过±0.2 μs。

c. 自动测读时,在显示器的接收波形上,应由光标指示声时的测读位置。

⑦超声波检测仪使用时,环境温度应为 0 ~ 40 ℃。

2)换能器技术要求

①换能器的工作频率宜为 50 ~ 100 kHz。

②换能器的实测主频与标称频率相差不应超过±10%。

3)校准和保养

(1)超声波检测仪的声时计量检验

①空气中声速的测试步骤如下:取常用平面换能器一对,接于超声波仪器上,开机预热 10 min,在空气中将两个换能器的辐射面对准,依次改变两个换能器辐射面之间的距离(如 50 mm、60 mm、70 mm、80 mm、90 mm、100 mm),在首波幅度一致的条件下,读取各间距所对应的声时值 t_1、t_2、t_3、…、t_n,同时测量空气温度 T_k,精确至 0.5 ℃。

a. 两个换能器辐射面的轴线始终保持在同一直线上。

b. 换能器辐射面间距的测量误差不应超过±1%,且测量精度为 0.5 mm。

c. 换能器辐射面宜悬空相对放置;若置于地板或桌面上,必须在换能器下垫吸声材料。

②实测空气中声速可采用下列两种方法之一:

a. 以换能器辐射面间距为纵坐标,声时读数为横坐标,将各组数据点绘在直角坐标图上。穿越各点形成一直线,算出该直线的斜率,即为空气中声速实测值 v'。

b. 以各测点的测距 l 和对应的声时 t 求回归直线方程 $l=a+bt$。回归系数 b 就是空气中声速实测值 v'。

③空气中声速按下式计算:

$$v_k = 331.4\sqrt{1+0.003\ 67T_k} \tag{3.8}$$

式中　331.4——0 ℃时空气的声速值,m/s;

v_k——温度为 T_k 时空气中声速计算值,m/s;

T_k——测试时空气的温度,℃。

④误差计算。空气中声速值 v_k 与空气声速实测值 v' 之间的相对误差 e_r,可按式(3.9)计算:

$$e_r = \frac{v_k - v'}{v_k} \times 100\% \tag{3.9}$$

e_r 值不应超过±0.5%,否则,应检查仪器各部位的连接处,重测或更换超声波检测仪。

(2)其他注意事项

①检测时,应根据测量需要在仪器上配置合适的换能器和高频缆线,并测定声时初读数 t_0。检测过程中,如更换换能器或高频电缆线,应重新测定 t_0。

②超声波检测仪应定期保养。

3. 测区回弹值和声速值的测量及计算

1）一般规定

①测试前,应准备下列资料:

a. 工程名称和设计、施工、建设、委托单位名称;

b. 结构或构件名称、施工图纸和混凝土设计强度等级;

c. 水泥的品种、强度等级和用量,砂石的品种、粒径,外加剂或掺和料的品种、掺量和混凝土配合比等;

d. 模板类型,混凝土浇筑、养护情况和成型日期;

e. 结构或构件检测原因的说明。

②检测数量应符合下列规定:

a. 按单个构件检测时,应在构件上均匀布置测区,每个构件上测区数量不应少于 10 个。

b. 同批构件检测时,构件抽样数不应少于同批构件的 30%,且不应少于 10 件;对于一般施工质量的检测和结构功能的检测,可按《建筑结构检测技术标准》(GB/T 50344—2019)的规定抽样。

c. 对于某一方向尺寸不大于 4.5 m 且另一方向尺寸不大于 0.3 m 的构件,其测区数量可适当减少,但不应少于 5 个。

③按批抽样检测时,符合下列条件的构件可作为同批构件:

a. 混凝土设计强度等级相同;

b. 混凝土原材料、配合比、成型工艺、养护条件和龄期基本相同;

c. 构件种类相同;

d. 施工阶段所处状态基本相同。

④构件的测区布置宜满足下列规定:

a. 在条件允许时,测区宜优先布置在构件混凝土浇筑方向的侧面;

b. 可在构件的两个对应面、相邻面或同一面上布置测区;

c. 测区宜均匀布置,相邻两测区的间距不宜大于 2 m;

d. 测区应避开钢筋密集区和预埋件;

e. 测区尺寸宜为 200 mm×200 mm,采用平测时宜为 400 mm×400 mm;

f. 测试面应清洁、平整、干燥,不应有接缝、施工缝、饰面层、浮浆和油垢,并应避开蜂窝、麻面部位。必要时,可用砂轮片清除杂物和打磨平整,并擦净残留粉尘。

⑤对结构或构件上的测区进行编号,并记录测区位置和外观质量情况。

⑥对结构或构件的每一测区,应先进行回弹测试,然后进行超声测试。

⑦计算混凝土抗压强度换算值时,非同一测区回弹值和声速值不得混用。

2）声速测试及声速值计算

超声测点应布置在回弹测试的同一测区内,每一测区布置 3 个测点。超声测试宜优先采用对测或角测。当被测构件不具备对测或角测条件时,可采用单面平测。

（1）超声波角测方法

①当结构或构件被测部位只有两个相邻表面可供检测时,可采用角测方法测量混凝土中的声速。每个测区布置 3 个测点,换能器布置如图 3.6 所示。

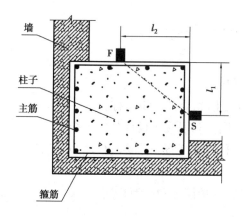

图3.6 超声波角测示意图

F—发射换能器；S—接收换能器

②布置超声波角测点时，换能器中心与构件边缘的距离 l_1、l_2 不宜小于200 m。

③角测时超声测距应按下列公式计算：

$$l_i = \sqrt{l_{1i}^2 + l_{2i}^2} \tag{3.10}$$

式中　l_i——角测第 i 个测点换能器的超声测距，mm；

　　　　l_{1i}、l_{2i}——角测第 i 个测点换能器与构件边缘的距离，mm。

④角测时，混凝土中声速代表值应按下式计算：

$$v = \frac{1}{3} \sum_{i=1}^{3} \frac{l_i}{t_i - t_0} \tag{3.11}$$

式中　v——角测时混凝土中声速代表值，km/s；

　　　　t_i——角测第 i 个测点的声时读数，μs；

　　　　t_0——声时初读数，μs。

（2）超声波平测方法

①当结构或构件被测部位只有一个表面可供检测时，可采用平测方法测量混凝土中的声速。每个测区布置3个测点，换能器布置如图3.7所示。

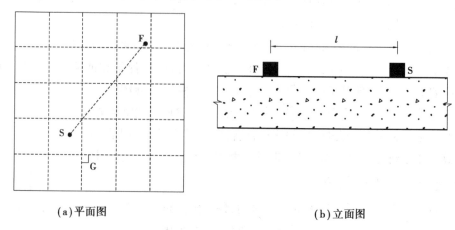

（a）平面图　　　　　　　　　　　　　（b）立面图

图3.7 超声波平测示意图

F—发射换能器；S—接收换能器；G—钢筋曲线

②布置超声平测点时，宜使发射和接收换能器的连线与附近钢筋轴线呈 40°～50°，超声测

距 l 宜为 350～450 mm。

③宜采用同一构件的对测声速 v_d 与平测声速 v_p 之比求得修正系数 λ（$\lambda = v_d / v_p$），对平测声速进行修正。

④当被测结构或构件不具备对测与平测的对比条件时，宜选取有代表性的部位，以测距 l = 200 mm、250 mm、300 mm、350 mm、400 mm、450 mm、500 mm，逐点测读相应声值 t，用回归分析方法求出直线方程 $l = a + bt$。以回归系数 b 代替对测声速 v_d，再按第②条的规定对各参数进行修正。

⑤平测时，修正后混凝土中的声速代表值应按下式计算：

$$v_a = \frac{\lambda}{3} \sum_{i=1}^{3} \frac{l_i}{t_i - t_0} \qquad (3.12)$$

式中　v_a——修正后平测时混凝土中的声速代表值，km/s；

　　　l_i——平测第 i 个测点的超声测距，mm；

　　　t_i——平测第 i 个测点的声时读数，μs；

　　　λ——平测声速修正系数。

⑥平测声速可采用直线方程 $l = a + bt$，根据混凝土浇筑的顶面或底面平测数据求混凝土中声速代表值，按下式计算：

$$v = \frac{\lambda \beta}{3} \sum_{i=1}^{3} \frac{l_i}{t_i - t_0} \qquad (3.13)$$

式中　β——超声测试面的声速修正系数，顶面平测 β = 1.05，底面平测 β = 0.95。

（3）注意事项

①超声测试时，换能器发射面应通过耦合剂与混凝土测试面良好耦合。

②声时测量应精确至 0.1 μs，超声测距测量应精确至 1.0 mm，且测量误差不超过 ±1%。声速计算应精确至 0.01 km/s。

③在混凝土浇筑方向的侧面对测时，测区混凝土中声速代表值应根据该测区测点的混凝土声速值，按式（3.11）计算。

④在混凝土浇筑的顶面或底面测试时，测区声速代表值应按下式修正：

$$v_a = \beta v \qquad (3.14)$$

式中　β——超声测试面的声速修正系数，顶面和底面对测或斜测 β = 1.034，在混凝土浇筑的顶面或底面平测时，测区混凝土中声速代表值按式（3.13）中相关规定进行修正。

1.4　钻芯法检测结构混凝土强度的方法

钻芯法检测混凝土强度应参照《钻芯法检测混凝土强度技术规程》（JGJ/T 384—2016）进行。该方法是从混凝土结构物中钻取芯样来测定混凝土的抗压强度，是一种最直观准确的方法，但其属于破损检测，在使用过程中应选择合理的取样部位，并注意对取样处进行修补。当结构存在以下情况时，可考虑采用钻芯法进行试验检测：

①对抗压强度的测试结果（如回弹检测结果）有怀疑时；

②因材料、施工或养护不良而发生混凝土质量问题时；

③混凝土遭受冻害、火灾、化学侵蚀或其他损害时；

④需检测经多年使用的建筑结构或构筑物中混凝土强度时。

1. 钻取芯样

1)钻前准备资料

钻前需准备如下资料：

①工程名称(或代号)及设计、施工、建设单位名称；

②结构或构件种类、外形尺寸及数量；

③设计采用的混凝土强度等级；

④成型日期、原材料(水泥品种、粗集料粒径等)和混凝土试块抗压强度试验报告；

⑤结构或构件质量状况和施工中存在问题的记录；

⑥有关的结构设计图和施工图等。

2)钻取芯样部位

钻取芯样部位如下：

①结构或构件受力较小的部位；

②混凝土强度质量具有代表性的部位；

③便于钻芯机安放与操作的部位；

④避开主筋、预埋件和管线的位置，并尽量避开其他钢筋。

2. 芯样要求

1)芯样数量

芯样试件的数量应根据检验批的容量确定。标准芯样试件的最小样本量不宜少于 15 个，小直径芯样试件的最小样本量应适当增加。

芯样应从检测批的结构构件中随机抽取，每个芯样应取自取一个构件或结构的局部位置，且取芯位置应符合前述要求。

2)芯样直径

抗压芯样试件宜使用直径为 100 mm 的芯样，且其直径不宜小于骨料最大粒径的 3 倍；也可采用小直径芯样，但其直径不应小于 70 mm 且不得小于骨料最大粒径的 2 倍。

3)芯样高度

芯样抗压试件的高度和直径之比(H/d)宜为 1.00。

4)芯样外观要求

每个芯样应详细描述有关裂缝、分层、麻面或离析等情况，并估计集料的最大粒径、形状种类和粗细集料的比例与级配，检查并记录存在气孔的位置、尺寸与分布情况，必要时应拍照。

5)芯样测量

试验前，应按下列规定测量芯样试件的尺寸：

①平均直径用游标卡尺在芯样试件中部相互垂直的两个位置上测量，取测量的算术平均值作为芯样试件的直径，精确至 0.5 mm；

②芯样试件高度用钢卷尺或钢板尺进行测量，精确至 1 mm；

③垂直度用游标量角器测量芯样试件两个端面与母线的夹角，精确至 0.1°；

④平整度用钢板尺或角尺紧靠在芯样试件端面上，一面转动钢板尺，一面用塞尺测量钢板

尺与芯样试件端面之间的缝隙,也可采用其他专用设备量测。

6)其他要求

①芯样试件内不宜含有钢筋。当不能满足此项要求时,抗压强度试件应符合下列要求:

a.对于标准芯样试件,每个试件内最多只允许有 2 根直径小于 10 mm 的钢筋;

b.对于公称直径小于 100 mm 的芯样试件,每个试件内最多只允许有一根直径小于 10 mm 的钢筋;

c.芯样内的钢筋应与芯样试件的轴线基本垂直且距离端面 10 mm 以上。

②芯样试件尺寸偏差及外观质量超过下列数值时,相应的测试数据无效:

a.抗压芯样试件的实际高径比(H/d)小于 0.95 或大于 1.05;

b.抗压芯样试件端面与轴线的不垂直度超过 1°;

c.抗压芯样试件端面的不平整度在每 100 mm 长度内超过 0.1 mm,劈裂抗拉和抗折芯样试件承压线的不平整度在每 100 mm 长度内超过 0.25 mm;

d.沿芯样试件高度的任一直径与平均直径相差超过 1.5 mm,芯样有较大缺陷。

3. 抗压强度试验

①芯样试件宜在与被检测结构或构件混凝土湿度基本一致的条件下进行抗压试验。如结构工作条件比较干燥,芯样试件应以自然干燥状态进行试验;如结构工作条件比较潮湿,芯样试件应以潮湿状态进行试验。

②按自然干燥状态进行试验时,芯样试件在受压前应在室内自然干燥 3 天。按潮湿状态进行试验时,芯样试件应在(20 ± 5)℃的清水中浸泡 40 ~ 48 h,从水中取出后应立即进行抗压试验。

4. 芯样强度计算

芯样试件混凝土强度换算值应按下式计算:

$$f_{cu,cor} = \frac{F_c}{A} \tag{3.15}$$

式中　$f_{cu,cor}$——芯样试件混凝土强度换算值,MPa;

F_c——芯样试件抗压试验测得的最大压力,N;

A——芯样试件抗压截面面积,mm^2。

5. 钻芯确定混凝土强度推定值

(1)检测批混凝土强度推定值的确定方法

①确定检测批的混凝土强度推定值应计算推定区间。推定区间的上限值和下限值按下列公式计算。

上限值:　　　$$f_{cu,c1} = f_{cu,cor,m} - k_1 s_{cor} \tag{3.16}$$

下限值:　　　$$f_{cu,c2} = f_{cu,cor,m} - k_2 s_{cor} \tag{3.17}$$

平均值:　　　$$f_{cu,cor,m} = \frac{\sum_{i=1}^{n} f_{cu,cor,i}}{n} \tag{3.18}$$

标准差:　　　$$s_{cor} = \sqrt{\frac{\sum_{i=1}^{n} (f_{cu,cor,i} - f_{cu,cor,m})}{n-1}} \tag{3.19}$$

式中 $f_{cu,cor,m}$——芯样试件的混凝土抗压强度平均值,精确至 0.1 MPa;

$\qquad f_{cu,cor,i}$——单个芯样试件的混凝土抗压强度值,精确至 0.1 MPa;

$\qquad f_{cu,c1}$——混凝土抗压强度推定上限值,精确至 0.1 MPa;

$\qquad f_{cu,c2}$——混凝土抗压强度推定下限值,精确至 0.1 MPa;

$\qquad k_1$、k_2——推定区间上限值系数和下限值系数,按表 3.1 查得;

$\qquad s_{cor}$——芯样试件抗压强度样本的标准差,精确至 0.1 MPa。

在置信度为 0.85 的条件下,试件数与上限值系数、下限值系数的关系如表 3.1 所示。

表 3.1 上、下限值系数

试件数	$k_1(0.10)$	$k_2(0.05)$	试件数	$k_1(0.10)$	$k_2(0.05)$
15	1.222	2.566	32	1.341	2.197
16	1.234	2.524	33	1.345	2.186
17	1.224	2.468	34	1.349	2.176
18	1.254	2.453	35	1.352	2.167
19	1.263	2.423	36	1.356	2.158
20	1.271	2.396	37	1.360	2.149
21	1.279	2.371	38	1.363	2.141
22	1.286	2.349	39	1.366	2.133
23	1.293	2.328	40	1.369	2.125
24	1.300	2.309	50	1.396	2.065
25	1.306	2.292	60	1.415	2.022
26	1.311	2.275	70	1.431	1.990
27	1.317	2.260	80	1.444	1.964
28	1.332	2.246	90	1.454	1.944
29	1.327	2.232	100	1.463	1.927
30	1.322	2.220	110	1.471	1.912
31	1.336	2.208	120	1.478	1.899

②$f_{cu,c1}$ 和 $f_{cu,c2}$ 所构成推定区间的置信度宜为 0.85,$f_{cu,c1}$ 和 $f_{cu,c2}$ 之间的差值不宜大于 5.0 MPa 和 $0.10f_{cu,cor,m}$ 两者中的较大值。

③宜以 $f_{cu,c1}$ 作为检测批混凝土强度的推定值。

④钻芯确定检测批混凝土强度推定值时,可剔除芯样试件抗压强度样本中的异常值。剔除规则应按《数据的统计处理和解释 正态样本离群值的判断和处理》(GB/T 4883—2008)的规定执行。当确有试验依据时,可对芯样试件抗压强度样本的标准差 s_{cor} 进行符合实际情况的修正或调整。

(2)检测单个构件混凝土强度推定值的确定方法

①钻芯确定单个构件的混凝土强度推定值时,有效芯样试件的数量不应少于 3 个;对于较小构件,有效芯样试件的数量不得少于 2 个。

②单个构件的混凝土强度推定值不再进行数据的舍弃,而应按有效芯样试件混凝土拉强度

值中的最小值确定。

③对间接测强度方法进行钻芯修正时,宜采用修正量的方法,也可采用其他形式的修正方法。当采用修正量的方法时,芯样试件的数量和取芯位置应符合下列要求:

a. 标准芯样试件的数量不应少于 6 个,小直径芯样试件数量宜适当增加;

b. 芯样应从采用间接检测方法的结构构件中随机抽取;

c. 当采用的间接检测方法为无损检测方法时,钻芯位置应与间接检测方法相应的测区重合;

d. 当采用的间接检测方法对结构构件有损伤时,钻芯位置应布置在相应测区的附近。

④钻芯修正后的换算强度可按下列公式计算:

$$f_{cu,i0}^c = f_{cu,i}^c + \Delta f \tag{3.20a}$$

$$\Delta f = f_{cu,cor,m} - f_{cu,mi}^c \tag{3.20b}$$

式中　$f_{cu,i0}^c$——修正后的换算强度;

$f_{cu,i}^c$——修正前的换算强度;

Δf——修正量;

$f_{cu,mi}^c$——所用间接检测方法对应芯样测区的换算强度的算术平均值。

⑤由钻芯修正方法确定检验批的混凝土强度推定值时,应采用修正后的样本算术平均值和标准差,并按前面规定的方法确定。

1.5　桥梁结构混凝土材质强度检测的评定

桥梁结构混凝土材质强度检测结果的评定,应根据桥梁结构或构件实测强度推定值或测区平均换算强度值,按式(3.21a)、式(3.21b)计算其推定强度匀质系数 k_{bt} 或平均强度匀质系数 k_{bm},并根据其值的范围按表 3.2 确定混凝土强度评定标度。

表 3.2　桥梁结构混凝土评定标准

k_{bt}	k_{bm}	强度状况	评定标度
≥0.95	≥1.00	良好	1
[0.90,0.95)	[0.95,1.00)	较好	2
[0.80,0.90)	[0.90,0.95)	较差	3
[0.70,0.80)	[0.85,0.90)	差	4
<0.70	<0.85	危险	5

①推定强度匀质系数按下式计算:

$$k_{bt} = \frac{R_{it}}{R} \tag{3.21a}$$

式中　R_{it}——混凝土实测强度推定值;

R——混凝土极限抗压强度设计值。

②平均强度匀质系数按下式计算:

$$k_{bm} = \frac{R_{im}}{R} \tag{3.21b}$$

式中　R_{im}——混凝土测区平均换算强度值。

任务2　钢筋锈蚀检测与评定

2.1　概述

钢筋混凝土结构物的耐久性问题越来越受到重视,而钢筋锈蚀则是影响结构物耐久性的主要因素之一。随着工业污染及建筑结构的老化,钢筋锈蚀问题越来越突出,直接影响到结构物的安全使用。

钢筋锈蚀是一个电化学过程,但电化学过程的起始与发展取决于许多复杂的因素。一些工程技术人员往往不重视或不太了解这些因素的作用原理与钢筋锈蚀的密切关系,甚至在设计、施工及使用过程中增加一些不利的人为因素,使结构物过早出现腐蚀。此外,一切防护措施均应在全面分析和了解影响钢筋锈蚀的各种因素的基础上制订和实施,方能取得预期的效果。

以硅酸盐水泥为例,介绍混凝土钢筋表面钝化膜的破坏与腐蚀半电池的作用机理。

硅酸盐水泥在水化过程中产生一定的碱,方程式如下:

$$2[3CaO \cdot SiO_2]+6H_2O \longrightarrow 3CaO \cdot 2SiO_2 \cdot 3H_2O+3Ca(OH)_2$$

$Ca(OH)_2$ 一部分溶解于混凝土的液相中,使混凝土 pH 值在 13～14;另一部分则溶解于混凝土的微孔中,处于强碱环境中的钢筋表面生成致密氧化膜,使钢筋处于钝化状态,混凝土对钢筋也起着物理保护作用。从热力学的观点来看,钢筋的钝化是不稳定的。钝化状态的保持具有一定的条件。一旦条件改变,钢筋便由钝化状态向活化状态转变。

混凝土通常具有连续贯通的毛细孔隙,起初这些毛细孔隙被水泥水化过程中所产生的自由水和固体 $Ca(OH)_2$ 所填塞。随着时间的推移,暴露在空气中的混凝土会逐渐释放一部分自由水。在干燥过程中,混凝土中的水分挥发,原来占有的孔隙就会被空气所填补。通常,空气中包含着大量的 CO_2 和酸性气体,它们能与混凝土中的碱性成分发生反应。空气中的 CO_2、SO_2、SO_3 能中和混凝土中的 $Ca(OH)_2$:

$$\left. \begin{array}{l} CO_2+Ca(OH)_2 \longrightarrow CaCO_3+H_2O \\ SO_2+Ca(OH)_2 \longrightarrow CaSO_3+H_2O \\ SO_3+Ca(OH)_2 \longrightarrow CaSO_4+H_2O \end{array} \right\}$$

这就是常说的混凝土碳化。混凝土碳化会使混凝土的 pH 值降低。当 pH 值小于 11 时,混凝土中钢筋表面的致密钝化膜就会被破坏。不仅如此,$CaSO_3$、$CaSO_4$ 还会与水泥水化产物中的铝酸三钙发生反应,生成物体积增大,从而使混凝土胀裂,这就是硫酸盐侵蚀破坏。常说的碱性集料反应或者碱性反应破坏机理,也与此相似。当混凝土中的碱浓度超过一定临界值后,集料中如微晶和隐晶硅等活性矿料就会发生化学反应而生成一种凝胶。这种凝胶往往遇水膨胀,一旦混凝土遭受水的侵蚀,就使凝胶膨胀,从而产生过高的内应力,导致混凝土胀裂,加快了混凝土的表面剥落。

一旦钢筋表面钝化膜局部破坏或致密度变差(即不完整),则钝化膜处就会形成阳极,而周围钝化膜完好的部位构成阴极,从而形成若干个微电池。虽然有些微电池处于抑制状态,但在一定条件下可以被激化,从而使其处于活化状态发生氧化还原反应,这样就造成钢筋的锈蚀。

宏观上,混凝土与握裹其中的钢筋形成半电池,也正是通过检测以上所述处于活化状态的钢筋锈蚀半电池电位来判断当下混凝土内的钢筋锈蚀活化程度。

2.2　半电池电位法

半电池电位法是指利用混凝土中钢筋锈蚀的电化学反应引起的电位变化来测定钢筋锈蚀状态。通过测定钢筋/混凝土半电池电极与在混凝土表面的铜/硫酸铜参考电极之间电位差的大小,来评定混凝土中钢筋的锈蚀活化程度。该方法主要针对半电池电位法检测混凝土中钢筋锈蚀状况的原理,规定仪器的使用方法、检测方法和判定标准。

钢筋锈蚀状况检测范围应是主要承重构件或承重构件的主要受力部位,或一般检查结果有迹象表明钢筋可能存在锈蚀的部位。用于估测在现场和试验室硬化混凝土中无镀层钢筋的半电池电位测试,其与钢筋的尺寸和埋在混凝土中的深度无关,可以在混凝土构件使用寿命中的任何时期使用。

该方法在已经干燥到绝缘状态的混凝土或已发生脱空层离的混凝土表面测试时,不能提供稳定的电回路,不可以采用;对于特殊环境,如海水浪溅区、处于盐雾中的混凝土结构等,不具有普遍适用性。

电位的测量需由有经验的、从事结构检测的工程师或相关技术专家完成并解释。除半电池电位测试之外,还有必要使用其他数据,如氯离子含量、碳化深度、层离状况、混凝土电阻率和所处环境调查等,以掌握钢筋腐蚀情况及其对结构使用寿命可能产生的影响。

2.3　测量装置

1.参考电极(半电池)

该方法参考电极为铜/硫酸铜半电池。它由一根不与铜/硫酸铜发生化学反应的刚性有机玻璃管、一只通过毛细作用保持湿润的多孔塞、一个处在刚性管里饱和硫酸铜溶液中的紫铜棒构成,如图3.8所示。

2.二次仪表的技术性能要求

①测量范围大于1 V。

②精确度优于0.5% ±1 mV。

③输入电阻大于1 010 Ω。

④仪器使用环境条件:环境温度为0 ~ +40 ℃,相对湿度不大于95%。

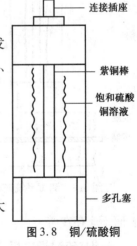

连接插座

紫铜棒

饱和硫酸铜溶液

多孔塞

图3.8　铜/硫酸铜参考电极结构图

3.导线

导线总长不应超过150 m,一般选择截面积大于0.75 mm^{2}的导线,以使测试回路中产生的电压降不超过0.1 mV。

4.接触液

为使铜/硫酸铜电极与混凝土表面有较好的电接触,可在水中加适量的家用液态洗涤剂润湿被测表面,以减小接触电阻与电路电阻。

5. 使用情况

在使用接触液后仍然无法得到稳定的电位差时,应分析是否因为电回路的电阻过大或附近存在与桥梁连通的大地波动电流。如出现以上情况下,不应使用半电池电位法。

2.4 测试方法

1. 测区的选择与测点布置

①钢筋锈蚀状况检测范围应是主要承重构件或承重构件的主要受力部位,或一般检查结果有迹象表明钢筋可能存在锈蚀的部位,但测区不应有明显的锈蚀胀裂、脱空现象。

②在测区上布置测试网格,网格节点为测点,网格间距可选 20 cm×20 cm、30 cm×30 cm、20 cm×10 cm 等,根据构件尺寸确定。测点位置距构件边缘应大于 5 cm,一般不宜少于 20 个测点。

③当一个测区内相邻测点的读数超过 150 mV 时,通常应减小测点的间距。

④测区应统一编号,注明位置,并描述外观情况。

2. 混凝土表面处理

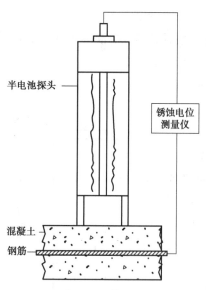

半电池探头

锈蚀电位测量仪

混凝土

钢筋

图 3.9　测试系统连接方法

用钢丝刷、砂纸打磨测区混凝土表面,去除涂料、浮浆、污迹、尘土等,并用接触液将表面润湿。

3. 二次仪表与钢筋的电连接

①现场检测时,铜/硫酸铜电极一般接二次仪表的正输入端,钢筋接二次仪表的负输入端。

②局部打开混凝土或选择裸露的钢筋,在钢筋上钻一个小孔并拧上自攻螺钉,用加压型鳄鱼夹夹住并润湿。采用图 3.9 所示的测试系统连接方法连接,以确保有良好的电连接。若在远离钢筋连接点的测区进行测量,必须用万用表检查内部钢筋的连续性。如不连续,应重新进行钢筋连接。

③铜/硫酸铜参考电极与测点的接触。测量前,应预先将电极前端多孔塞充分浸湿,以保证良好的导电性。正式测读前,应再次用喷雾器将混凝土表面润湿,但应注意被测表面不应存在游离水。

4. 铜/硫酸铜电极的准备

饱和硫酸铜溶液由硫酸铜晶体溶解在蒸馏水中制成。当有多余的未溶解硫酸铜结晶体沉积在溶液底部时,可以认为该溶液是饱和的。电极铜棒应清洁,无明显缺陷;否则,需用稀释盐酸溶液清洁铜棒,并用蒸馏水彻底冲净。硫酸铜溶液应注意更换,保持清洁,溶液应充满电极,以保证电连接。

5. 测量值的采集

测点读数变动不超过 2 mV,可视为稳定。在同一测点,同一支参考电极重复测读的差异不应超过 10 mV;不同参考电极重复测读的差异不应超过 20 mV。若不符合读数稳定要求,应检查测试系统的各个环节。

2.5　影响测量准确度的因素及修正

混凝土含水率对测值的影响较大,测量时构件应处在自然干燥状态。为提高现场评定钢筋状态的可靠度,一般要进行现场比较性试验。现场比较性试验通常按已暴露钢筋的锈蚀程度不同,在其周围分别测出相应的锈蚀电位。比较这些钢筋的锈蚀程度和相应测值的对应关系,提高评判的可靠度,但不能与有明显锈蚀胀裂、脱空、层离现象的区域比较。若环境温度在(22±5)℃范围以外,应对铜/硫酸铜电极做温度修正。此外,各种外界因素产生的波动电流对测量值影响较大,特别是靠近地面的测区,应避免各种电、磁场的干扰。混凝土保护层电阻对测量值有一定影响,除测区表面处理应符合规定外,仪器的输入阻抗要符合技术要求。

2.6　钢筋锈蚀电位的一般判定标准

①在对已处理的数据(已进行温度修正)进行判读之前,按惯例将这些数据加以负号,绘制等电位图,然后进行判读。

②按表 3.3 的规定判断混凝土中钢筋发生锈蚀的概率或钢筋正在发生锈蚀的锈蚀活化程度。

表 3.3　钢筋锈蚀活化程度

电位水平/mV	钢筋状况	评定标度
≥-200	无锈蚀活动性或锈蚀活动性不确定	1
[-300,-200)	有锈蚀活动性,但锈蚀状态不确定,可能存在坑蚀	2
[-400,-300)	有锈蚀活动性,发生锈蚀概率大于90%	3
[-500,-400)	有锈蚀活动性,严重锈蚀状态可能性大	4
<-500	存在锈蚀开裂区域	5

任务 3　混凝土中钢筋分布及保护层厚度的检测

3.1　应用范围

在主要承重构件或承重构件的主要受力部位,或钢筋锈蚀电位测试结果表明钢筋可能锈蚀活化的部位,以及根据结构检算及其他检测需要确定的部位,需进行混凝土中钢筋分布及保护层厚度的检测。下列情况下需进行检测:

①用于估测混凝土中钢筋的位置、深度和尺寸;

②在无资料或其他原因需要对结构进行调查时;

③进行其他测试之前需要避开钢筋进行的测试。

3.2　检测方法及原理

①检测方法:采用电磁无损检测方法确定钢筋位置,辅以现场修正确定保护层厚度,估测钢

筋直径,测量值精确至 mm。

②检测原理:仪器探头产生一个电磁场,当某条钢筋或其他金属物体位于该电磁场内时,会引起该电磁场磁力线的改变,造成局部电磁场强度的变化。电磁场强度的变化和金属物大小与探头距离存在一定的对应关系。如果把特定尺寸的钢筋和所要调查的材料进行适当标定,通过探头测量并由仪表显示出这种对应关系,即可估测混凝土中钢筋的位置、深度和尺寸。

3.3 仪器技术要求

1.检测仪器的技术要求

检测仪器一般包含探头、仪表和连接导线,仪表可进行模拟或数字的指示输出、较先进的仪表还具有图形显示功能。仪器可用电池或外接电源供电。

2.钢筋保护层测试仪的技术要求

①钢筋保护层测试仪应通过技术鉴定,必须具有产品合格证。

②仪器的保护层测量范围应大于 120 mm。

③仪器的精确度应满足以下条件:0~60 mm,±1 mm;60~120 mm,±3 mm;大于 120 mm,±10%。

④适用的钢筋直径为 $\phi6 \sim \phi50$,且不少于符合有关钢筋直径系列规定的 12 个档次。

⑤仪器应具有在未知保护层厚度的情况下测量钢筋直径的功能。

⑥仪器应能适用于温度 0~40℃、相对湿度不大于 85%、无强磁场干扰的环境条件。

⑦仪器工作时应为直流供电,连续正常工作时间不小于 6 h。

3.4 仪器的标定

①钢筋保护层测试仪使用期间的标定校准应使用专用的标定块。当测量标定块所给的保护层厚度时,测读值应在仪器说明书所给定的准确度范围以内。

②标定块为一根 $\phi16$ 的普通碳素钢筋垂直铸在长方体无磁性的塑料块内,钢筋距 4 个侧面分别为 15 mm、30 mm、60 mm、90 mm,如图 3.10 所示。

③标定应在无外界磁场干扰的环境中进行。

④每次试验检测前均应对仪器进行标定。若达不到应有的精确度,应送专业机构维修检验。

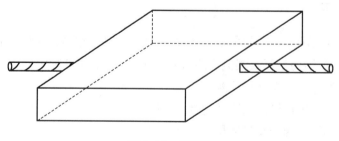

图 3.10 标定块

3.5　操作程序

1. 混凝土结构钢筋分布状况调查的范围

其调查范围应为主要承重构件或承重构件的主要受力部位,或经钢筋锈蚀电位测试结果表明钢筋可能锈蚀活化的部位,以及根据结构检算及其他检测需要确定的部位。

2. 测区布置原则

①按单个构件检测时,应根据尺寸大小在构件上均匀布置测区,每个构件上的测区不应少于 3 个。

②对于最大尺寸大于 5 m 的构件,应适当增加测区数量。

③测区应均匀分布,相邻两测区的间距不宜小于 2 m。

④测区表面应清洁、平整,避开接缝、蜂窝、麻面、预埋件等部位。

⑤测区应注明编号,并记录测区位置和外观情况。

⑥测点数量及要求如下:

a. 构件上每一测区应不少于 10 个测点;

b. 测点间距应小于保护层测试仪传感器长度。

⑦对某一类构件的检测,可采取抽样的方法,抽样数不少于同类构件数的 30% ,且不少于 3 件。每个构件测区布置按单个构件要求进行。

⑧对结构整体的检测,可先按构件类型分类,再按类型进行检测。

3. 测量步骤

①测试前应了解有关图纸资料,以确定钢筋的种类和直径。

②进行保护层厚度测读前,应先在测区内确定钢筋的位置与走向。具体做法如下:

a. 使保护层测试仪传感器在构件表面平行移动,当仪器显示值为最小时,传感器正下方即为所测钢筋的位置;

b. 找到钢筋位置后,将传感器在原处左右转动一定角度,仪器显示最小值时传感器长轴线的方向即为钢筋的走向;

c. 在构件测区表面画出钢筋位置与走向。

③保护层厚度的测读:

a. 将传感器置于钢筋所在位置正上方,并左右稍稍移动,读取仪器显示的最小值即为该处保护层厚度;

b. 每一测点宜读取 2~3 次稳定读数,取其平均值,精确至 1 mm;

c. 应避免在钢筋交叉位置进行测量。

④对于缺少资料、无法确定钢筋直径的构件,应首先测量钢筋直径。对钢筋直径的测量宜采用测读 5~10 次、剔除异常数据、求其平均值的测量方法。

3.6　影响测量准确度的因素及修正

1. 影响测量准确度的因素

影响测量准确度的因素如下:

①应避免外加磁场的影响；

②混凝土若具有磁性，测量值需加以修正；

③钢筋品种对测量值有一定影响，主要是高强度钢筋，需加以修正；

④布筋状况、钢筋间距影响测量值，当 $D/S<3$ 时需修正测量值。其中，D 为钢筋净间距，即钢筋边缘至边缘的间距；S 为保护层厚度，即钢筋边缘至保护层表面的最小距离。

2.保护层测量值的修正

当钢筋直径、材质、布筋状况、混凝土性质都已知时，才能准确测量保护层厚度。因此，实际测量时，应尽可能地获得设计文件。

①仪器测量直径的选择：两根钢筋横向并在一起（图 3.11），等效直径 $d_{等效}=d_1+d_2$；两根钢筋竖向并在一起（图 3.12），等效直径 $d_{等效}=3(d_1+d_2)/4$。

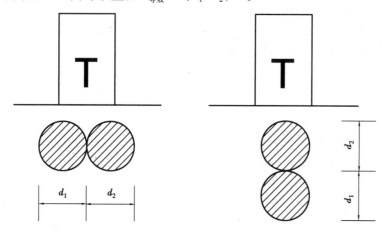

图 3.11　两根钢筋横向并在一起　　图 3.12　两根钢筋竖向并在一起

②用标准垫块进行综合修正，这种方法适用于现场检测。标准垫块用硬质无磁性材料制成，如工程塑料或电工用绝缘板。平面尺寸与仪器传感器底面相同，厚度 s_b 为 10 mm 或 20 mm。修正系数 K 计算方法如下：

a.将传感器直接置于混凝土表面已标好的钢筋位置正上方，读取测量值 s_{m1}；

b.将标准垫块置于传感器原混凝土表面位置，并把传感器放于标准垫块之上，读取测量值 s_{m2}，则修正系数 K 为：

$$K=\frac{s_{m2}-s_{m1}}{s_b} \tag{3.22}$$

c.对于不同钢筋种类和直径的试块，应确定各自的修正系数，每一修正系数应采用 3 次平均值求得。

③用校准孔进行综合修正，也是现场校准测量值的有效方法。

a.用 6 mm 钻头在钢筋位置正上方，垂直于构件表面打孔，手感觉碰到钢筋立即停止，用深度卡尺量测钻孔深度，即为实际的保护层厚度 s_r，则修正系数 K 为：

$$K=\frac{s_m}{s_r} \tag{3.23}$$

式中　s_m——仪器读数值。

b.对于不同钢筋种类和直径的试块，应打各自的校准孔，一般应不少于 2 个，求其平均值。

④现场检测的准确度。经过修正后确定的保护层厚度值,精确度可在 10% 以内。混凝土表面的平整度及各种影响因素的存在仍会给测量带来误差。

⑤用图示方式注明检测部位及测区位置,将各个测区的钢筋分布、走向绘制成图,并在图上标注间距、保护层厚度及钢筋直径等。

3.7 钢筋分布及保护层厚度的评定

1. 数据处理

①根据某一测量部位各测点混凝土厚度实测值,按下式求出混凝土保护层厚度平均值 $\overline{D_n}$,精确至 0.1 mm:

$$\overline{D_n} = \frac{\sum\limits_{i=1}^{n} D_{ni}}{n} \tag{3.24}$$

式中 D_{ni}——结构或构件测量部位测点混凝土保护层厚度,精确至 0.1mm;

n——检测构件或部位的测点数。

②按下式计算确定测量部位混凝土保护层厚度特征值 D_{ne},精确至 0.1 mm:

$$D_{ne} = \overline{D_n} - K_p s_D \tag{3.25}$$

式中 s_D——测量部位测点保护层厚度的标准差,精确至 0.1 mm,$s_D = \sqrt{\dfrac{\sum\limits_{i=1}^{n}(D_{ni})^2 - n(\overline{D_n})^2}{n-1}}$;

K_p——合格判定系数值,按表 3.4 取用。

表 3.4 混凝土保护层厚度合格判定系数值

n	10~15	16~24	≥25
K_p	1.695	1.645	1.595

2. 结果评定

根据测量部位实测保护层厚度特征值 D_{ne} 与其设计值 D_{nd} 的比值,混凝土保护层厚度对结构钢筋耐久性的影响评判可参考表 3.5 中的经验值。

表 3.5 混凝土保护层厚度对结构钢筋耐久性的影响评判

D_{ne}/D_{nd}	对结构钢筋耐久性的影响	评定标度
>0.95	影响不显著	1
(0.85, 0.95]	有轻度影响	2
(0.70, 0.85]	有影响	3
(0.55, 0.70]	有较大影响	4
≤0.55	钢筋易失去碱性保护,发生锈蚀	5

任务4　超声法检测混凝土结构内部缺陷

超声法适用于常见公路桥梁混凝土结构内部缺陷与表层损伤的检测。涉及的检测内容主要包括混凝土内部空洞和不密实区的位置与范围、裂缝深度、表层损伤厚度,以及不同时间浇筑的混凝土结合面的质量和钢管混凝土中的缺陷等。

4.1　超声法检测混凝土内部缺陷的基本依据与方法

1. 基本依据

①根据超声波在混凝土中传播时遇到缺陷的绕射现象,按声时和声程的变化来判别和计算缺陷的大小。

②根据超声波在缺陷界面上的反射以及抵达接收探头时能量显著衰减的现象,来判别缺陷的存在和大小。

③根据超声波脉冲各频率成分在遇到缺陷时不同程度的衰减,从而造成接收频率明显降低,或接收波频谱与反射波频谱产生差异,来判别内部缺陷。

④根据超声波在缺陷处波形转换和叠加,造成波形畸变的现象来判别缺陷。

2. 方法

用超声法检测混凝土缺陷时,发射和接收换能器与测试面之间应具备良好的耦合状态,发射和接收换能器的连线必须离开钢筋一定距离或与钢筋轴线形成一定夹角,并力求混凝土处于自然干燥状态。

超声法检测混凝土内部缺陷与表层损伤的方法总体上可分为两类:第一类为用厚度振动式换能器进行平面测试;第二类为采用径向振动式换能器进行钻孔测试。

1)第一类平面测试方法

①对测法:一对发射和接收换能器分别置于被测结构相互平行的两个表面,且两个换能器的轴线位于同一直线上。

②斜测法:一对发射和接收换能器分别置于被测结构的两个表面,但两个换能器的轴线不在同一直线上。

③单面平测法:一对发射和接收换能器置于被测结构物的同一表面上进行测试。

2)第二类钻孔测试方法

①孔中对测:一对换能器分别置于两个对应的钻孔中,位于同一高度进行测试。

②孔中斜测:一对换能器分别置于两个对应的钻孔中,但不在同一高度,而是在保持一定高程差的条件下进行测试。

③孔中平测:一对换能器置于同一钻孔中,以一定高程差同步移动进行测试。

4.2　声学参数测量

1. 一般规定

①检测前,应取得的有关资料包括工程名称、检测目的与要求、混凝土原材料品种和规格、

混凝土浇筑和养护情况、构件尺寸和配筋施工图或钢筋隐蔽图,以及构件外观质量和存在的问题。

②根据检测要求和测试操作条件,确定缺陷测试的部位(简称"测位")。测位混凝土表面应清洁、平整,必要时可用砂轮磨平或用高强度的快凝砂浆抹平,抹平砂浆必须与混凝土黏结良好。

③在满足首波幅度测读精度的条件下,应选用较高频率的换能器。换能器应通过耦合剂与混凝土测试表面保持紧密结合,耦合层不得夹杂泥沙或空气。

④检测时,应避免超声传播路径与附近钢筋轴线平行。如无法避免,应使两个换能器连线与该钢筋的最短距离不小于超声测距的 1/6。

⑤检测中出现可疑数据时,应及时查找原因,必要时进行复测校核或加密测点补测。

2. 声学参数测量

1) 模拟式超声检测仪测量

①检测前,应根据测距大小将仪器的发射电压调在某一挡,并以扫描基线不产生明显噪声干扰为前提,将仪器"增益"调至较大位置保持不动。

②声时测量。应将发射换能器(简称"T 换能器")和接收换能器(简称"R 换能器")分别耦合在测位中的对应测点上。当首波幅度过低时,可用"衰减器"调节至便于测读,再调节游标脉冲或扫描延时,使首波前沿基线弯曲的起始点对准游标脉冲前沿,读取声时值 t_1(精确至 0.1 μs)。

③波幅测量。在保持换能器良好耦合状态时,采用下列两种方法之一进行读取:

a. 刻度法:将衰减器固定在某一衰减位置,在仪器荧光屏上读取首波幅度的格数。

b. 衰减值法:采用衰减器将首波调至一定高度,读取衰减器上的 dB 值。

④主频测量。应先将游标脉冲调至首波前半个周期的波谷(或波峰),读取声时值 t_1(μs),再将游标脉冲调至相邻的波谷(或波峰),读取声时值 t_2(μs),按式(3.26)计算出该点(第 i 点)第一个周期波的主频 f_i(精确至 0.1 kHz)。

$$f_t = \frac{1\ 000}{t_1 - t_2} \tag{3.26}$$

⑤在进行声学参数测量的同时,应注意观察接收信号的波形或包络线的形状,必要时进行描绘或拍照。

2) 数字式超声检测仪测量

①检测前,根据测距大小和混凝土外观质量情况,将仪器的发射电压、采样频率等参数设置在某一挡并保持不变。换能器与混凝土测试表面应始终保持良好的耦合状态。

②声学参数自动测读:停止采样后即可自动读取声时、波幅、主频值。当声时自动测读光标所对应的位置与首波前沿基线弯曲的起始点有差异或者波幅自动测读光标所对应的位置与首波峰顶(或谷底)有差异时,应重新采样或改为手动游标读数。

③声学参数手动测量:先将仪器设置为手动判读状态,停止采样后调节手动声时游标至首波前沿基线弯曲的起始位置,同时调节幅度游标使其与首波峰顶(或谷底)相切,读取声时和波幅值;再将声时光标分别调至首波及其相邻的波谷(或波峰),读取声时差值 Δt(μs),1 000/Δt 即为首波的主频(kHz)。

④波形记录:对于有分析价值的波形,应予以储存。

4.3 混凝土不密实区和空洞的检测

混凝土结构在施工过程中,因漏振、漏浆或石子架空在钢筋骨架上,会导致混凝土内部形成蜂窝状不密实或空洞等隐蔽缺陷。检测时,宜先根据现场施工记录和外观质量情况或者在结构的使用过程中出现质量问题后,初步判定混凝土内部缺陷的大致位置或采用大范围的粗测定位方法(大面积扫测)确定隐蔽缺陷的大致位置,然后再根据粗测情况对可疑区域进行细测。检测不密实区和空洞时,构件的被测部位应具有一对或两对相互平行的测试面,测试范围原则上应大于有怀疑的区域,同时应在同条件的正常混凝土区域进行对比测试。一般地,对比测点数不宜少于 20 个。

采用平面测试法和钻孔或预埋管测法时,需注意以下事项:

①当结构被测部位具有两对平行表面时,可采用一对换能器,分别在两对互相平行的表面上进行对测。如图 3.13 所示,先在测区的两对平行表面上分别画出间距为 200 ~ 300 mm 的网格,并逐点编号,定出对应测点的位置,然后将 T、R 换能器经耦合剂分别置于对应测点上,逐点读取相应的声时 t_i、波幅 A_i 和频率 f_i,并量取测试距离 l_i。

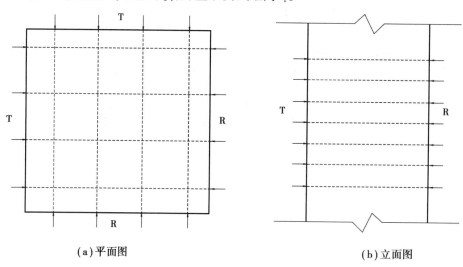

(a)平面图　　　　　　　　　　　　　(b)立面图

图 3.13　对测法换能器布置

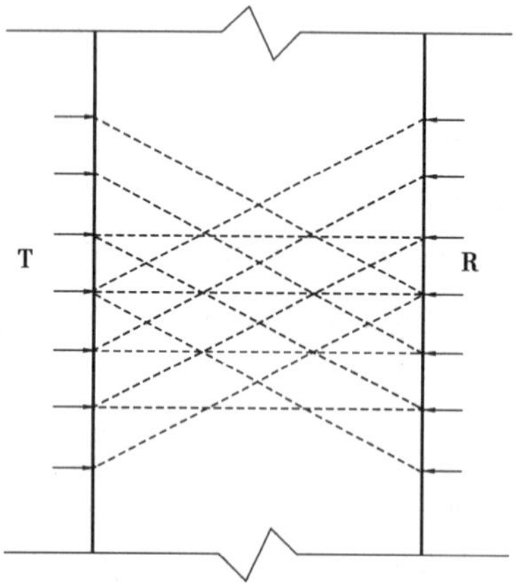

②当结构物的被测部位只有一对平行表面可供测试或被测部位处于结构的特殊位置时,可采用对测和斜测相结合的方法,换能器在对测的基础上进行交叉斜测,测点布置如图 3.14 所示。

③每一测点的声时、波幅、主频和测距,应按本节所述方法进行测量。

④由于混凝土本身的不均匀性,以及混凝土的原材料品种、用量及混凝土的湿度和测距等因素对声学参数值的影响,一般宜采用统计方法进行不密实区和空洞的测定。

⑤测位混凝土声时(或声速)、波幅及频率等声学参数的平均值 m_s 和标准差 s_t 可按下列公式计算:

图 3.14　斜测法测缺陷

$$m_s = \frac{1}{n}\sum_{i=1}^{n} x_i \qquad (3.27)$$

$$s_t = \sqrt{\frac{(\sum_{i=1}^{n} x_i^2) - n m_s^2}{n-1}} \qquad (3.28)$$

式中　x_i——第 i 点某一声学参数的测量值；

　　　n——参与统计的测点数。

4.4　混凝土结合面质量的检测

　　用超声法检测两次浇筑混凝土结合面的质量时,应先查明结合面的位置和走向,明确被测部位及范围。若构件的被测部位具有声波垂直或斜穿结合面的测试条件,可采用对测法与斜测法进行检测。换能器的具体布置方法如图 3.15 所示。

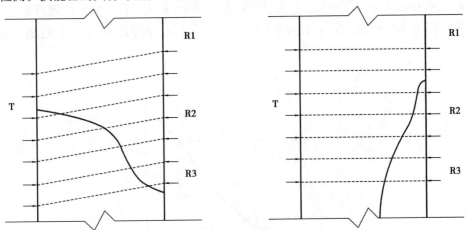

图 3.15　混凝土结合面质量检测示意图

1. 测点布置

　　①测试范围覆盖全部结合面或有怀疑的部位。

　　②各对 T-R1(声波传播不经过结合面)和 T-R2(声波传播经过结合面)换能器连线的倾斜角测距应相等。

　　③测点间距应根据被测结构尺寸和结合面的外观质量情况确定,一般为 100～300 mm,间距过大易造成缺陷漏检。

2. 声时、波幅和主频率测量

　　按布置好的测点分别测出各点的声时、波幅和主频率。

3. 数据处理及判定

　　①将同一测位各点声速、波幅和主频道分别按式(3.26)和式(3.27)进行统计计算。

　　②当测点数无法满足统计法判断时,可将 T-R2 的声速、波幅等声学参数与 T-R1 进行比较。若 T-R2 声学参数比 T-R1 显著低,则该点可判为异常测点。

　　③当通过结合面的某些测点的数据被列为异常,且查明无其他因素影响时,可判定混凝土结合面在该部位结合不良。

4.5 混凝土表面损伤层的检测

冻害、高温或化学腐蚀会引起混凝土表面层损伤。检测表面损伤层厚度时,被测部位和测点的确定应满足下列要求:

①根据构件的损伤情况和外观质量选取有代表性的部位布置测位;

②构件被测部位表面应平整并处于自然干燥状态,且无接缝和饰面层;

③检测时,为保证检测结果的可靠性,宜做局部破损验证。

用超声法检测混凝土表面损伤层厚度的方法有单面平测法、逐层穿透法两种。

1)单面平测法

该方法可应用于仅有一个可测表面的结构,也可应用于损伤层位于两个对应面上的结构或构件。如图3.16所示,将发射换能器 T 置于测试面某一点保持不动,再将接收换能器 R 以测距 $l_i = 30\ mm$、$60\ mm$、$90\ mm$ 依次置于各点,读取相应的声时值 t_i。每一测位的测点数不得少于6个。当损伤厚度较厚时,应适当增加测点数;当构件的损伤层厚度不均匀时,应适当增加测位数量。

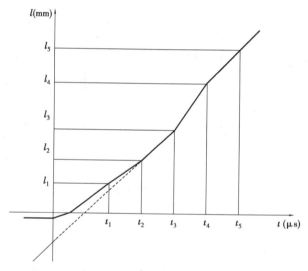

图3.16 利用单面平测法检测损伤层厚度示意图

2)逐层穿透法

在损伤结构的一对平行表面上,分别钻出一对不同深度的测试孔,孔径为 50 mm 左右,然后用直径小于 50 mm 的平面式换能器,分别在不同深度的一对测孔中进行测试,读取声时值和测试距离,并计算其声速值,或者在结构同一位置先测一次声速,然后凿开一定深度的测孔,在孔中测一次声速,再将测孔增加一定深度,再测声速,直至两次测得的声速之差小于2%或接近于最大值时为止,如图3.17所示。

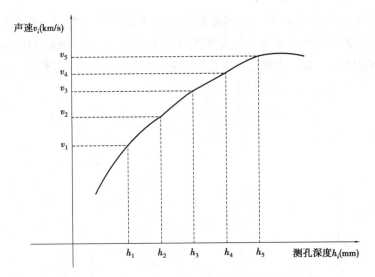

图 3.17 利用逐层穿透法检测损伤厚度的 v-h 曲线

4.6 混凝土裂缝深度的检测

超声法可用于检测混凝土裂缝的深度。检测时,裂缝中应没有积水和其他能够传声的夹杂物,且裂缝附近混凝土应相当匀质。

开口垂直裂缝检测分为两种情况:构件断面不大且可对测、构件断面很大且不可对测。

1. 构件断面不大且可对测

①在两个测面上等距离布置测点,用对测法逐点测出声时值,如图 3.18(a)所示。

②绘制测点声时与距离的关系曲线,如图 3.18(b)所示。曲线 A 段的末端与 B 段的首端相交位置即为裂缝所到达的区域,对该区域再采用加密测点的方法即可准确确定裂缝深度 H。

③当梁探头连线与裂缝平面相交时,随着探头的移动,声时逐渐由长变短,未相交时声时不变。实际测量时,只要有 3 个不变声时点,即认为声时稳定。

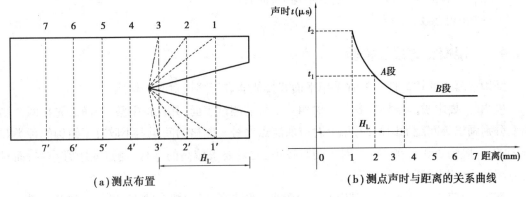

(a)测点布置   (b)测点声时与距离的关系曲线

图 3.18 开口垂直裂缝的穿透法探测

2. 构件断面很大且不可对测

只有一个可测面,无法在测面用对测法检测时,可用平测法检测裂缝的深度。当估计裂缝深度不大于 500 mm 时,宜采用单面平测法进行检测。检测时,应在裂缝的被测部位以不同的测距,按跨缝和不跨缝布置测点。测点布置应避开钢筋。

①进行不跨缝的声时测量:将发射换能器 T 和接收换能器 R 置于裂缝附近同一侧,并将 T 耦合好保持不动,以 T、R 两个换能器内边缘间距 l_i' 为 100 mm、150 mm、200 mm 等,依次移动 R 并读取相应的声时值 t_i。以 l' 为纵轴、t 为横轴绘制平测时距图(图 3.19)。

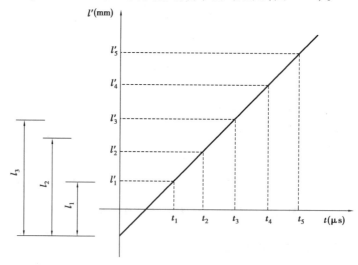

图 3.19　平测时距图

②裂缝深度按下式计算:

$$h_i = \frac{l_i}{2}\sqrt{\left(\frac{t_{ei}v}{l_i}\right)^2 - 1} \qquad (3.29)$$

$$h_{\mathrm{m}} = \frac{1}{n}\sum_{i=1}^{n}h_i \qquad (3.30)$$

式中　l_i——不跨缝平测时第 i 点的超声波实际传播距离,mm;

　　　h_i——以第 i 点计算的裂缝深度,mm;

　　　t_{ei}——第 i 点跨缝平测的声时值,μs;

　　　h_{m}——各测点计算裂缝深度的平均值,mm;

　　　n——测点数。

4.7　混凝土匀质性检验

结构混凝土的均匀性一般宜采用平面式换能器进行穿透对测法检测。

检测时,要求被测结构应具备一对相互平行的测试表面,并保持平整、干净。先在两个测试面上分别画出等间距的网格,并编上对应的测点序号。网格的间距大小取决于结构的种类和测试要求,一般为 200~300 mm。对于测距较小、质量要求较高的结构,测点间距宜小些;而对于大体积结构,测点间距可适当取大些。

其次,应使 T、R 换能器在对应的一对测点上保持良好的耦合状态,逐点读取声时值 t_i。超声测距的测量方法可根据构件的实际情况确定,如果各测点的测距完全一致,便可在构件不同部位抽测几次,取其平均值作为该构件的超声测距值 l。当各测点的测距不尽相同(相差大于 1%)时,应分别进行测量,有条件时最好采用专用工具逐点测量 l 值。

最后,根据被测结构混凝土的声速 v-强度 R 关系曲线,先计算出被测构件测位处测点换算强度值 R_i,再计算测位处测点换算强度的平均值 m_R、标准差 s_R 和离差系数(变异系数)C_R。

项目实训

1. 实训目的

①掌握用回弹仪测定混凝土强度的基本方法和实际操作。

②推定试件的混凝土强度值。

③掌握测定钢筋混凝土构件钢筋位置、保护层厚度的基本方法和实际操作。

④根据检测结果计算钢筋混凝土试验构件的承载力。

⑤培养学生进行结构试验的动手能力和科学研究的分析能力。

2. 实训任务

①利用回弹仪进行混凝土强度的测定试验。

②推定试件的混凝土强度值。

③计算钢筋混凝土试验构件的承载力。

④试验报告整理。

3. 实训步骤

①测区及测点布置:每位同学各自选取一个测区,每测区面积约为 20 cm×20 cm,每测区弹击 16 个点。

②回弹值测量:回弹仪使用的环境温度应为 -4 ~ +40 ℃。检测时,将弹击杆垂直对准具有代表性的被测位置,然后使仪器的冲锤借弹簧的力量打击冲杆,根据与冲杆头部接触处的混凝土试件表面的硬度,冲锤将回弹到一定位置,可以按刻度尺上的指针读出回弹值。回弹仪的轴线应始终垂直于结构或构件的混凝土检测面,缓慢施压,准确读数,快速复位。

③数据处理:回弹值计算、混凝土强度计算。

项目4 桥梁技术状况评定

【项目概述】 本项目主要介绍梁式桥和拱式桥的常见病害特征。根据《公路桥涵养护规范》（JTG 5120—2021）对桥梁检查进行分类，明确不同类别桥梁检查的技术要求；根据《公路桥梁技术状况评定标准》（JTG/T H21—2011）对桥梁进行病害识别、缺损程度判定和技术状况评定。

【教学目标】 掌握桥梁的常见病害，了解桥梁检查的分类及技术要点，掌握桥梁定期检查方法，能采用分层综合法对常规病害桥梁进行技术状况评定。

【教学要求】 学习桥梁常见病害的现象及成因，根据规范进行桥梁构件病害程度评定。按《公路桥梁技术状况评定标准》（JTG/T H21—2011）进行常规病害桥梁的技术状况评定。

【学习重点】 桥梁经常检查的内容，桥梁定期检查的内容，通过分层综合法进行技术状况评定。

茅以升主持修建钱塘江大桥

任务1 梁式桥及拱式桥上部结构常见病害

1.1 梁式桥主梁病害

1. 梁底横向裂缝

当空心板梁或T梁的抗弯承载力不足时，可能在跨中底面出现横向的弯曲裂缝。其主要原因是桥梁在作用下梁底产生的弯曲应力大于混凝土的抗拉强度。裂缝发展方向基本垂直于轴线方向，分布于跨中附近，间距最小可达到100～200 mm，长度可横向贯通底面全宽。

对于钢筋混凝土构件，由于其带裂缝工作的特性，一般裂缝宽度小于0.05 mm的裂缝属于无害裂缝，对结构的影响可忽略。肉眼可见的裂缝宽度大于0.05 mm，《公路桥涵养护规范》（JTG 5120—2021）中允许的最大弯曲裂缝裂缝宽度为0.25 mm。大量宽度超限的弯曲裂缝会导致梁体刚度下降，加速板梁钢筋的锈蚀，降低结构的耐久性。

对于全预应力混凝土构件，《公路钢筋混凝土及预应力混凝土桥涵设计规范》（JTG 3362—2018）中要求在作用频遇组合作用下构件任何截面的受拉边缘不允许出现拉应力。因此，该类构件出现受弯裂缝往往预示着该构件的承载能力不足。

在T梁桥的横向裂缝发展可向上延伸形成U形或L形裂缝。在底面的这种裂缝宽度最大，随着裂缝向上延伸，裂缝宽度逐渐减小，在中性轴附近裂缝逐渐消失。

正确区分弯曲裂缝和其他原因导致的裂缝对评定桥梁的技术状况有积极意义。除永久荷载和车辆荷载等产生的弯曲裂缝外，施工过程中的养护缺陷仍可能导致梁体在架设或营运前即有裂缝产生,如混凝土表面的网状裂缝大多为混凝土凝结硬化过程中内外温差导致。部分 T 梁的腹板存在较宽竖向裂缝,但裂缝两端宽度较小。该裂缝可能是因为施工、养护过程中腹板处与马蹄和翼缘板的温差导致。

2. 腹板剪切斜裂缝

腹板剪切斜裂缝常发生在支座附近区域,由于剪切作用和弯曲作用叠加,此处剪应力最大,主拉应力方向抗裂安全储备不足。主拉应力会使腹板中产生倾斜裂缝,从下部开始,沿着与中性轴呈 25°～50°角度裂开。出现斜裂缝的主要原因有以下 3 种:

①预应力束中的弯起束布置不足和竖向预应力束不足;

②腹板特别是根部区段腹板偏薄,配置的普通钢筋偏少;

③竖向预应力束施工操作不规范,有效预应力严重不足。

此外,由于采用箱形截面,扭转、翘曲、畸变也会使腹板中的剪应力加大,从而增大主拉应力。典型桥墩附近的箱梁腹板斜裂缝如图 4.1 所示。

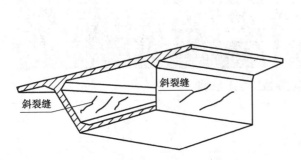

图 4.1　典型桥梁附近的箱梁腹板斜裂缝

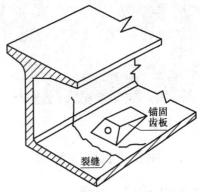

图 4.2　齿板裂缝及腹板裂缝

3. 局部应力裂缝

局部应力裂缝是由局部应力引起的裂缝,主要出现在支座、锚头等受局部应力较大的部位或受到突然撞击的部位。齿板裂缝一般开始于底板锚块后面,并沿与箱梁纵轴呈 30°～45°角向两侧腹板斜向扩展。图 4.2 所示为预应力筋锚固齿板和背面设在靠近节段接缝处齿板产生的裂缝。该类裂缝严重时还会继续扩展至腹板,产生与中性轴呈 30°～45°角的腹板斜裂缝。混凝土强度不足或预应力筋锚固端过于集中于某一截面,常会产生此种裂缝。

4. 顶底板纵向裂缝或崩裂纵向裂缝及钢筋锈蚀

顶板纵向裂缝通常是由于顶板横向弯矩过大、无横向预应力筋、箱梁横向弯矩空间效应、板厚偏小、横向配筋不足、箱梁内外温差过大产生温度应力等原因所致,如图 4.3 所示。底板纵向裂缝或崩裂纵向裂缝是与桥轴方向平行的裂缝,较多出现在底板,主要集中在箱底左右两侧。这种裂缝沿顺桥向的预应力孔道发展,流下的水沿孔道流动造成预应力筋锈蚀的危害比垂直裂缝还大。可能的原因是施加过大的纵向预应力,纵向预应力筋产生过大的径向力。

另一种情况是由于梁底混凝土保护层厚度不足或环境条件恶劣而导致开裂,尤其对于预应力空心板,预应力筋与混凝土需要较大的黏结应力。如抗劈裂能力不足,在板中间厚度最薄处易产生裂缝。裂缝的出现会引起普通钢筋及预应力筋锈蚀,进而引起周围混凝土胀裂。当混凝土开裂后,这些裂缝更增加了钢筋锈蚀的速度。这种恶性循环使结构出现的裂缝不断扩展,导致混凝土出现剥落、露筋等严重病害,如图4.4所示。

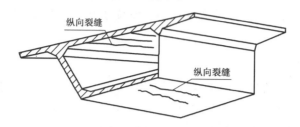

图4.3　箱梁顶底板纵向裂缝示意图

图4.4　钢筋锈蚀及混凝土剥落

1.2　拱桥主拱圈病害

1.混凝土板拱、肋拱

钢筋混凝土拱桥主拱圈的裂缝是较严重的病害。虽然裂缝在规范里是作为正常使用状态中耐久性来评价,但结构损坏乃至倒塌往往是从裂缝扩展开始的。裂缝的发展最终会导致承载能力降低,因此结构耐久性问题实质也是安全问题,必须引起重视。

裂缝可分为两类:一类为非荷载裂缝,另一类为受力裂缝。非荷载裂缝由混凝土收缩徐变、碱-集料反应等引起,该裂缝可能发生在主拱圈结构的任何位置。短期来看,这类裂缝不会对结构承载能力造成严重损害;长期来看,这类裂缝会导致剥落、孔洞等病害类型,导致结构材质下降。

当主拱圈抗弯承载能力不足时,就会出现主拱圈裂缝,即受力裂缝。这类裂缝主要表现为沿拱轴线的横向裂缝(图4.5)和垂直于拱轴线的径向裂缝(图4.6)。拱底径向裂缝主要发生在主拱圈横向中线处,由下向上延伸,下宽上窄,严重时由拱脚延伸到圈顶,将主拱圈分割为横向两个拱圈。该病害的产生原因可能是因为主拱圈长期到不均匀的车道荷载所致,也可能是由于主拱圈在施工过程中分段浇筑时,各段混凝土收缩不一致导致少量纵向裂缝初始缺陷。该缺陷在营运过程中逐步发展为裂缝病害。横向裂缝可能直接预示着主拱圈承载能力不足,在定期检查和承载能力评定中应引起重视。拱顶一般为正弯承载能力不足,裂缝出现在拱腹;拱脚一般为负弯承载能力不足,裂缝出现在拱背。空腹式拱桥拱脚处的拱背检查较方便,但实腹式拱桥的拱背无法进行有效检查,可通过拱脚处渗水、泛碱等现象间接判断。

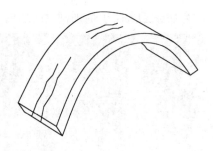

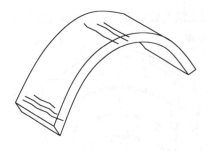

图4.5 主拱圈横向裂缝　　　　　　　　图4.6 主拱圈径向裂缝

2.双曲拱

双曲拱桥因拱圈在纵、横向均呈弧形曲线而得名(图4.7)。其充分利用预制装配的优点,以适应无支架施工和无大型起吊机具的情况,具有施工方法便捷、材料用量节省等特点。但装配式建造的性质导致拱肋处于各施工阶段和营运阶段的应力叠加状态,拱肋受力过大;构件繁多又整体性较差,结构性开裂问题长期无法有效解决,现在已很少新建双曲拱桥。现有双曲拱桥也暴露出各种病害,并逐步处于拆除重建的状态。

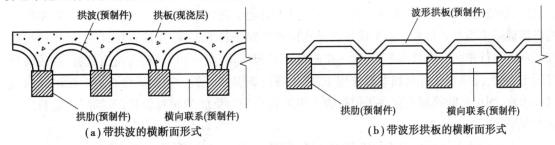

图4.7 双曲拱桥主拱圈横断面形式

1)拱肋裂缝

拱肋是拱桥主拱圈的重要组成部分,它承受着拱肋以上各构件的全部恒载和活载。当桥台发生过大的水平位移,拱顶正弯矩、拱脚负弯矩大大增加,构件的截面退化,或横向联系的刚度不足,拱肋受力不均导致单肋受力过大,都会引起拱肋承载力不足。当拱肋承载力不足时,拱肋往往产生竖向裂缝。竖向裂缝通常有3种形态:腹板竖向开裂,左、右侧腹板和底板贯通开裂(呈L形),两侧腹板和底板贯通开裂(呈U形)。

2)拱波病害

拱波病害表现为由拱波纵向开裂及微弯板的裂缝、钢筋锈蚀等问题(图4.8)。由于微弯板较薄弱,纵横向连接性差,加之使用中重车较多,交通量大,微弯板的病害非常普遍,常出现开裂现象。尤其是位于拱脚附近的微弯板以及处于路面与桥面线形的过渡区域,承受着较大的冲击力,严重时可导致微弯板断裂和桥面铺装层网裂、破碎且逐渐扩大,以及出现坑槽、钢筋外露锈蚀等严重病害。

3)横向联系病害

实践发现,横向联系不论是采用横向拉杆还是用横系梁或横隔板,均存在横向联系与拱肋连接不可靠的问题(图4.9)。双曲拱桥的横向联系一般尺寸较小,强度和刚度也相应较弱,与主拱肋连接处的抗剪能力也较小。当承受较大的外荷载作用时,产生较大的内力和变形,导致横系梁开裂、脱落,无法有效地在横向分配荷载,并引起拱肋的受力与变形不均匀,加剧拱肋的病害。

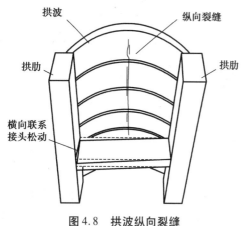

图4.8　拱波纵向裂缝

图4.9　横向联系接头松动

4)拱板病害

拱板分为两种:一种为现浇混凝土拱板,另一种为波形或折线形拱板。现浇混凝土拱板位于拱肋、拱波之上,将拱肋、拱波结合成整体,使拱圈能实现"集零为整"。早期建造的双曲拱桥的拱波曾采用填平式拱板。这类拱板在外观检查中属于隐蔽工程,无法直接检测,但可通过拱波的病害进行推断。因其体积大,且主拱圈截面厚薄不均,刚度相差较大,波顶最弱,在活载和混凝土收缩、温度变化等附加荷载作用下,常出现波顶纵向开裂。如拱波存在沿中线的纵向裂缝或渗水,则可推断拱板也存在类似病害。拱波若出现与梁肋的相对位移,可推断拱板与拱波存在脱空。

波形或折线形拱板可视为拱波与现浇拱板的整合体。虽然波形拱板也是装配式构件,但与拱波加拱板的形式相比,该类型拱板既可以节省材料、减轻自重,又使主拱圈截面刚度均匀,截面形心接近中部,受力较合理,但在长期使用过程中也可能出现肋间纵向裂缝。

1.3　支座病害

1.支座脱空及窜动

装配式空心板梁桥在装配安装时,每块空心板底部设置4块支座,由于3点决定一个平面,而4点则难以保证一个平面。由于预制空心板梁板底面不平,或者支座垫石高程控制精度差,或者构件安装时未按要求对所有支座是否均匀受力进行检查,轻者导致4块支座受力不均,严重的会出现三支座受力现象。当桥梁在汽车荷载长期冲击作用下,易产生扭曲受力,造成板梁振动,使空心板梁和铰缝的混凝土处于很不利的受力状态。久而久之,铰缝混凝土逐渐破碎脱落,铺装层混凝土也会出现纵向开裂。

装配式T梁由于梁的两端各有一个支座,理论上可保证每个支座都能够与马蹄和支座垫石完好接触。但由于支座垫石本身可能出现不平整等缺损,因此支座会出现局部脱空。支座出现局部脱空时,可采用三角形钢垫板塞入脱空区域进行处置。板式橡胶支座脱空如图4.10所示。

2.支座缺陷及老化变质

由于设计不当、超载或橡胶自然老化等,空心板梁桥支座也常出现破坏或损伤、剪切位移过大、老化剥落、丧失承载力或刚度、变形难以满足现行规范要求等问题。

典型的支座病害如图 4.11 所示。

图 4.10   板式橡胶支座脱空

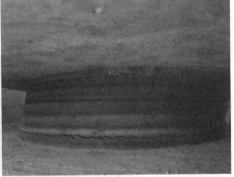

图 4.11   板式橡胶支座缺陷

桥梁支座的主要病害包括以下内容：

①制作垫层的油毡老化破裂；

②橡胶支座老化、变形、变质、失去自由伸缩的能力；

③滑动盆式支座的固定螺栓剪断损坏、螺母松动、上螺栓卡死，支座的滑动面不平整，轴承有裂纹和切口，滚轴有偏移和下降；

④梁底填充异物，支座失去变形作用；

⑤支座座板翘起、扭曲或者断裂，贴角焊缝开裂，梁体混凝土压坏、剥离、掉角等。图 4.12 所示为盆式支座病害。

图 4.12   盆式支座病害

3. 盆式橡胶支座组件破坏

盆式橡胶支座与板式橡胶支座相比,具有承载力大、橡胶层在钢盆内不易老化、使用寿命长等突出优点,在大跨度公路和铁路桥以及市政桥梁中得到广泛应用。盆式橡胶支座组件的常见病害有:盆底四角翘起,钢盆出现锈蚀,支座底板局部裂纹、掉角或变形;钢件非主要受力部位出现脱焊;锚栓剪断或出现剪切变形,支座垫石出现破损等。

当盆式橡胶支座钢盆铸造质量低劣,如将铸钢替换为铸铁材料,钢盆自身抗拉强度低,在荷载作用下容易开裂;支座垫石不平整和梁底支承接触面不平整,导致受力不均匀;局部应力集中,也会导致钢盆开裂。

施工中若出现支座方向安放错误,营运中将对支座产生严重损坏;如单顺桥向滑动支座在施工中误设置为单横桥向滑动支座,将导致支座顶板与底盆挤压受损,如图4.13所示。

图4.13 盆式橡胶支座安装错误导致支座受损

在连续梁桥悬臂施工中,施工阶段支座受力较小,合龙后体系转换阶段必须将支座的安装连接板全部拆除、解除约束,使支座按设计受力状态发挥支座功能。一旦连接板未能拆除,活动支座发挥滑移功能时受到约束,将使支座的作用功能丧失。

盆式橡胶支座的橡胶体安装在钢盆内,日常巡查和定期检查均无法有效对其进行检测,往往橡胶严重失效后才能发现。因此,在检测中应特别注意盆式橡胶支座上下板的相对位移值、支座的钢构件状态,排除可能的支座缺失。

1.4 一般构件病害

1. 横隔板损坏或横向联系不足

装配式T梁通过横隔板将各片纵梁相互连成整体。横隔板的刚度越大,桥梁的整体性越好,在荷载作用下各片T梁就能更好地协同受力;横隔板在荷载作用下,主要承受弯矩及剪力。T梁采用预制装配式施工工艺,横隔板在两片梁连接处通过焊接等工艺连接。T梁横隔板横向连接构造如图4.14所示。

由于剪力的作用,横隔板之间的连接构造容易纵向错位,混凝土开裂、连接钢板裸露锈蚀。由于弯矩的作用,横隔板都有不同程度的开裂,在底面发生抗弯承载力不足的弯曲裂缝。裂缝呈竖向,分布在翼板与横隔板底面之间。横隔板除直接的错位、裂缝、锈蚀等病害外,在过去T梁的设计中,横隔板的数量往往设置不足,或者病害间接引起横隔板截面刚度的减小,造成T梁构造上横向传递的先天或后天不良,导致桥梁的整体刚度不足。尤其在横向联系比较薄弱的部位,在经过长时间的超负荷运行后,必然会产生不同程度的二次病害。

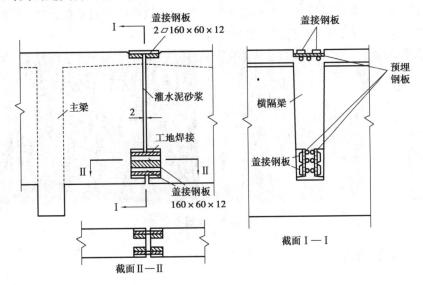

图4.14　横隔板横向连接构造(单位:mm)

2. 空心板梁的铰缝连接破坏

我国在高速公路的建造中大量采用装配式混凝土空心板桥。该桥型的预制空心板之间设置企口缝,在企口缝内设置一定数量的拉结筋并灌注混凝土,该缝称为铰缝(图4.15)。铰缝刚度较低,仅能有效地传递板与板间的剪力。在简化的横向受力分析中,板间的连接即模拟为只能传递剪力,不能传递弯矩,通过板间剪力的传递来达到各板共同受力的目的。

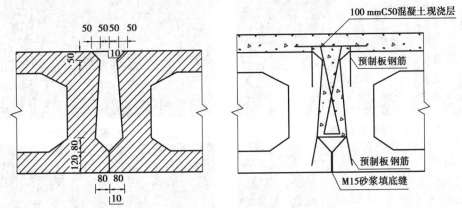

图4.15　铰缝构造示意图(单位:mm)

随着重型车辆和超载车辆频繁出现,当板间连接强度不足以抵抗行车荷载产生的竖向剪力时,板间填缝料混凝土会开裂,出现铰缝的连接破坏。程度较轻的,企口缝混凝土与空心板侧壁分离,雨水大量渗透并轻微侵蚀混凝土,出现渗水现象(图4.16);程度严重的,混凝土受水严重侵蚀、压磨而粉碎,完全丧失强度,使空心板失去横向连接能力,出现"单板受力"现象。该现象违背了空心板梁的横向分布设计基本原理,会导致空心板受到超过其设计抗力的作用。因此,"单板受力"是装配式空心板梁桥非常严重的一种病害。

　　铰缝渗水可能是铰缝破坏的先兆,在企口混凝土破损以及水和汽车荷载的共同作用下,铰缝的拉结钢筋会锈蚀或失效。目前,铰缝钢筋的缺损情况无法通过直接的技术手段进行检测,仅能通过其他病害现象间接反应。当桥面铺装层出现沿铰缝纵向贯通破损时,可能出现单板受力。是否存在单板受力,可通过荷载试验进行验证。

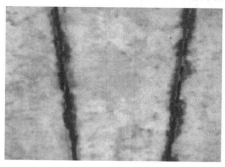

图 4.16　铰缝渗水

1.5　桥面系病害

1. 伸缩缝损坏

　　伸缩缝装置设在梁端相对薄弱的部位,受桥面温度变化的影响和车辆荷载的频繁作用不断伸缩变形,极易损坏。伸缩缝的常见病害有伸缩缝橡胶条老化、脱落、缺失,锚固构件损坏、松脱,伸缩缝凹槽堵塞不能自由变形,构造部位下陷或凸出等。伸缩缝部分病害如图4.17所示。

(a)锚固区混凝土破损　　　　　　　　　　　　(b)橡胶构件缺失

(c)伸缩缝堵塞　　　　　　　　　　　　(d)伸缩缝钢构件断裂

图 4.17　伸缩缝损坏

　　伸缩缝损坏后,不仅影响行车舒适,而且会导致桥面渗水侵蚀支座,进而导致桥梁主体结构和支座钢筋锈蚀等,还会使桥梁产生过大的冲击力,诱发或加重桥梁病害,同时影响桥头伸缩缝的工作性能,加速其破坏过程,导致伸缩缝需要频繁维修、更换。

2. 桥面铺装层病害

桥面铺装层破坏是指桥面钢筋混凝土铺装层的车辙、开裂、破碎与塌陷。桥面铺装层破坏是桥梁上部结构典型的损坏形式之一,具有普遍性,表现为桥面顺桥向的裂缝,而且通常是桥面纵向裂缝产生、发展、加剧甚至难以通过桥面修补予以控制或消除的直接原因。桥面铺装层破坏的主要原因是空心板梁之间的铰缝破坏。空心板梁间沿桥跨方向的铰缝连接损坏,破坏了空心板梁之间的横向整体性,使荷载横向分布能力削弱,甚至横向连接完全失效伴随铰缝破坏的同时,在桥面铺装层上沿铰缝方向产生不规则的纵向裂缝,严重时形成一条破碎带。雨雪水常通过铺装层及破碎后的铰缝渗入板底,留下明显的渗水痕迹,同时水分造成空心板钢筋腐蚀,严重影响结构的耐久性。根据铺装层材料的不同,病害情况分述如下:

①沥青铺装层常见病害有沉陷、纵裂、龟裂、车辙、推移、波浪、拥包、收缩裂缝、老化开裂、磨耗、松散及泛油等;

②普通水泥混凝土铺装层常见病害有表面裂缝、断裂、沉陷、渗水、表面磨耗破损、露骨及坑槽等,其中表面裂缝最为常见;

③钢纤维混凝土铺装层常见病害有表面龟裂、纵裂、横裂、脱皮或局部路面下陷、破损露骨、表面磨损等。

特别注意,部分桥面铺装层的病害可反映主梁的严重病害。当装配式主梁的横向联系严重受损时,桥面铺装层可出现沿该横向联系的纵向破损带(图 4.18),可预示存在横向联系失效或存在单板受力。部分箱梁无法进入进行检查,若桥面板受损可导致桥面铺装层出现下陷式破损(图 4.19)。该类桥面铺装层病害预示主梁存在严重缺陷,应引起足够的重视。

图 4.18　横向联系失效导致桥面铺装层病害　　　　图 4.19　桥面板承载能力不足导致桥面铺装层病害

任务 2　桥梁检查

2.1　公路桥梁养护检查等级

《公路桥涵养护规范》(JTG 5120—2021)中,将公路桥梁养护检查等级分为 Ⅰ、Ⅱ、Ⅲ级,分级标准如下:

①单孔跨径大于 150 m 的特大桥、特别重要桥梁的养护检查等级为Ⅰ级;

②单孔跨径小于或等于 150 m 的特大桥、大桥,以及高速公路或一、二级公路上的中桥、小桥的养护检查等级为Ⅱ级;

③三、四级公路上的中桥、小桥的养护检查等级为Ⅲ级;

④技术状况评定为 3 类的大、中、小桥应提高一级进行检查,技术状况评定见任务 3;

⑤技术状况评定为 4 类的桥梁在加固维修前应按Ⅰ级进行检查。

各等级对应不同的检查程度和检查周期。养护检查等级为Ⅰ级的桥梁,宜安装结构监测系统对结构状态和各类外荷载作用下的响应情况进行监测,定期将监测结果与桥梁检查结果进行比对和分析。

2.2 初始检查

新建或改建桥梁交付使用后,对桥梁结构及其附属构件的技术状况进行首次全面检测,其成果是后期桥梁检查和评定工作的基准。主要检查内容如下:

①定期检查需测定的所有项目,设置永久观测点。

②测量桥梁长度、桥宽、净空、跨径等;测量主要承重构件尺寸,包括构件的长度与截面尺寸等;测定桥面铺装层厚度及拱上填料厚度等。

③测定桥梁材质强度、混凝土结构的钢筋保护层厚度。

④养护检查等级为Ⅰ级的桥梁,通过静载试验测试桥梁结构控制截面的应力、应变、挠度等静力参数,计算结构校验系数;通过动载试验测定桥梁结构的自振频率、冲击系数、振型、阻尼比等动力参数。

⑤对于有水中基础,且养护检查等级为Ⅰ、Ⅱ级的桥梁,应进行水下检测。

⑥测量缆索结构的拉索索力及吊杆索力,测试索夹螺栓紧固力等。

⑦检测钢管混凝土拱桥钢管内混凝土密实度。

⑧当交、竣工验收资料中已经包含上述检查项目或参数的实测数据时,可直接引用。

2.3 日常巡查

日常巡查主要指对桥面设施、上部结构、下部结构及附属构造物的技术状况进行的检查。养护检查等级为Ⅰ、Ⅱ级的桥梁,日常巡查每天不应少于 1 次;对有特殊照明需求(功能性及装饰性照明、航空航道指示灯等)的桥梁,应适当开展夜间巡查。养护检查等级为Ⅲ级的桥梁,日常巡查每周不应少于 1 次。遇地震、地质灾害或极端气象时,应增加检查频率。日常巡查以目测为主,以现场填写的"日常巡查表"为主要工作成果。

日常巡查应包括下列内容:

①桥路连接处是否异常;

②桥面铺装、伸缩缝是否有明显破损,伸缩缝附近是否存在异常;

③栏杆或护栏等有无明显缺损;

④标志标牌是否完好;

⑤桥梁线形是否存在明显异常;

⑥桥梁是否存在异常的振动、摆动和声响;

⑦桥梁安全保护区是否存在侵害桥梁安全的情况。

2.4   经常检查

经常检查主要指采用目测结合辅助工具对桥面系、上部结构、下部结构和附属设施表观状况进行的周期性检查。根据不同的养护检查等级，各桥梁的检查频率如下：

①养护检查等级为Ⅰ级的桥梁，经常检查每月不应少于1次；

②养护检查等级为Ⅱ级的桥梁，经常检查每两个月不应少于1次；

③养护检查等级为Ⅲ级的桥梁，经常检查每季度不应少于1次；

④在汛期、台风、冰冻等自然灾害频发期，应提高经常检查频率；

⑤养护检查等级为Ⅱ、Ⅲ级的桥梁，在定期检查中发现存在4类构件时，加固处治前应提高经常检查频率；

⑥对支座的经常检查，每季度不应少于1次。

经常检查需要检测人员宜抵近桥梁结构，以目测结合辅助工具进行，以现场填写"桥梁经常检查记录表"为主要工作成果。其中发现桥梁重要部件缺损严重，应及时上报。经常检查的主要内容如下：

①桥梁外观是否整洁，有无杂物堆积、杂草蔓生；构件表面的涂装层是否完好，有无损坏、老化变色、开裂、起皮、剥落、锈迹。

②桥面铺装是否完整，有无裂缝、局部坑槽、积水、沉陷、波浪、碎边。

③混凝土桥构件是否剥离、渗水，钢筋是否露筋、锈蚀，缝料是老化、损坏，桥头有无跳车，排水设施是否良好，桥面泄水管是否堵塞和破损。

④伸缩缝是否堵塞卡死，连接部件有无松动、脱落、局部破损。

⑤人行道、路缘、栏杆、扶手、防撞护栏和引道护栏有无撞坏、断裂、松动、错位缺件、剥落、锈蚀等。

⑥观察桥梁结构有无异常变形以及异常的竖向振动、横向摆动等情况，然后检查各部件的技术状况，查找异常原因。

⑦支座是否有明显缺陷。活动支座是否灵活，位移量是否正常。支座的日常巡查一般为每季度一次。

⑧检查桥位段河床冲淤变化情况。

⑨基础是否受到冲刷破坏、外露、悬空、下沉，墩台及基础是否受到物腐蚀。

⑩墩台是否受到船只或漂浮物撞击而受损。

⑪翼墙（侧墙、耳端）有无开裂、倾斜、滑移、沉降、风化剥落和异常变形。

⑫锥坡护坡、调治构造物有无塌陷，铺砌面有无缺损、勾缝脱落、灌木杂草丛生。

⑬交通信号、标志、标线、照明设施以及桥梁其他附属设施是否完好。

⑭其他显而易见的损坏或病害。

2.5   定期检查

定期检查是指为评定桥梁使用功能、制订管理养护计划提供基本数据，对桥梁主体结构及其附属构造物的技术状况进行的全面检查。它为桥梁养护管理系统搜集结构技术状态的动态数据。《公路桥涵养护规范》（JTG 5120—2021）具体规定如下：

①养护检查等级为Ⅰ级的桥梁，定期检查周期不得超过1年；养护检查等级为Ⅱ、Ⅲ级的桥

梁,定期检查周期不得超过 3 年。

②定期检查以目测观察结合仪器观测进行,必须接近各部件仔细检查其缺损情况。定期检查的主要工作如下:

a. 现场校核桥梁基本数据;

b. 当场填写"桥梁定期检查记录表",记录各部件缺损状况并做出技术状况评分;

c. 实地判断缺损原因,确定维修范围及方式;

d. 对难以判断损坏原因和程度的部件,提出特殊检查(专门检查)的要求;

e. 对损坏严重、危及安全运行的危桥,提出限制交通或改建的建议;

f. 根据桥梁的技术状况,确定下一次检查时间。

③特大型、大型桥梁应设立永久性观测点,定期进行控制检测。

④桥面系构造的检查内容如下:

a. 桥面铺装层纵、横坡是否顺适,有无严重的裂缝(龟裂纵横裂缝)坑槽、波浪、桥头跳车、防水层漏水;

b. 伸缩缝是否有异常变形、破损、脱落、漏水,是否造成明显的跳车;

c. 人行道构件栏杆、护栏有无撞坏、断裂、错位、缺件、剥落、锈蚀等;

d. 桥面排水是否顺畅,泄水管是否完好畅通,桥头排水沟功能是否完好,锥坡有无冲蚀、塌陷;

e. 桥上交通信号、标志、标线、照明设施是否损坏、老化、失效,是否需要更换;

f. 桥上避雷装置是否完善,避雷系统性能是否良好;

g. 桥上航空灯、航道灯是否完好,能否保证正常照明,结构物内供养护检修的照明系统是否完好;

h. 桥上的路用通信、供电线路及设备是否完好。

⑤钢筋混凝土和预应力混凝土梁桥的检查内容如下:

a. 梁端头、底面是否损坏,箱形梁内是否有积水,通风是否良好;

b. 混凝土有无裂缝、渗水、表面风化、剥落、露筋和钢筋锈蚀,有无碱集料反应引起的整体龟裂现象,混凝土表面有无严重碳化;

c. 预应力筋锚固区段混凝土有无开裂,沿预应力筋的混凝土表面有无纵向裂缝;

d. 在梁(板)式结构的跨中、支点及变截面处,悬臂端牛腿或中间铰部位,刚构桥的固结处和桁架节点部位,混凝土是否开裂、缺损和出现钢筋锈蚀;

e. 装配式梁桥应注意检查连接部位的缺损状况。

⑥拱桥的检查内容如下:

a. 主拱圈的拱板或拱肋是否开裂,钢筋混凝土拱有无露筋、钢筋锈蚀;圬工拱桥砌块有无压碎、局部掉块,砌缝有无脱离或脱落渗水,表面有无苔藓、草木滋生,拱铰工作是否正常;空腹拱的小拱有无较大的变形、开裂、错位,立墙或立柱有无倾斜、开裂。

b. 拱上立柱(或立墙)上下端、盖梁和横系梁的混凝土有无开裂、剥落、露筋和锈蚀;中、下承式拱桥的吊杆上下锚固区的混凝土有无开裂、渗水,吊杆锚头附近有无锈蚀现象,外罩是否有裂纹,锚头夹片、模块是否发生滑移,吊杆钢索有无断丝;采用型钢或钢管混凝土芯的劲性骨架拱桥,混凝土是否沿骨架出现纵向或横向裂缝。

c. 拱的侧墙与主拱圈之间有无脱落,侧墙有无鼓突、变形、开裂,实腹拱拱上填料有无沉陷,肋拱桥的肋间横向联结是否开裂、表面脱落、钢筋外露、锈蚀等。

　　d. 双曲拱桥拱肋间横向联结拉杆是否松动或断裂,拱波与拱肋结合处是否开裂、脱开,拱波之间的砂浆有无松散脱落,拱波顶是否开裂、渗水等。

　　e. 薄壳拱桥壳体纵、横向及斜向是否出现裂缝,系杆是否开裂。

　　f. 系杆拱的系杆是否开裂,无混凝土包裹的系杆是否有锈蚀。

　　g. 钢管混凝土拱桥裸露部分的钢管及构件检查参阅其他相关资料。

2.6　特殊检查

特殊检查是对桥梁承载能力、抗灾能力、耐久性能、水中基础技术状况进行的一项或多项检查与评定,以及对定期检查中难以判明病害成因及程度的桥梁进行的检查。当桥梁出现下列情况应进行特殊检查:

　　①定期检查中难以判明构件损伤原因及程度的桥梁;

　　②拟通过加固手段提高荷载等级的桥梁;

　　③需要判明水中基础技术状况的桥梁;

　　④遭受洪水、流冰、滑坡、地震、风灾、火灾、撞击,因超重车辆通过或其他异常情况影响造成损伤的桥梁。

特殊检查应根据检测目的、病害情况和性质,采用仪器设备进行现场测试和其他辅助试验,针对桥梁现状进行检算分析,形成评定结论,提出建议措施。特殊检查应包括下列一项或多项内容:

　　①材料的物理、化学性能及其退化程度的测试鉴定,结构或构件开裂状态的检测及评定;

　　②结构的强度、刚度和稳定性的检算、试验和鉴定,桥梁承载能力评定宜按《公路桥梁承载能力检测评定规程》(JTG/T J21—2011)执行;

　　③桥梁抵抗洪水、流冰、风、地震及其他灾害能力的检测鉴定;

　　④桥梁遭受洪水、流冰、滑坡、地震、风灾、火灾、撞击,因超重车辆通过或其他因素造成损伤的检测鉴定;

　　⑤水中墩台身、基础的缺损情况的检测评定;

　　⑥定期检查中发现较严重的开裂、变形等病害,应进行跟踪观测,预测其发展趋势。

任务 3　桥梁技术状况评定

桥梁技术状况指桥梁结构各部件或构件的综合技术指标,反映桥梁结构的完好程度、安全程度及使用功能的完善程度。

桥梁技术状况评定分为一般评定和适应性评定。一般评定是根据桥梁定期检查资料,通过对桥梁各部件技术状况的综合评定,确定桥梁的技术状况等级,提出各类桥梁的养护措施。适应性评定是根据桥梁定期及特殊检查资料,结合试验与结构受力分析,评定桥梁的实际承载能力、通行能力、抗洪能力,提出桥梁养护、改造方案。本书仅对一般评定做介绍,桥梁的适应性评定可参考其他书籍。一般评定是定期检查的结论,又称为技术状况评定。

桥梁技术状况评定可按分层综合评定法和单向控制指标进行。当桥梁缺损严重,符合单向控制指标时,优先用单向控制指标将桥梁评定为 5 类桥。

桥梁技术状况评定工作流程如 4.20 所示。

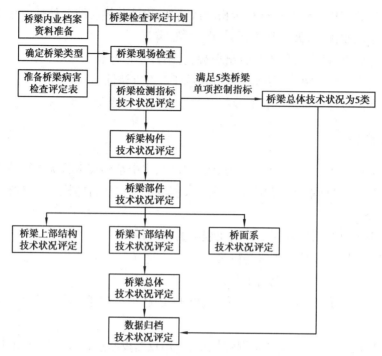

图 4.20　桥梁技术状况评定工作流程图

3.1　根据分层综合评定法进行评定

1. 桥梁技术状况评定方法

公路桥梁技术状况评定应采用分层综合评定与 5 类桥梁单项控制指标相结合的方法。先对桥梁各构件进行评定,然后对桥梁各部件进行评定,再对桥面系、上部结构和下部结构分别进行评定,最后进行桥梁总体技术状况的评定。评定指标如图 4.21 所示。

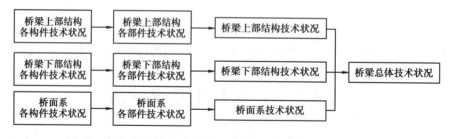

图 4.21　桥梁技术状况评定指标

当单座桥梁存在不同结构形式时,可根据结构形式的分布情况划分评定单元,分别对各评定单元进行桥梁技术状况的等级评定,然后取最差的一个评定单元技术状况等级作为全桥的技术状况等级。

2. 构件的划分和技术状况评分

桥梁构件是组成桥梁结构的最小单元。一般情况下,一座桥由众多构件组成。例如,某单跨装配式简支空心板,横向有 8 块板、7 道铰缝,其中每块板为一个构件,每个铰缝同样为一个构件;又如某三跨简支梁桥拥有 2 个桥台、2 个桥墩,每个桥台及桥墩均作为一个构件。根据上述的桥梁技术状况评定方法,应对每个构件的技术状况进行评定。

桥梁部件是结构中同类构件的统称。上述举例中,装配式空心板桥的所有空心板构件作为一个部件,装配式空心板的所有铰缝构件作为一个部件;三跨简支梁桥中,2 个桥台构件作为一个部件,2 个桥墩构件作为一个部件。部件的技术状况评定根据各部件的技术状况评定结果得出。

桥梁的构件技术状况评定按下列顺序进行:

①根据构件的种类明确构件的标度类别,即表 4.1 中最左一列;

②根据构件的缺损状况对该构件进行标度评定,即表 4.1 中的"指标标度",不同缺损种类和程度的标度详见《公路桥梁技术状况评定标准》(JTG/T H21—2011);

③根据构件的标度按表 4.1 进行扣分,该扣分为某一种缺损的扣分。

表 4.1　构件各检测指标扣分值

检测指标所能达到的最高标度 类别	指标标度				
	1 类	2 类	3 类	4 类	5 类
3 类	0	20	35	—	—
4 类	0	25	40	50	—
5 类	0	35	45	60	100

④桥梁构件可能存在多种缺损并存,该构件的得分按下式计算:

$$PMCI_L(BMCI_L \text{ 或 } DMCI_L) = 100 - \sum_{x=1}^{k} U_x \tag{4.1}$$

当 $x=1$ 时,有:

$$U_i = DP_{iL} \tag{4.2}$$

当 $x \geqslant 2$ 时,有:

$$U_x = \frac{DP_{ij}}{100 \times \sqrt{x}} \times \left(100 - \sum_{y=1}^{k-1} U_y\right) \tag{4.3}$$

其中,$j=x$,x 取 $2,3,4,\cdots,k$;当 $k \geqslant 2$ 时,$U_1,U_2,\cdots,U_k$ 公式中的扣分值 DP_{ij} 按照从大到小排列;当 $DP_{ij}=100$ 时,有:

$$PMCI_L(BMCI_L \text{ 或 } DMCI_L) = 0 \tag{4.4}$$

式中　$PMCI_L$——上部结构第 i 类部件的 L 构件的得分,值域为 $0 \sim 100$ 分;

$BMCI_L$——下部结构第 i 类部件的 L 构件的得分,值域为 $0 \sim 100$ 分;

$DMCI_L$——桥面系第 i 类部件的 L 构件的得分,值域为 $0 \sim 100$ 分;

k——第 i 类部件 L 构件出现扣分的指标的种类数;

U_x,U_y——引入的中间变量;

i——部件类别,如 i 表示上部承重构件、支座、桥墩等;

j——第 i 类部件 L 构件的第 j 类检测指标;

DP_{ij}——第 i 类部件 L 构件的第 j 类检测指标的扣分值,根据构件各种检测指标扣分值进行计算。

【例 4.1】某 1×30 m 装配式简支梁桥,上部结构由 5 片 T 梁铰接而成,定期检查中发现的病害如表4.2所示。请对上部结构各构件进行评定。

表4.2 某1×30 m装配式简支梁桥定期检查病害统计表

构件编号	病害类型	病害程度
1#梁	未见明显缺陷	—
2#梁	跨中处左侧腹板1处蜂窝麻面	面积：0.4 m×0.5 m
3#梁	距0#台3 m处1处剥落掉角	面积：0.1 m×0.1 m
	腹板存在1条由底板向上延伸的竖向裂缝	长度：1.2 m，宽度：0.08 m，深度：42 mm
4#梁	未见明显缺陷	—
5#梁	未见明显缺陷	—
1#铰缝	未见明显缺陷	—
2#铰缝	跨中附近1条纵向裂缝，并有渗水泛白现象	长度：4.7 m，宽度：1.2 mm
3#铰缝	未见明显缺陷	—
4#铰缝	未见明显缺陷	—

【解】对有病害的构件进行评定如下：

（1）2#梁

存在蜂窝麻面，根据检查结果并查阅《公路桥梁技术状况评定标准》（JTG/T H21—2011）中，关于蜂窝、麻面病害相关评定（表4.3），该病害的标度评定为2类。"蜂窝、麻面"的病害最高标度为"3"（表4.3中最左列）；在"检测指标所能达到的最高标度类别为3""本构件的标度评定为2类"的情况下，根据表4.1，该构件的此项病害扣分值为20分。

表4.3 梁式桥蜂窝、麻面病害评定

标度	评定标准	
	定性描述	定量描述
1	完好，无蜂窝麻面	—
2	较大面积蜂窝麻面	累计面积不大于构件面积的50%
3	大面积蜂窝麻面	累计面积大于构件面积的50%

注：本表摘自《公路桥梁技术状况评定标准》（JTG/T H21—2011）。

由式（4.2），当 $x=1$ 时，$U_i = DP_{iL} = 20$。

由式（4.1），2#梁的得分为：$PMCI_{2\#梁} = 100 - 20 = 80$。

（2）3#梁

3#梁存在两种病害（剥落掉角、裂缝），应分别对两种病害进行标度判定，再对构件进行综合评分。对于剥落掉角，根据检查结果并查阅《公路桥梁技术状况评定标准》（JTG/T H21—2011），该病害标度值为2类（表4.4）。根据表4.1，"剥落、掉角"病害的最高标度为"4"，该构件的此项病害扣分值为25分。

表4.4 梁式桥剥落、掉角病害评定

标度	评定标准	
	定性描述	定量描述
1	完好,无剥落、掉角	—
2	局部混凝土剥落或掉角	累计面积不大于构件面积的5%,或单处面积不大于0.5 m²
3	较大范围混凝土剥落或掉角	累计面积大于构件面积的5%且小于构件面积的10%,或单处面积大于0.5 m²且小于1.0 m²
4	大范围混凝土剥落或掉角	累计面积不小于构件面积的10%,或单处面积不小于1.0 m²

注:本表摘自《公路桥梁技术状况评定标准》(JTG/T H21—2011)。

对于裂缝,根据检查结果并查阅《公路桥梁技术状况评定标准》(JTG/T H21—2011),该病害标度值为2类(表4.5)。"裂缝"病害的最高标度为"5",该构件的此项病害扣分值为35分。

由于3#梁存在两种病害,因此$k=2$,并将扣分值DP_{ij}按照从大到小排列依次为:裂缝的$DP_{裂缝}=35$,剥落、掉角的$DP_{剥落、掉角}=25$。

由式(4.2),$U_1=DP_{裂缝}=35$。

由式(4.3),$U_2=\dfrac{25}{100\times\sqrt{2}}\times\left(100-\sum\limits_{y=1}^{x-1}U_y\right)=\dfrac{25}{100\times\sqrt{2}}\times(100-35)=11.49$。

本例中,U_1表示裂缝病害导致的扣分值;U_2表示剥落掉角病害导致的扣分值。

由式(4.1),$PMCI_{3\#梁}=100-\sum U_x=100-(35+11.49)=53.51$。

表4.5 梁式桥裂缝病害评定

标度	评定标准	
	定性描述	定量描述
1	无裂缝	—
2	局部出现网状裂缝,或主梁出现少量轻微裂缝,缝宽未超限	网状裂缝累计面积不大于构件面积的20%,单处面积不大于1.0 m²,或主梁裂缝缝长不大于截面尺寸的1/3
3	出现大面积网状裂缝,或主梁出现横向裂缝(钢筋混凝土梁),或顺主筋方向出现纵向裂缝,或出现斜裂缝、水平裂缝、竖向裂缝等,缝宽未超限	网状裂缝累计面积大于构件面积的20%,单处面积大于1.0 m²,或主梁缝长大于截面尺寸的1/3且不大于截面尺寸的1/2
4	主梁控制截面出现较多横向裂缝(钢筋混凝土梁),或顺主筋方向出现严重纵向裂缝并伴有钢筋锈蚀等,或出现斜裂缝、水平裂缝、竖向裂缝等,裂缝缝宽超限	主梁裂缝缝长大于截面尺寸的1/2,间距小于30 cm
5	主梁控制截面出现大量结构性裂缝,裂缝大多贯通,且缝宽严重超限,主梁出现变形	主梁裂缝缝宽大于1.0 mm,间距小于20 cm

(3)2#铰缝

2#铰缝存在裂缝和渗水,《公路桥梁技术状况评定标准》(JTG/T H21—2011)中没有关于一般构件渗水的病害评定,但根据对该病害的描述,可判定该铰缝已经上下贯通,且桥面防水层也存在缺陷(否则,不会出现铰缝开裂并渗水的现象)。由表4.5可知,该病害标度值为2类,该构件的此项病害扣分值为35分。

$$PMCI_{2\#铰缝} = 100 - 35 = 65$$

3. 部件的划分和技术状况评分

桥梁部件分为主要部件和次要部件,各结构类型桥梁主要部件如表4.6所示,其他部件为次要部件。根据表4.6中的定义,对于装配式简支空心板桥,空心板是主要部件,铰缝为次要部件;对于装配式T梁桥,T梁为主要部件,横隔板及湿接缝为次要部件。

表4.6 各结构类型桥梁主要部件

序号	结构类型	主要部件
1	梁式桥	上部承重构件、桥墩、桥台、基础、支座
2	板拱桥(圬工、混凝土)、肋拱桥、箱形拱桥、双曲拱桥	主拱圈、拱上结构、桥面板、桥墩、桥台、基础
3	刚架拱桥、桁架拱桥	刚架(桁架)拱片、横向联结系、桥面板、桥墩、桥台、基础
4	钢-混凝土组合拱桥	拱肋、横向联结系、立柱、吊杆、系杆、行车道板(梁)、桥墩、桥台、基础、支座
5	悬索桥	主缆、吊索、加劲梁、索塔、锚碇、桥墩、桥台、基础、支座
6	斜拉桥	斜拉索(包括锚具)、主梁、索塔、桥墩、桥台、基础、支座

桥梁部件的技术状况评分按下式计算:

$$PCCI_L = \overline{PMCI} - \frac{100 - PMCI_{\min}}{t} \tag{4.5}$$

或

$$BCCI_L = \overline{BMCI} - \frac{100 - BMCI_{\min}}{t} \tag{4.6}$$

或

$$DCCI_L = \overline{DMCI} - \frac{100 - DMCI_{\min}}{t} \tag{4.7}$$

式中 $PCCI_L$——上部结构第 i 类部件的得分,值域为 0~100 分;当上部结构中的主要部件某构件评分值 $PMCI_L$ 在 [0,40] 时,其相应的部件评分值 $PCCI_L = PMCI_L$;

$\overline{PMCI}$——上部结构第 i 类部件各构件的得分平均值,值域为 0~100 分;

$BCCI_L$——下部结构第 i 类部件的得分,值域为 0~100 分;当下部结构中的主要部件某一构件评分值 $BMCI_L$ 在 [0,40] 时,其相应的部件评分值 $BCCI = BMCI_L$;

$\overline{BMCI}$——下部结构第 i 类部件各构件的得分平均值,值域为 0~100 分;

$DCCI_L$——桥面系第 i 类部件的得分,值域为 0~100 分;

$\overline{DMCI}$——桥面系第 i 类部件各构件的得分平均值,值域为 0~100 分;

$PMCI_{\min}$——上部结构第 i 类部件中分值最低的构件得分值;

$BMCI_{\min}$——下部结构第 i 类部件中分值最低的构件得分值;

$DMCI_{min}$——桥面系第i类部件分值最低的构件得分值;

t——随构件的数量而变的系数,如表4.7所示。

表4.7 t值

n(构件数)	t	n(构件数)	t
1	8	20	6.6
2	10	21	6.48
3	9.7	22	6.36
4	9.5	23	6.24
5	9.2	24	6.12
6	8.9	25	6.00
7	8.7	26	5.88
8	8.5	27	5.76
9	8.3	28	5.64
10	8.1	29	5.52
11	7.9	30	5.4
12	7.7	40	4.9
13	7.5	50	4.4
14	7.3	60	4.0
15	7.2	70	3.6
16	7.08	80	3.2
17	6.96	90	2.8
18	6.84	100	2.5
19	6.72	≥200	2.3

注:①n为第i类部件的构件总数。

②表中未列出的t值采用内插法计算。

部件得分计算完成后,应对部件的技术状况进行评定。桥梁主要部件的技术状况可评定为1类至5类(表4.8),桥梁一般部件的技术状况可评定为1类至4类(表4.9)。

表4.8 桥梁主要部件技术状况评定标度

技术状况评定标度	桥梁技术状况描述
1类	全新状态,功能完好
2类	功能良好,材料有局部轻度缺损或污染
3类	材料有中等缺损;或出现轻度功能性病害,但发展缓慢,尚能维持正常使用功能
4类	材料有严重缺损,或出现中等功能性病害,且发展较快;结构变形小于或等于规范值,功能明显降低
5类	材料严重缺损,出现严重的功能性病害,且有继续扩展现象;关键部位的部分材料强度达到极限,变形大于规范值,结构的强度、刚度、稳定性不能达到安全通行的要求

表4.9　桥梁次要部件技术状况评定标度

技术状况评定标度	桥梁技术状况描述
1类	全新状态,功能完好;或功能良好,材料有轻度缺损、污染等
2类	有中等缺损或污染
3类	材料有严重缺损,出现功能降低,进一步恶化将不利于主要部件,影响正常交通
4类	材料有严重缺损,失去应有功能,严重影响正常交通;或原无设置,而调查需要补设

特别注意,《公路桥梁技术状况评定标准》(JTG/T H21—2011)中未要求根据某项得分值来对构件进行等级评定。有需要时,检测人员可参考构件的标度并结合表4.8和表4.9中关于技术状况的描述进行判断,也可参考表4.10根据构件的得分情况进行标度评定。

表4.10　构件指标评定参考表

部件种类	1类	2类	3类	4类	5类
主要部件中的构件	[95,100]	[80,95)	[60,80)	[40,60)	[0,40)
次要部件中的构件	[95,100]	[80,95)	[60,80)	[40,60)	—

注:本表未出现在《公路桥梁技术状况评定标准》(JTG/T H21—2011)中,但为广大检测人员参考。

4. 桥梁上部结构、下部结构、桥面系的技术状况评分

桥梁上部结构、下部结构、桥面系的技术状况评分按式(4.8)至式(4.10)计算,并按表4.8进行技术状况等级评定。

$$SPCI = \sum_{i=1}^{m} PCCI_i \times w_i \qquad (4.8)$$

$$SBCI = \sum_{i=1}^{m} BCCI_i \times w_i \qquad (4.9)$$

$$BDCI = \sum_{i=1}^{m} DCCI_i \times w_i \qquad (4.10)$$

式中　$SPCI$——桥梁上部结构技术状况评分,值域为0~100分;

　　　$SBCI$——桥梁下部结构技术状况评分,值域为0~100分;

　　　$BDCI$——桥面系技术状况评分,值域为0~100分;

　　　m——上部结构(下部结构或桥面系)的部件种类数;

　　　w_i——第i类部件的权重,各主要桥型的部件权重按表4.11至表4.16取值;对于桥梁中未设置的部件,应根据此部件的隶属关系,将其权重值分配给各既有部件,分配原则按照各既有部件权重在全部既有部件权重中所占比例进行分配。

表4.11　梁式桥各部件权重值

部位	类别i	评价部件	权重
上部结构	1	上部承重构件(主梁、挂梁)	0.70
	2	上部一般构件(湿接缝、横隔板等)	0.18
	3	支座	0.12

部位	类别 i	评价部件	权重
下部结构	4	翼墙、耳墙	0.02
	5	锥坡、护坡	0.01
	6	桥墩	0.30
	7	桥台	0.30
	8	墩台基础	0.28
	9	河床	0.07
	10	调治构造物	0.02
桥面系	11	桥面铺装	0.40
	12	伸缩缝装置	0.25
	13	人行道	0.10
	14	栏杆、护栏	0.10
	15	排水系统	0.10
	16	照明、标志	0.05

表 4.12　板拱桥、肋拱桥、箱形拱桥、双曲拱桥各部件权重值

部位	类别 i	评价部件	权重
上部结构	1	主拱圈	0.70
	2	拱上结构	0.20
	3	桥面板	0.10
下部结构	4	翼墙、耳墙	0.02
	5	锥坡、护坡	0.01
	6	桥墩	0.30
	7	桥台	0.30
	8	墩台基础	0.28
	9	河床	0.07
	10	调治构造物	0.02
桥面系	11	桥面铺装	0.40
	12	伸缩缝装置	0.25
	13	人行道	0.10
	14	栏杆、护栏	0.10
	15	排水系统	0.10
	16	照明、标志	0.05

表4.13 刚架拱桥、桁架拱桥各部件权重值

部位	类别 i	评价部件	权重
上部结构	1	刚架拱片（桁架拱片）	0.50
	2	横向联结系	0.25
	3	桥面板	0.25
下部结构	4	翼墙、耳墙	0.02
	5	锥坡、护坡	0.01
	6	桥墩	0.30
	7	桥台	0.30
	8	墩台基础	0.28
	9	河床	0.07
	10	调治构造物	0.02
桥面系	11	桥面铺装	0.40
	12	伸缩缝装置	0.25
	13	人行道	0.10
	14	栏杆、护栏	0.10
	15	排水系统	0.10
	16	照明、标志	0.05

表4.14 钢-混凝土组合拱桥各部件权重值

部位	类别 i	评价部件	权重
上部结构	1	拱肋	0.28
	2	横向联结系	0.05
	3	立柱	0.13
	4	吊杆	0.13
	5	系杆（含锚具）	0.28
	6	桥面板（梁）	0.08
	7	支座	0.05
下部结构	8	翼墙、耳墙	0.02
	9	锥坡、护坡	0.01
	10	桥墩	0.30
	11	桥台	0.30
	12	墩台基础	0.28
	13	河床	0.07
	14	调治构造物	0.02

部位	类别 i	评价部件	权重
桥面系	15	桥面铺装	0.40
	16	伸缩缝装置	0.25
	17	人行道	0.10
	18	栏杆、护栏	0.10
	19	排水系统	0.10
	20	照明、标志	0.05

表 4.15　悬索桥各部件权重值

部位	类别 i	评价部件	权重
上部结构	1	加劲梁	0.15
	2	索塔	0.20
	3	支座	0.05
	4	主鞍	0.04
	5	主缆	0.25
	6	索夹	0.04
	7	吊索及钢护筒	0.17
	8	锚杆	0.10
下部结构	9	锚碇	0.40
	10	索塔基础	0.30
	11	散索鞍	0.15
	12	河床	0.10
	13	调治构造物	0.05
桥面系	14	桥面铺装	0.40
	15	伸缩缝装置	0.25
	16	人行道	0.10
	17	栏杆、护栏	0.10
	18	排水系统	0.10
	19	照明、标志	0.05

表4.16 斜拉桥各部件权重值

部位	类别 i	评价部件	权重
上部结构	1	斜拉索系统(斜拉索、锚具、拉索护套、减震装置等)	0.40
	2	主梁	0.25
	3	索塔	0.25
	4	支座	0.10
下部结构	5	翼墙、耳墙	0.02
	6	锥坡、护坡	0.01
	7	桥墩	0.30
	8	桥台	0.30
	9	墩台基础	0.28
	10	河床	0.07
	11	调治构造物	0.02
桥面系	12	桥面铺装	0.40
	13	伸缩缝装置	0.25
	14	人行道	0.10
	15	栏杆、护栏	0.10
	16	排水系统	0.10
	17	照明、标志	0.05

5.桥梁总体技术状况评定

桥梁总体的技术状况评分 D_r 由上部结构、下部结构、桥面系的评定结果按表4.17进行加权得出,详见式(4.11),并按表4.18进行技术状况等级评定。

$$D_r = BDCI \times 0.2 + SPCI \times 0.4 + SBCI \times 0.4 \qquad (4.11)$$

式中 D_r——桥梁总体的技术状况评分。

表4.17 桥梁权重组成权重值

桥梁部位	权重	桥梁部位	权重
上部结构($SPCI$)	0.40	桥面系($BDCI$)	0.20
下部结构($SBCI$)	0.40	—	—

表4.18 桥梁指标评定参考表

技术状况评分	技术状况等级 D_j				
	1 类	2 类	3 类	4 类	5 类
D_r 或($SPCI$、$SBCI$、$BDCI$)	[95,100]	[80,95)	[60,80)	[40,60)	[0,40)

当上部结构和下部结构技术状况等级为 3 类、桥面系技术状况等级为 4 类,且桥梁总体技术状况评分为 $40 \leqslant D_r < 60$ 时,桥梁总体技术状况等级可评定为 3 类。对于全桥总体技术状况等级评定,当主要部件评分达到 4 类或 5 类且影响桥梁安全时,可按照桥梁主要部件最差的缺损状况评定。

3.2　根据单项控制指标进行评定

在桥梁技术状况评定中,有下列情况之一时,整座桥应评为 5 类桥:

①上部结构有落梁,或有梁、板断裂现象;

②梁式桥上部承重构件控制截面出现全截面开裂或组合结构上部承重构件结合面开裂贯通,造成截面组合作用严重降低;

③梁式桥上部承重构件有严重的异常位移,存在失稳现象;

④结构出现明显的永久变形,变形大于规范值;

⑤关键部位混凝土出现压碎或杆件失稳倾向,或桥面板出现严重塌陷;

⑥拱式桥拱脚严重错台、位移,造成拱顶挠度大于限值,或拱圈严重变形;

⑦圬工拱桥拱圈大范围砌体断裂、脱落现象严重;

⑧腹拱、侧墙、立墙或立柱产生破坏造成桥面板严重塌落;

⑨系杆或吊杆出现严重锈蚀或断裂现象;

⑩悬索桥主缆或多根吊索出现严重锈蚀、断丝;

⑪斜拉桥拉索钢丝出现严重锈蚀、断丝,主梁出现严重变形;

⑫扩大基础冲刷深度大于设计值,冲空面积达 20% 以上;

⑬桥墩(桥台或基础)不稳定,出现严重滑动、下沉、位移、倾斜等现象;

⑭悬索桥、斜拉桥索塔基础出现严重沉降或位移,或悬索桥锚碇有水平位移或沉降。

【例 4.2】某农村小跨径钢筋混凝土桥梁,上部结构为矩形梁加预制桥面板。检测发现,中跨及边跨主梁(矩形梁)有多条竖向裂缝,东侧边跨最大裂缝宽度为 0.8 mm,西侧边跨最大裂缝宽度为 0.35 mm,中跨最大裂缝宽度大于 3 mm,裂缝长度均大于 2/3 梁高。裂缝形态下宽上窄,为结构受力裂缝。主梁梁体有明显下挠。请判断该桥梁的技术状况等级。

【解】按 5 类桥梁技术状况单项控制指标第②条,该桥梁总体技术状况直接评定为 5 类桥。

项目实训

1. 日常巡查现场记录表格设计

请设计一种日常巡查现场记录表格,具体要求如下:

①涵盖要求检测的所有项目;

②现场记录人员可方便地进行构件和病害的填写;

③内业人员可清晰地看出桥梁的各个病害状况;

④有相应构件病害及照片的记录位置;

⑤自选一座桥梁,对其进行一次日常巡查,并记录在上述设计的表格中。

2. 桥梁定期检查原始记录表

某桥梁定期检查原始记录如表 4.19 所示,请对该桥梁进行技术状况评定。

（1）桥梁概况

①上部结构：单跨装配式预应力简支梁桥，横桥向有 5 片 T 梁，跨中处 1 道横隔板；每片 T 梁用 2 块板式橡胶支座支承。

②下部结构：0#台与 1#台均为重力式桥台，其中 1#桥台两侧存在锥坡，桥下为一小河。

③桥面系：行车道布置为双向 2 车道，无人行道；两侧为刚性钢筋混凝土防撞护栏，桥面为沥青铺装。

（2）现场检查病害

现场检查病害如表 4.19 所示（注：未列入构件视为未发现明显病害）。

表 4.19　某桥梁定期检查原始记录

序号	构件	位置	病害类型	病害程度	备注
上部结构					
1	1#梁	右侧	蜂窝麻面	20 cm×30 cm	—
2	2#梁	—	—	—	未见明显病害
3	3#梁	梁底、跨中区域	横向裂缝	长度为 72 cm，宽度为 0.08 mm	裂缝由马蹄底面对称向腹板延伸，裂缝高度为 25 cm
4	4#梁	—	—	—	未见明显病害
5	5#梁	—	—	—	未见明显病害
6	3#梁与 4#梁间湿接缝	距离 1#桥台 5.0 m 处	破损	40 cm×30 cm	—
7	4#梁与 5#梁间湿接缝	距离 0#桥台 3.0 m 处	其他	—	模板未拆除
8	0#桥台 1#支座	—	剪切变形	15°	—
9	1#桥台 3#支座	—	局部脱空	3 mm	—
下部结构					
10	0#桥台前墙	距左侧边缘 4.2 m 处	裂缝	长度为 3.5 m，宽度为 0.10 mm	裂缝从底部向上延伸
11	0#桥台前墙	其他			前墙附近堆积大量柴草
12	河道	—	—	—	未见明显病害
桥面系					
13	0#伸缩缝	距右侧 3 m 范围	堵塞	少量泥沙轻微堵塞	—
14	铺装层	距 1#伸缩缝 10.0 m，距右侧护栏 2.0 m 处	坑洞	长度为 45 cm，宽度为 25 cm，深度为 5 cm	坑洞内有积水

项目 5　桥梁荷载试验及承载能力评定

【项目概述】本项目主要介绍荷载试验使用的主要仪器设备,包括变位测试设备、应变(应力)测试设备和振动测试设备,讲解了桥梁静载试验的现场实施过程及静载试验计算、静载试验的数据处理、桥梁动载试验方法,以及基于荷载试验的桥梁结构承载能力评定。

【教学目标】会使用常用的荷载试验设备,掌握荷载试验工序,掌握简单桥梁的静载试验计算,掌握静载试验数据处理,了解桥梁动载试验方法。

【学习重点】熟练掌握荷载试验的工序,会进行简单桥梁的荷载试验计算及试验数据处理。

桥梁荷载试验是一种验证性试验,目的是检验桥梁结构工作状态或实际承载能力,可分为静载试验、动载试验两大类。试验的目的、任务和内容通常由实际工程需要确定。

一般桥梁荷载试验的任务如下:

(1)检验桥梁设计与施工质量

对于一些新建的大中型桥梁或者具有特殊设计的桥梁,为保证桥梁建设质量,交竣工时一般要求进行实桥荷载试验,并把试验结果作为评定桥梁工程质量的主要技术资料和依据。另一方面,对桥梁工程师来说,新建桥梁荷载试验的作用很大,可以帮助他们理解活荷载作用下桥梁的正常使用和极限状态行为,验证原来的分析,得到的有关荷载分布、应力水平和变形的假设。

(2)评定桥梁结构的实际承载能力

国内早年建成的桥梁设计荷载等级低于现在的标准,难以满足交通发展的需要。为对这类桥梁进行加固、改建或在其加固、改建后,有必要通过试验检测确定桥梁的实际承载能力。有时因为特殊原因(如超重型车过桥或结构遭意外损伤等),也要用试验检测方法确定桥梁的承载能力。

(3)验证桥梁结构设计理论和设计方法

桥梁工程中,新结构、新材料和新工艺创新不断,理论的受力情况与实际情况可能存在偏差。对某种新方法、新材料的应用实践,往往都需要荷载试验数据。

任务 1　荷载试验仪器设备

桥梁荷载试验的目的是通过加载试验,记录桥梁在荷载作用下的结构反应,为桥梁结构技术状况及承载能力评定和日后养护、维修和加固的决策提供科学依据和支持。为得到这些参数,需要使用各种专业仪器设备。桥梁检测工程师必须了解、熟悉或掌握桥梁荷载试验中一些常用测试仪器的基本性能、如何选用和正确使用。测试仪器可分为电测仪器和机械仪器两大类。现在桥梁荷载试验中使用的仪器设备绝大部分都是电测仪器,或是机械仪器与电测仪器的融合产品。常用桥梁荷载试验仪器如表5.1所示。

表5.1　常用桥梁荷载试验仪器

序号	静载试验		序号	动载试验	
	测试参数	仪器设备		测试参数	仪器设备
1	静态应变	静态应变仪及配套设施(应变片等)	1	动态应变	动态应变仪及配套设施(应变片等)
2	静态位移	千分表、百分表、挠度计、水准仪、全站仪	2	动态位移	测量机器人等
3	裂缝	裂缝尺	3	振动参数	测振传感器、放大器、动态信号采集分析系统

1.1　变位测试仪器

1)位移测量仪表

桥梁测试中,最常用的位移测量仪表是千分表、百分表和挠度计。这类机械式仪表一般可以方便地直接测读结构的位移。另外,这类不同精度和量程的仪表配以其他机械装置可组成各种测量其他参数的仪器(如测量应变的千分表、引伸仪等)。表5.2列出了一些常用机械式位移量测仪表的主要性能指标。

表5.2　常用机械式位移量测仪表的主要性能指标

名称	精度	量程
千分表	0.001 mm	1 ~ 30 mm
百分表	0.01 mm	10 ~ 50 mm
挠度计	0.1 mm	不限

图5.1所示分别为典型机械式百分表和电子位移测量仪表。这些仪表的使用都需要相对(结构)不动的支架,所以,它们适合用在桥梁净空不高、方便搭设支架或布设不动点的地方或测量支座位移。此外,还有一种适用于中小桥挠度测量的绕丝式挠度计,使用时可将参考系可以设在地面(或河床)的相对固定物上,通过细钢丝与结构物联系,细钢丝随着结构物位移的变化而变化并带动表盘指针运动。

2)连通管

连通管是一种可以用来测量桥梁结构挠度的简单装置。利用物理学上"连通器中处于水平面上的静止液体的压强相同"的原理,在需要检测的点位安放液位测量连通器。该方法原理简单,可实现自动化测量,测量过程基本不受大气环境风速和测量环境的影响,可用于大型桥梁挠度的测量。但其安装布设繁琐,由于受到连通管内液体响应频率的限制,只能用于低频或超低频桥梁静挠度的检测,实际中无法进行桥梁动态高精度挠度的检测。另外,该方法也不太适用于跨径大、纵坡较大的桥梁,因为需要提供的水平面高差太大,不易安装布设。目前,测量结构挠度有精度更高、使用更方便的仪器,该方法较少采用。

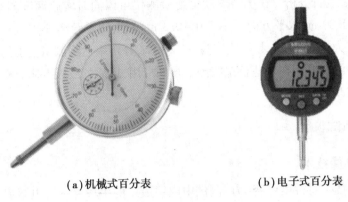

(a)机械式百分表　　　　　　　　(b)电子式百分表

图5.1　位移测量仪表

3)全站仪

全站仪是集电子经纬仪、光电测距仪和数据记录装置于一体的测量仪器。所谓"全站仪"是指在测站上能一站观测到被测对象的斜距、竖角、水平角。测量桥梁变形,特别是静力荷载作用下的变形,要求用测距精度达到毫米级的高精度全站仪。选用全站仪前,应全面了解所选用全站仪的能力及适用性,确定其实际能力是否能满足待测桥梁变形5%的相对精度要求。有些中小桥绝对位移几毫米,即使选用高精度全站仪,测量精度还是有问题。全站仪使用时一般都需要在目标点安装棱镜,但也有免棱镜全站仪。免棱镜全站仪比较适合测量(悬索桥主缆、钢管混凝土拱肋坐标等)无法安装棱镜的场合。高精度全站仪被应用在一些大桥成桥状态坐标或变形测量方面,桥梁跨径越大(变形绝对值越大),其优势越明显(相对精度越高)。一些智能型全站仪的预学习、360°旋转自寻目标、自动测读记录数据等功能,对保证大桥挠度测量数据质量和提高现场测量效率、减轻作业强度等方面都非常有用。

4)水准仪

精密水准仪与一般水准仪比较,其特点是能够精密地整平视线和精确地读数。数字电子水准仪是结合计算机电子与精密水准仪光学技术的新型精密水准仪。现在普遍采用的电子水准仪的分辨力为0.01 mm,测量精度为0.3 mm,测距为150 m。这类电子水准只要求有一根能与其配套使用的铟钢条形编码尺。电子水准仪中的行阵传感器,识别标尺上的条形编码后,经处理器转变为相应的数字,再通过信号转换和数据化,在显示屏上直接显示中丝读数和视距。电子水准仪的主要优点是:操作简捷,自动观测和记录,既能即时数字显示测量结果,又可以将观测结果输入计算机进行后处理。在快速测量高程、高差和一等、二等水准的精密水准测量领域,其外业使用便捷、高效和内业处理计算机化的特点,使测量效率大大提高。桥梁荷载试验中,一些中小跨径(桥跨下不宜安装仪表支架)桥梁的挠度测量,可以采用数字电子水准仪。

5)动挠度检测仪

桥梁动挠度的检测是实桥测试技术的一个难点,前述高级的光学仪器都因为采样频率跟不上而无法测读结构动挠度。目前,市售的桥梁动挠度检测仪的工作原理是:在桥梁的测试点上安装一个测点目标靶,在靶上制作一个光学标志点,通过光学系统将标志点成像在 CCD 接收面上,当桥梁在动荷载作用下产生振动时,测试靶也跟着发生振动,通过测出靶上标志点在 CCD 接收面上图像位置的变化值,可以得到桥梁振动的位移值。其软件可对桥梁动态挠度最大值、最小值、挠度曲线等进行分析。这类桥梁动挠度检测仪可以同时实施两维测量。测量范围:垂直方向不小于 $0 \sim 0.80$ m,水平方向不小于 $0 \sim 0.3$ m(最大测量距离处),且具有自动旋转跟踪等功能。检测距离为 $5 \sim 500$ m,频率响应为 $0 \sim 20$ Hz,分辨率达到测量范围的3‰。

桥梁动挠度检测仪已经在一些桥梁实测上得到应用,以后的发展要求它在硬件和使用稳定性方面有进一步的改进。

1.2 应变测试仪器

1.电阻应变测量技术

电阻应变测量技术是桥梁应变(力)测试中应用最广的手段之一。电阻应变测量技术是用电阻应变计测定构件的应变,再根据应力、应变的关系,确定构件应力状态的一种试验应力分析方法。电阻应变测量使用电阻应变计及其测量仪器的工作原理是:将电阻应变计粘贴在被测构件上,当构件变形时,应变计与构件一起变形,应变计的电阻值随之发生相应的变化;通过电阻应变测量装置,可将这种变化测量出来,换算成应变值或输出与应变成正比的模拟电信号,用记录仪器记录或直接用计算机采集处理,得到所需要的应变值。

1)电阻应变计

电阻应变计是电阻应变测量技术中最重要的基本元件。电阻应变计一般由敏感金属栅、基底及引出线 3 部分组成。图 5.2 所示为目前通用的箔式应变计,其敏感元件是通过光刻技术、腐蚀工艺制成的一种很薄的金属箔栅。将单轴电阻应变计按不同角度(如 45°、60°、120°等,桥梁多用45°)组合成应变花,测试构件的平面应力或平面应变(图 5.3)。实桥上也可直接将三片大标距普通应变计组合起来使用。

图5.2 箔式应变计

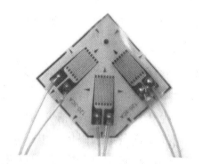

图5.3 应变花

电阻应变计尺寸小、质量轻、粘贴方便,测量灵敏度高,配备合适的测量仪器后最小应变读数可达 1 $\mu\varepsilon$,测量应变量程一般可达到±(20 000 ~ 30 000)$\mu\varepsilon$。由于测量结果是电信号,便于实现长距离测量和采集记录自动化。

2)电阻应变计的选用

电阻应变计品种和规格很多,选用时必须从满足测试要求原则出发,结合被测构件的环境条件、材料的匀质程度、测点部位的应变大小和方向等多方面因素综合考虑。实桥测试需要选择应变计的标距。当结构材料为匀质(如钢材)或局部应力集中梯度比较大时,宜选用小标距应变计;当结构材料为非匀质(如混凝土)或应变梯度小又均匀时,可选用大标距应变计[混凝土标距 $L \geq (4 \sim 5)$ 倍最大集料直径]。

测量钢构件(或混凝土内钢筋)应变,一般选用 $(B \times L) = 2 \text{ mm} \times 3 \text{ mm}$ 或 $(B \times L) = 2 \text{ mm} \times 6 \text{ mm}$ 的应变计;测量混凝土结构表面应变,一般选用 $(B \times L) = 10 \text{ mm} \times (80 \sim 100) \text{ mm}$ 的应变计。测试桥梁构件平面应力可选用 45°应变花。

3)电阻应变计安装

电阻应变计安装的主要工作包括打磨混凝土或钢筋表面、粘贴电阻应变计、焊接电阻应变计与屏蔽线。以上工作将直接影响整体测试质量,应引起足够的重视。

4)惠斯顿电桥

应变测量仪器种类繁多,但其原理基本相同,工作过程也大同小异。由于因机械应变引起的电阻应变计阻值的变化通常很小,产生的电信号十分微弱,而且应变值还有拉、压和动、静之分,所以,必须有专门测量应变的仪器进行测量分辨。这种专门的应变测量仪器系统如图 5.4 所示。无论采用何种仪器设备,都要通过惠斯顿电桥转换得到电信号。

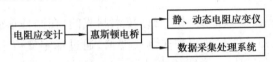

图 5.4　应变测量仪器系统

惠斯顿电桥是一种常用的电阻-电压转换装置,能把应变计电阻的微小变化转换为适合放大和处理的电压。图 5.5 所示为标准惠斯顿电桥,R_1、R_2、R_3、R_4 分别为电阻器或应变计,U_1 为输入电压、U_2 为输出电压。可证明:

$$U_2 = 0.25k(\varepsilon_1 - \varepsilon_2 + \varepsilon_3 - \varepsilon_4)U_{in}$$

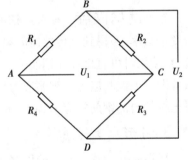

图 5.5　惠斯顿电桥图

电桥桥路的不同连接和组合,在实际测试技术上有很好的应用。可以利用电桥的桥臂特性,将不同数量的应变计接入电桥构成半桥或全桥等。实践中,半桥多用于静态应变测试,全桥则用于动态应变测试和应变传感器桥路组合。此外,半桥和全桥接法均可有效实现温度补偿。惠斯顿电桥在桥梁检测技术上的应用可参考相关资料,此处不赘述。

5)静态应变数据采集器

静态应变数据采集器是一种基于单板计算机技术的专用数据采集器。这类采集器测量静态应变时,一台主机可以控制几百、上千个测点的测量和计算。它的特点是扫描箱触点质量好、测点多、速度快,对应变数据进行采集和简单处理都很方便。除测量应变外,它们还可以测量和处理其他物理量,如应力、温度、压力、荷载、角度、电压、功率等,但这种采集器不能测量动态信号。

6）静、动态数据采集处理系统

静、动态数据采集处理系统是基于计算机虚拟仪器技术，既能进行数据采集，又能实时处理数据的测试仪器系统。

静态数据采集处理系统由多点扫描箱用 USB 接口接入计算机，用计算机程序进行如桥路平衡、灵敏度修正等系列操作，并完成静态应变采集和分析。一台笔记本可以控制数百个测点的测量和计算。目前，市售静态数据采集处理系统都可连接多个接口扫描箱。多通道动态应变测试分析系统其实也是由一台笔记本连接多台多通道数据采集箱组成。其与静态数据采集的差别是通道之间的 A/D 转换要求，以及采样频率等都不一样。目前，市售动态数据采集处理系统一般量程达到 30 000 uε，A/D 转换分辨率为 16 bit，采样频率大于 100 kHz，可同时测量多个通道数据。

静、动态数据采集处理系统给实桥应变测试带来了较大的方便，但有的系统（特别是动态系统）在现场测量中经常会出现各种抗干扰性差（如应变漂移、信噪比降低等）问题，应引起重视。

2. 基于应变测量技术的传感器

1）力（或荷重）电测传感器

力（或荷重）电测传感器多数都是用应变计技术制成的，在圆柱形弹性元件上粘贴应变计（加以特殊固化处理），已知元件截面积和实测应变值，通过标定就可求出拉、压力和荷载。荷载试验加载车称重有时要用到这类电测传感器。

2）钢筋应力计

钢筋应力计是在一根普通钢筋上粘贴 4 片应变计，接成全桥。在试验机上对输入力和输出应变进行率定，得到该传感器的灵敏系数。钢筋应力计一般作为测试钢筋混凝土构件中的钢筋应力，使用时可直接焊在钢筋网上，钢筋应力计随构件一起受拉（压）时，其输出应变除以灵敏系数即可得被测应力。钢筋应力计在实际工程上应用比较广泛，其优点是可以直接测到钢筋混凝土构件内部钢筋的应力，使用成本较低。该设备是一次性用品，埋入混凝土后不可重复使用。

3）弓形应变传感器

弓形应变传感器设计的思路并不复杂，在一片弹性特别好的弓形钢质元件上粘贴 4 片应变计（弓形上、下方各一纵一横），接成全桥（图 5.6）。在试验机（或标准梁）对输入力和输出应变进行率定，得到该传感器的灵敏系数。该应变传感器在受拉轴线上有一个固定标距（8 m 或 10 m），使用时将传感器固定在被测构件上。当应变计随构件一起变形，其输出应变除以灵敏系数即可得应力。弓形应变传感器的优点是灵敏度比较高，可以避免现场贴片，传感器能被重复使用，但它对传感器元件材质本身的弹性性能和制作加工工艺要求比较高。

3. 振弦式应力计

振弦式应力计是一种与前述应变测试技术原理完全不同的应力传感器（图 5.7）。振弦式应力计的主要元件是一根长度、面积和质量都确定的张紧的钢丝（即振弦），在一定的预拉力下，该振弦有一个基本频率。当传感器受拉（压）力，其钢丝的拉力产生变化时，钢弦的自振频率会发生相应的变化。电脉冲信号通过传感器内的激振线圈产生电磁力，激发钢弦做正弦机械振动。该振动使钢弦一侧的拾振线圈感应出同频的正弦电信号，通过导线传输到钢弦频率测定仪,显示出振动频率值。按照预先标定的力-频率关系曲线,即可得出作用在应力计上的拉(压)力。

图5.6 弓形应变传感器

图5.7 振弦式应力计

单个振弦式传感器可用便携式读数仪测读多个振弦式应力计,可与计算机直接连接使用。振弦式应力计在桥梁荷载试验中的使用类似引伸仪,适于测点不多或不具备贴应变计条件的情况。从原理可以看出,振弦式应力计有一个初始固有频率,当它被安装在结构内部不受力时有一个对应其固有频率的初读数,这个初读数不需要电源维持,所以是一种无源传感器;使用过程中,随时读取应力变化。振弦式应力计具有初始值(记忆)特性,被称为智能传感器,并已被广泛使用在桥梁结构应力监测中。

1.3 桥梁振动试验仪器设备

桥梁振动试验用仪器设备,既有其他工程振动测量的一般性,又有自己独特的一些要求。例如,实桥振动经常遇到超低频、低加速度的情况,要求适用于测量低频、微振的仪器。一套完整的测振仪器系统应包括测振传感器、放大器、记录和分析设备4大部分。以下介绍几种桥梁结构测振中实用的测振传感器,并提出选用的原则和方法。

1. 桥梁测振术专业术语

①被测桥梁的固有(自振)频率:自振频率是指弹性体或弹性系统自身固有的振动频率,又称为固有频率。它是弹性体或弹性系统的固有属性,其数值与初始条件和所受外力的大小无关。选用传感器必须先了解被测桥梁的1阶或n阶自振频率。

②测振传感器频率:测振传感器的固有(自振)频率。位移计自振频率相对较低,加速度计自振频率相对较高。

③测振传感器幅频响应:传感器幅值呈线性响应的频率范围,用曲线表示,纵坐标为传感器灵敏度,横坐标为频率。传感器幅频响应是测振仪器最重要的使用特性。

④位移计:能反应被测物振动幅值变化的测振传感器,其相对位移的振幅近似等于被测振动体的振幅。位移计测量振动信号时,被测物的振动频率必须大于位移计的自振频率。

⑤加速度计:能反应被测物体加速度变化的测振传感器,其相对位移的振幅与被测振动体的加速度成正比。加速度计的可测量频率上限一般不能超过其自振频率的40%。

2. 常用测振传感器

桥梁测振试验中,常用测振传感器有3种:磁电式测振传感器、压电式测振传感器、伺服式测振传感器。

1)磁电式测振传感器

磁电式测振传感器是一种位移传感器[图 5.8(a)]。测量时,将传感器与被测物体进行刚性连接,传感器与被测物体一起振动。传感器振动时,带动内部的摆体运动,摆体处在磁场中。摆体运动时,绕在摆体上的线圈(称为动圈)切割磁力线产生感应电动势,通过合理控制可以使该电动势与被测振动形成确定的函数关系,这样就能检测出桥梁振动。

2)压电式测振传感器

压电式测振传感器是一种加速度计[图 5.8(b)]。它的原理是利用某些晶体(如石英)的压电效应,将机械能转换成电能。当被测物的频率远低于测振传感器的固有频率时,惯性质量块相对于基座的振幅,近似地与被测物的振动加速度峰值成正比。此时,压电材料受到压力作用,使加速度计产生与被测物加速度成正比的电荷。压电加速度计的突出优点是构造简单,频响范围宽;缺点是因阻抗太高、噪声偏大使其超低频特性不好。

用于实桥的是改进型的大质量压电式加速度计。该类传感器质量比普通压电式加速度计大(一般为 400 ~ 500 g)。在传感器内部设置阻抗变换电路,将压电产生的电荷值,首先转换成电压。这种转换降低了传感器电荷输出放大过程的噪声,提高了加速度计的信噪比。由于传感器质量加大,其压电效应增加提高了传感器灵敏度并降低了功率响应下限。压电式加速度计以其较好的超低温特性和高灵敏度以及现场使用的便捷性等优点成为大跨径桥梁振动测试传感器的首选。

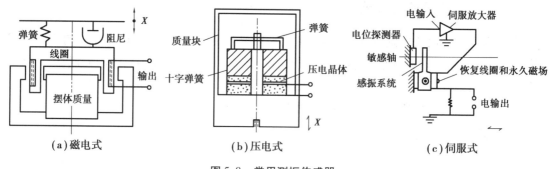

图 5.8 常用测振传感器

3)伺服式测振传感器

伺服式测振传感器是一种高灵敏度的加速度计[图 5.8(c)]。它的基本原理是一个受感振质量激励的机电反馈系统。当加速度计受到沿灵敏轴方向输入的加速度时,感振质量就有运动趋势,定位探测器把它转换成电信号,由此引起伺服放大器的输出电流变化,由电流反馈到位于永久磁场中的恢复线圈,使线圈产生与感振质量承受的初始惯性力大小相等、方向相反的恢复力,故伺服式测振传感器又称为力平衡式加速度计。伺服式测振传感器的优点是超低频响应性能好,测量范围几乎从零开始,比压电式加速度计更好,特别适用于长周期、低加速度的特大跨径桥梁的振动测试。

表 5.3 所示为 3 种传感器的技术数据。

实践中,测振传感器的选用需结合桥梁结构的特殊性:

①磁电式测振传感器性能稳定、灵敏度高、使用方便可靠,对一般自振频率在 1 Hz 以上的桥梁结构都适用。类似测振传感器的不足是可测频率有下限。现在有些改进型的产品频率下

限有所拓展,但要注意它的实际频响曲线。

表 5.3   桥梁常用测振传感器技术数据

性能	类型		
	磁电式	伺服式	压电式(大质量)
频响范围	0.5 ~ 100 Hz	0 ~ 100 Hz	0.03 ~ 250 Hz
量程	≤20 mm	±1 g	±0.3 g
灵敏度	23 V/(cm/s)	5 V/g	8 mV/g(可放大 1 000 倍)
抗干扰性	好	好	好
后续仪器	电压放大器	专用放大器	直流放大器
自重	1 000 g	250 g	400 ~ 500 g

②加速度计是振动测试中用得最多的测振传感器。从原理上讲,利用它零响应、响应频带宽的优势可满足各种振动测试对象的要求。对于大跨径桥梁的超低频($f<0.5$ Hz)振动,可选用伺服式或大质量压电式加速度计。在桥梁振动测试仪器中,测振传感器最关键,其性能好坏以及选用恰当与否是整个振动测试的成败之所在,一定要引起重视。

任务 2   荷载试验准备

桥梁荷载试验一般包括准备阶段、荷载试验阶段和试验数据整理阶段。各环节步骤如图 5.9 所示。

2.1   试验方案

一个完整的桥梁荷载试验方案应包括以下内容:

①试验对象工程概况。主要介绍试验对象的结构、与设计和施工有关的技术资料、试验任务的性质等基本情况。

②试验目的和要求。试验目的是桥梁荷载试验的纲领,如新建桥梁的交竣工验收、旧桥承载力评估或改建加固等的试验目的和要求既有相似之处,又各有侧重。所以,试验目的一定要非常明确,有明确的目的才能提具体要求,才能有具体内容。

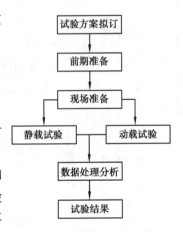

图 5.9   荷载试验流程图

③试验内容。试验内容应详细列出试验检测内容。实桥静力荷载试验一般应包括被测试结构变形、应力(应变)、裂缝等参数。

④试验方法。上述①—③一般以叙述为主,但"试验方法"内容要定得很详细,包括荷载的考虑、测点布置、仪器选用以及具体的测试步骤等,并列出试验程序(工况)表。

1.资料收集

荷载试验前,应尽可能收集与桥梁相关的资料。桥梁荷载试验时,要向有关部门收集与试验有关的设计资料,仔细阅读与试验有关的文献资料,以便对试验对象有详细的了解,并对试验进行必要的分析计算。荷载试验需要收集的资料一般包括以下内容:

①结构的设计资料,如设计图纸、相关计算等,必要时还需要设计的原始资料。

②结构的施工资料,如竣工图纸、材性试验报告、有关施工记录、隐蔽工程报告和重要质量差错报告等。

③对于有些桥梁,须收集试验前结构尺寸变化的数据资料,如拱轴线的变形、墩台和拱顶的沉降观察资料等。现场资料收集书面资料的同时,应该对桥梁试验现场进行踏勘,收集有关资料:

a. 找负责设计、施工、监理或养护部门的工程师,了解与试验对象有关的设计、施工、监理和养护等问题;

b. 对实桥进行踏勘,了解结构物的现状、周围的环境条件和试验条件。

通过分析收集到的相关资料,充分了解试验对象以及试验现场的情况后,根据试验目的和客观条件着手拟订试验方案。

2. 试验截面及测试内容

静载试验的测试内容应反映桥梁结构内力、应力、位移及裂缝最不利控制截面的力学特征。对于常规桥型,自重作用或车道荷载作用下的内力分布规律已基本被工程界认知。《公路桥梁荷载试验规程》(JTG/T J21-01—2015)对部分桥梁的试验截面及测试内容做出推荐性要求,如表 5.4 所示。

表 5.4　常见桥梁的试验截面及测试内容

简支梁桥	主要内容	①跨中截面挠度和应力(应变); ②支点沉降; ③混凝土梁体裂缝
	附加内容	①$L/4$ 截面挠度; ②支点斜截面应力(应变)
连续梁桥	主要内容	①主跨支点斜截面应力(应变); ②主跨最大正弯矩截面应力(应变)及挠度; ③边跨最大正弯矩截面应力(应变)及挠度; ④支点沉降; ⑤混凝土梁体裂缝
	附加内容	主跨(中)支点附近斜截面应力(应变)
悬臂梁桥	主要内容	①墩顶支点截面应力(应变); ②锚固孔最大正弯矩截面应力(应变)及挠度; ③墩顶沉降; ④混凝土梁体裂缝
	附加内容	①墩顶附近斜截面应力(应变); ②挂孔跨中截面应力(应变)及挠度; ③挂孔支点附近斜截面应力(应变); ④悬臂跨最大挠度; ⑤牛腿部分局部应力(应变)

三铰拱桥	主要内容	①L/4 截面挠度和应力（应变）； ②拱顶两侧 1/2 梁高处斜截面应力（应变）； ③墩台顶的水平变形； ④混凝土梁体裂缝
	附加内容	①L/4 截面挠度和应力（应变）； ②拱上建筑控制截面的变形和应力（应变）
两铰拱桥	主要内容	①拱顶截面应力（应变）和挠度； ②L/4 截面挠度和应力（应变）； ③墩台顶水平变形； ④混凝土梁体裂缝
	附加内容	①L/4 截面挠度和应力（应变）； ②拱上建筑控制截面的变形和应力（应变）
无铰拱桥	主要内容	①拱顶截面应力（应变）和挠度； ②拱脚截面应力（应变）； ③混凝土梁体裂缝
	附加内容	①L/4 截面挠度和应力（应变）； ②墩台顶水平变形； ③拱上建筑控制截面的变形和应力（应变）
门式刚架桥	主要内容	①主梁最大正弯矩截面应力（应变）及挠度； ②锚固端最大或最小弯矩截面应力（应变）； ③支点沉降； ④混凝土梁体裂缝
	附加内容	锚固端附近斜截面应力（应变）
斜腿刚架桥	主要内容	①中跨主梁最大正弯矩截面应力（应变）及挠度； ②主梁最大负弯矩截面应力（应变）； ③支点沉降； ④混凝土梁体裂缝
	附加内容	①边跨主梁最大正弯矩截面应力（应变）及挠度； ②斜腿顶附近主梁或斜腿斜截面应力（应变）； ③斜腿脚最大或最小弯矩截面应力（应变）
T 形刚构桥	主要内容	①墩顶支点截面应力（应变）； ②挂孔跨中截面应力（应变）； ③T 构悬臂端的挠度； ④T 构墩身控制截面的应力（应变）； ⑤混凝土梁体裂缝
	附加内容	①墩顶支点斜截面应力（应变）； ②挂梁支点截面附近或悬臂端附近斜截面应力（应变）

续表

连续刚构桥	主要内容	①主跨墩顶截面主梁应力(应变); ②主跨最大正弯矩截面应力(应变)及挠度; ③边跨最大正弯矩截面应力(应变)及挠度; ④混凝土梁体裂缝
	附加内容	①墩顶支点截面附近斜截面应力(应变); ②墩身控制截面应力(应变); ③墩顶纵桥向水平变形

3. 测点和测站布置

根据试验的目的和要求,应用桥梁工程专业知识,考虑各种桥梁体系的受力特点,同时结合测试技术的可行性,确定被测桥梁的控制断面和测点布置。各种桥梁体系的主要部位是一般静载试验必须观测的部位。方案上应画出结构简图,注明测点测站的位置、测点总数和测站数等。

1)应变测点的布置原则

应变测点的布置应遵循以下原则:

①应变测点应根据测试截面及测试内容布置,且能反映桥梁结构的受力特征。

②单向应变测点布置应体现左右对称、上下兼顾、重点突出的原则,且能充分反映截面高度方向的应变分布特征。单点应变花测点的布置不宜少于 2 组。测点布置完毕,应准确测量其位置。

常见截面的单向应变测点布置如表 5.5、表 5.6 所示。

表 5.5　钢筋混凝土梁式桥截面应变测点布置

主要截面类型	应变测点布置示意图	备注
整体式实心板		①板底面测点不宜少于 5 个,对称布置; ②侧面测点不宜少于 2 个
整体式空心板		①板底面测点不宜少于 5 个,对称布置; ②侧面测点不宜少于 2 个; ③腹板对应位置宜布置测点
装配式空心板		①每片板底面测点不宜少于 2 个; ②侧面测点不宜少于 2 个

续表

主要截面类型	应变测点布置示意图	备注
钢筋混凝土 T 梁或预应力混凝土 T 梁	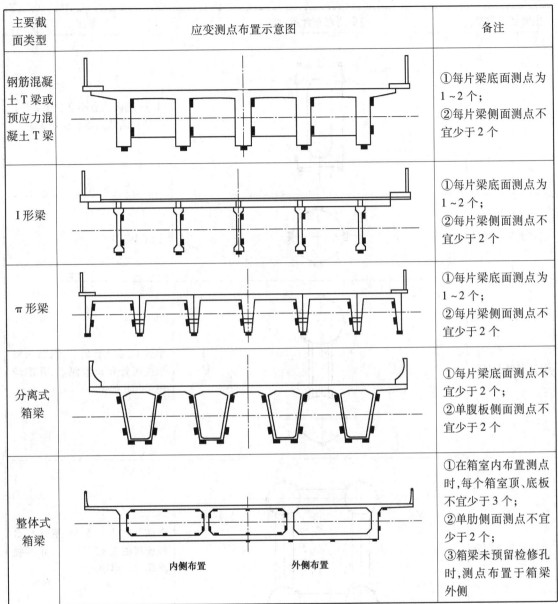	①每片梁底面测点为 1~2 个; ②每片梁侧面测点不宜少于 2 个
I 形梁		①每片梁底面测点为 1~2 个; ②每片梁侧面测点不宜少于 2 个
π 形梁		①每片梁底面测点为 1~2 个; ②每片梁侧面测点不宜少于 2 个
分离式箱梁		①每片梁底面测点不宜少于 2 个; ②单腹板侧面测点不宜少于 2 个
整体式箱梁	内侧布置　　　　外侧布置	①在箱室内布置测点时,每个箱室顶、底板不宜少于 3 个; ②单肋侧面测点不宜少于 2 个; ③箱梁未预留检修孔时,测点布置于箱梁外侧

表 5.6　拱式桥主拱圈截面应变测点布置

主要截面类型	应变测点布置示意图	备注
矩形拱肋		①板底面测点不宜少于 5 个,对称布置; ②单侧面测点不宜少于 3 个

续表

主要截面类型	应变测点布置示意图	备注
箱形拱肋		①顶、底面测点不宜少于2个; ②单侧面测点不宜少于3个
钢管混凝土单肢		不宜少于4个
钢管混凝土双肢		单肢不宜少于5个,钢管与缀板连接处宜布置测点,并准确测量其几何中心
钢管混凝土四肢		单肢不宜少于5个,钢管与缀板连接处宜布置测点,并准确测量其几何中心
整体式板拱		①顶、底面测点不宜少于5个,对称布置; ②单侧面测点不宜少于2个
整体式箱板拱		①顶、底面测点不宜少于5个,对称布置; ②侧面测点不宜少于2个; ③腹板对应位置须布置测点; ④在箱内布置测点时,同整体式箱梁

2）变位测点布置原则

变位测点布置应遵循以下原则：

①变位测点的测值应能反映结构的最大变位及其变化规律。

②主梁竖向变位的纵桥向测点宜布置在各工况荷载作用下变位曲线的峰值位置。

③竖向变位测点的横向布置应充分反映桥梁横向挠度分布特征，对整体式截面不宜少于 3 个，对多梁式（分离式）截面宜逐片梁布置。

常见主梁竖向变位测点的横向布置如表 5.7 所示。

表 5.7　常见主梁竖向变位测点的横向布置图

主要截面类型	应变测点布置示意图	备注
整体式实心板		横桥向底面或桥面不宜少于 3 个
整体式空心板		横桥向底面或桥面不宜少 3 个
装配式空心板		每片板底面不宜少于 1 个或桥面不宜少于 3 个
钢筋混凝土 T 梁或预应力混凝土 T 梁		每片梁底面不宜少于 1 个或桥面不宜少于 3 个
I 形梁		每片梁底面不宜少于 1 个或桥面不宜少于 3 个
π 形梁		每片梁底面不宜少于 1 个或桥面不宜少于 3 个

续表

主要截面类型	应变测点布置示意图	备注
分离式箱梁		每片梁底面不宜少于1~2个或桥面不宜少于3个
整体式箱梁		横桥向梁底面不宜少于3个或桥面不宜少于3个

4.试验荷载

试验荷载必须根据设计荷载的大小和现场可能提供荷载的情况来拟订试验加载方案。拟订方案同时或之前,应进行必要的与试验有关的计算,如计算试验荷载作用下主要测试断面的内力或变形控制值、静力加载效率等(参见本任务2.3节)。

加载方式可采用载重汽车、水箱、沙袋等,实践中以三轴重车为主。以三轴重车为例,试验方案须列清楚车辆的种类、吨位、数量以及要求车辆的轴重、轴距、总重等。确定荷载大小和加载方式后,需编制加载细则,一般要求具体到每个工况。测点和测站布置根据试验的目的和要求,应用桥梁工程专业知识,考虑各种桥梁体系的受力特点,同时结合测试技术的可行性,确定被测桥梁的控制断面和测点布置。各种桥梁体系的主要部位是一般静载试验必须观测的部位。试验方案上应画出结构简图,注明测点测站的位置、测点总数和测站数等。选用仪器设备方案要列出试验选用仪器设备的型号、数量等。试验程序(步骤)一般可列一张工况流程表,列清楚试验的工况序号、加载方式(如纵向、横向布置、荷载分级等)、测读内容、时间间隔等。

2.2 现场准备

一般情况下,试验现场的准备工作会占全部外业工作的大部分工作量,且荷载试验过程中的交通中断会导致营运桥梁的经济损失。若现场准备不充分,可能造成试验过程拖延,严重的会直接导致试验失败并造成经济损失。因此,现场准备工作必须有条不紊地进行。

1.加载准备

①车辆加载:落实车辆型号、数量和装载物;车辆过秤;记录下每辆车的车号、轴距、轮距和轴重指标;加载车分批编号;对准备做动载试验的车辆,还要求车上时速表准确灵敏,以控制车速;在桥上画出每个加载车的停车线。车辆加载现场如图5.10所示。

②重物加载:确定加载重物;确定每级加载的数量和位置;加载物的堆放应合理。由于重物加载准备工作量大,加卸载所需周期一般较长,试验受温度变化、仪器稳定性等影响较大,一般情况下应避免采用重物加载。重物加载现场如图5.11所示。

图 5.10　荷载试验车辆加载

图 5.11　荷载试验重物(水箱)加载

2. 试验截面及测点的现场布置

根据拟订的试验方案,需要在试验前完成对桥梁各测点的布置,其一般工作内容如下:

①放样。把方案上的测点布置到桥上,在准备粘贴应变片的测点上预画定位线和方向(对应变花尤其重要)。

②粘贴应变计。粘贴应变计包括对试件表面的前处理、贴片、焊接等。必须指出,钢筋混凝土受拉区应变测点应(凿去保护层混凝土)粘贴在钢筋上,全预应力混凝土构件可直接在混凝土表面粘贴。

③检查绝缘度。对钢筋测点和混凝土测点绝缘电阻有最低要求,一般大于 100 Ω。

④敷设测量导线。把所有编号导线与测点一一对应焊好,另一端拉到测站位置,绑好捆牢。测量导线的长短与测站的设立位置有关,测站设置要尽可能优化(尽量不用过长导线)。

⑤全部测点接线完成之后,调试仪器,逐点检查。对质量不好的测点,要查出原因予以更正,必要时重新贴片。

⑥防潮。在野外条件下,温度、湿度影响比较大,要注意及时采取防潮措施。短期使用时,可用无水凡士林或 703 胶等;长期使用情况下,要用专门配制的防护剂,如环氧树脂掺稀释剂和固化剂。

为布置测点及观察裂缝情况,需要在试验截面处布置工作脚手架(图 5.12),供测试人员粘贴应变计或安装其他表具等。对于一些使用相对式仪器测量变形的情况,人员工作脚手架和架设仪器脚手架要分开设置。目前,桥梁检测车已经十分普及,在无须留守观测的试验截面应尽可能采用桥检车进行测点布置,以加快工作进度。

图 5.12　荷载试验工作脚手架

3. 仪器设备调试

试验用的仪器一经选定,试验前期还应做好配套准备工作,具体内容如下:

①对所有被选用的仪器设备进行系统检查。各级仪器要逐一开机,从整机到通道进行调试。各类表具要逐个检查,要保证带到现场去的仪器设备质量完好。

②如有需要,对所有仪器设备进行系统标定,逐个编号。

③根据测点和测站位置,备齐备足测量导线,每根导线都要逐一检查并使其完好。如连接应变计的导线,可以预先焊好锡,以减少现场工作量。

④对初次使用的仪器设备或第一次要做的测试内容,先进行模拟测试,使测试人员熟悉测试过程和仪器操作。

⑤所有仪器必须进行调试,排查出不可靠的测点并进行现场修补,以免在试验中采集的异常数据影响结果判断。

2.3　静载试验计算

桥梁静载试验应进行必要的与试验有关的计算,如计算试验控制荷载、静力加载效率、试验荷载作用下主要测试断面的内力或变形控制值等。所有相关计算结果是试验荷载大小、加载等级的理论依据,也作为试验加载响应的期望值。

1. 试验控制荷载确定

试验控制荷载根据与设计作用(或荷载)等级相应的荷载效应控制值或有特殊要求的荷载效应值确定。以使控制截面或断面产生最不利荷载效应(内力和变形最大)的荷载作为试验控制荷载。具体计算时,应选择设计计算活载作用下能够产生最大截面应力和变形的控制截面或位置,某些特殊桥梁还需考虑对关键构件的专项加载计算。试验控制荷载计算通常根据桥梁设计图纸,采用各种通用有限元程序建立平面或空间有限元模型。简单结构也可以采用手算确定。旧桥控制荷载确定还需结合实际桥梁技术状态评定结果。

2. 试验荷载

对于交、竣工验收荷载试验,静载试验荷载效率系数 η_q 宜在 $0.85 \sim 1.05$,其他静载试验荷载效率系数宜在 $0.95 \sim 1.05$。静载试验效率系数按下式计算:

$$\eta_q = \frac{S_s}{S \times (1+\mu)} \tag{5.1}$$

式中　S_s——静载试验荷载作用下,某一加载试验项目对应的加载控制截面内力或位移的最大计算效应值;

　　　S——控制荷载产生的同一加载控制截面内力或位移的最不利效应计算值;

　　　μ——按规范取用的冲击系数值。

特别注意,式(5.1)中的"S"可为多种效应的组合。针对桥梁整体的荷载试验,一般为车道荷载与人群荷载的组合,人群荷载效应不应乘以冲击系数。

3. 静载试验计算实例

试验荷载的确定是一个重要的计算分析过程。若计算出错,可能导致试验过程中荷载效率加载不足,不能有效地反映结构的受力性能;也可能导致加载效率过大,对结构造成致命损伤。

以下以某简支梁桥荷载试验计算为例,讲解计算过程。

【例 5.1】某单跨等截面简支梁计算跨径为 29.16 m,主梁采用 C50 预应力钢筋混凝土,行车道为单向 3 车道,车道荷载为公路-Ⅰ级,人群荷载为 2.5 kN/m²,横断面设计如图 5.13 所示。试进行静载试验计算。

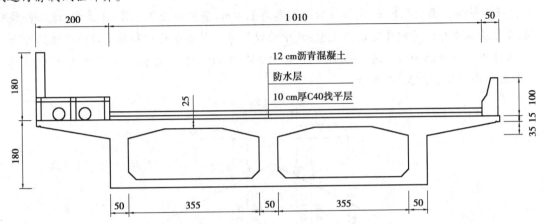

图 5.13　桥梁截面设计图(单位:cm)

【解】根据桥梁结构特性,拟订跨中截面(K_1 截面)为控制截面,该截面的弯矩为控制值;拟订跨中正弯矩最大值正载(关于行车道中线对称)和偏载(偏防撞护栏侧)两个工况(工况 1 和工况 2)。测量该截面的在量工况下的应变和挠度。

(1)控制值计算

①车道荷载(不含冲击系数)导致的跨中弯矩效应。

3 车道的横向折减系数为 0.78,公路-Ⅰ级均布荷载引起的跨中弯矩为:

$$M_1 = q_1 l^2/8 = 0.78 \times 3 \times 10.5 \times 29.16^2/8 = 2\ 611.5(\text{kN} \cdot \text{m})$$

公路-Ⅰ级单车道的集中荷载 $P_k = 318$ kN,集中荷载引起的跨中弯矩:

$$M_2 = Pl/4 = 0.78 \times 3 \times P_k l/4 = 0.78 \times 3 \times 318 \times 29.16/4 = 5\ 424.6(\text{kN} \cdot \text{m})$$

因此,车道荷载(不含冲击系数)导致的跨中弯矩为:

$$M_q = M_1 + M_2 = 8\ 036(\text{kN} \cdot \text{m})$$

②冲击系数。通过设计图算出每延米桥长自重集度(一期恒载+二期恒载)为 241 kN,截面抗弯惯性矩 $I_c = 3.45$ m⁴。根据《公路桥涵设计通用规范》(JTG D60—2015)推荐的简支梁基频计算公式:

$$f_1 = \frac{\pi}{2l^2}\sqrt{\frac{EI_c}{m_c}} = \frac{3.14}{2 \times 29.16^2} \times \sqrt{\frac{3.45 \times 10^{10} \times 3.45}{241\ 000/9.8}} = 4.06(\text{Hz})$$

式中,E 为弹性模量,Pa;m_c 为每延米质量,kg。

当 1.5 Hz $\leqslant f \leqslant$ 14 Hz 时,$\mu = 0.176\ 7 \ln f_1 - 0.015\ 7 = 0.176\ 7 \times \ln 4.06 - 0.015\ 7 = 0.23$。

③人群荷载导致的跨中弯矩效应。

人行道总宽度为 2.0 m,因此每延米桥长荷载为:

$$q_r = 2 \times 2.5 = 5(\text{kN/m})$$

人群荷载导致的跨中弯矩为:

$$M_r = q_r l^2/8 = 5 \times 29.16^2/8 = 531(\text{kN} \cdot \text{m})$$

④跨中弯矩控制值为：

$$M = (1+\mu)M_q + M_r = 10\ 415(\mathrm{kN \cdot m})$$

（2）加载计算及载位布置

拟采用 3 轴重车进行加载。载重车总重为 320 kN，其中前轴为 60 kN，中、后轴各重 130 kN；前轴与中轴距离为 3.8 m，中轴与后轴距离为 1.4 m，横向轴距为 1.8 m（注意：该三轴载重车的尺寸及轴重分配为较普遍的情况，实践中应以能够采用重车尺寸和称量的轴重数据为准）。

在跨中截面的影响线上进行车辆加载，拟订采用 6 台前述载重车，分两排关于跨中对称布置，加载立面布置如图 5.14 所示。

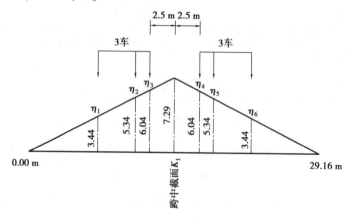

图 5.14　影响线加载示意图

该载重车布置状态下，加载值为：

$$M_s = 3 \times \sum_{i=1}^{6} \eta_i P_i = 10\ 115(\mathrm{kN \cdot m})$$

根据式（5.1）可得：

$$\eta_q = \frac{M_s}{M} = \frac{10\ 115}{10\ 415} = 0.97$$

加载效率满足规范要求。

由计算结果，荷载试验加载车辆布置如图 5.15 所示。其中，车辆编号为分级加载编号。

（3）截面测点布置

根据规范要求，应变测点布置如图 5.16 所示，跨中截面共布置 11 个应变测点，各测点均为 10 mm×100 mm 的箔式应变计，测点从左至右依次编号为 1#—11#。其中，底板边缘测点距边界 0.2 m，其余均匀布置；腹板边缘测点距边界 0.1 m，其余均匀布置。

挠度测点布置如图 5.17 所示，跨中截面共布置 2 个挠度测点；各测点均位于路缘石上，采用电子水准仪测量，测点从左至右依次编号为 1#—2#。

由材料力学公式，可计算出梁底的应变值。跨中弯矩控制值引起的梁底应变计算如下：

$$\sigma_{控制} = \frac{My}{I_c} = \frac{10\ 415 \times 1.065\ 9}{3.45} = 3\ 217(\mathrm{kPa})$$

$$\varepsilon_{控制} = \frac{\sigma_{加载}}{E} = \frac{3.217}{3.45 \times 10^4} = 93(\mu\varepsilon)$$

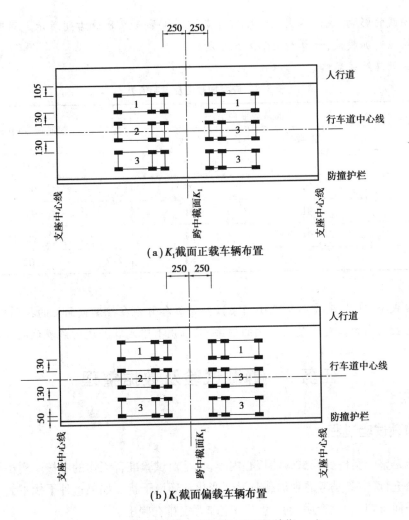

（a）K_1截面正载车辆布置

（b）K_1截面偏载车辆布置

图5.15 各加载工况车辆布置图（单位:cm）

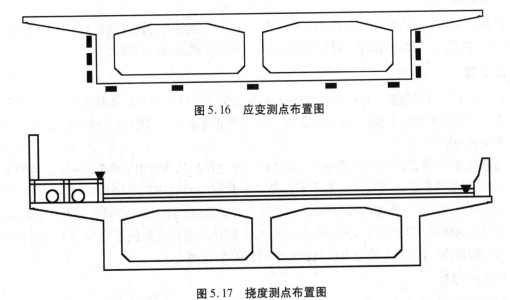

图5.16 应变测点布置图

图5.17 挠度测点布置图

由于计算采用的是单梁模型,因此底板各测点的控制应变均相等。在此考虑1.15的偏载系数来反映偏载的影响,底板各测点的控制应变计算值如表5.8最右列所示。同理,可计算出梁底各测点的应变加载值,计算结果如表5.8所示。

挠度相关计算结果从略。

表5.8 应变加载值及控制值表

测点编号	加载应变(με)		控制应变(με)
	正载	偏载	
4#	91	99	102
5#	91	95	98
6#	91	91	93
7#	91	87	98
8#	91	83	102

对于装配式桥梁(T梁、空心板或小箱梁),应计算各片梁在控制截面处的控制内力,即以单梁的内力作为控制内力。对于复杂结构的桥梁,宜采用有限元软件进行静载试验计算。

任务3 静载试验及数据整理

3.1 加载试验过程

加载试验是整个实桥静载试验的核心内容,也是对试验准备工作的考核。实桥静载试验一般安排在晚上进行,主要是考虑到加载时温度变化和环境干扰。如果这种干扰不大或对试验数据不会产生任何影响(如适逢阴天),也不一定非要安排在晚上。

1.静载初读数

静载初读数是指试验正式开始时的零荷载读数,不是准备阶段调试仪器的读数。从初读数开始,整个测试系统就开始运作,测量、读数记录人员进入状态,各司其职。

2.加载

试验荷载应分级施加。加载级数应根据试验荷载总量和荷载分级增量确定,可分成3~5级。当桥梁的技术资料不全时,应增加分级。重点测试桥梁在荷载作用下的响应规律时,可适当加密加载分级。

加载过程中,应保证非控制截面内力或位移不超过控制荷载作用下的最不利值。当试验条件限制时,附加控制截面可只进行最不利加载。加载时间间隔应满足结构反应稳定的时间要求。应在前一荷载阶段内结构反应相对稳定、进行有效测试及记录后,方可进行下一荷载阶段。进行主要控制截面最大内力(变形)加载试验时,分级加载的稳定时间不应少于5 min;对尚未投入营运的新桥,首个工况的分级加载稳定时间不宜少于15 min。

3.加载控制

《公路桥梁荷载试验规程》(JTG/T J21-01—2015)规定:应根据各工况的加载分级,对各加载过程结构控制点的应变(或变形)、薄弱部位的破损情况等进行观测与分析,并与理论计算值

进行对比。当试验过程中发生下列情况之一时,应停止加载,查清原因,采取措施后再确定是否进行试验:

①控制测点应变值已达到或超过计算值;

②控制测点变形(或挠度)超过计算值;

③结构裂缝的长度、宽度或数量明显增加;

④实测变形分布规律异常;

⑤桥体发出异常响声或发生其他异常情况;

⑥斜拉索或吊索(杆)索力实测值超过计算值。

4.卸载读零

一个工况结束后,荷载退出桥面。各测点读回零值,同样应有一个稳定过程。试验加卸载要求稳定后读数,实际中要观测结构残余变形或残余应变。当结构变形或应变在卸载后不能正常恢复时,反映的可能是结构承载能力不足或其他原因,需要仔细分析。

5.重复加载要求

试验过程中,必须时时关心几个控制点数据的情况,一旦发现问题(数据本身规律差或仪器故障等)要重新加载测试。对于一些特大桥的主要加载工况,一般也要求重复加载。

3.2　试验数据整理

整理桥梁现场试验数据,不仅要求有一份完整的原始记录,还要用到一些数据处理方面的知识,同时又要求整理者有桥梁工程专业方面的知识。从试验总体上说,它还是每个试验程序的结束环节,必须予以充分重视。通过静载试验得到的原始数据、曲线和图像等是最重要的第一手资料,应该特别强调现场试验数据原始记录的重要性,对每一份现场记录(无论是数据还是信号)都要求完整、清晰和可靠。有些原始数据数量庞大,也不直观,不能直接用来进行结构评估,必须对其进行处理分析。

1.荷载

由于实际荷载位置、大小等可能会与方案要求的不一样,应整理实际荷载的载重、加载工况等。整理出来的荷载数据,既可用以结构分析,又与试验数据结果直接有关。

①列出试验加载效率表,还要列出分级加载表。

②制作实际载重明细表。表中详细列出加载车辆的型号、车号及其试验时的编号、轮轴距、理论质量和实际载重(包括各轴轴重和总重)等。

③绘制荷载的纵、横向(包括对称加载和偏心加载)布置图,并标明具体尺寸。

2.位移

桥梁位移包括挠度和各种非竖向位移(如拱桥桥轴线的两维变位、斜拉桥索塔的水平变位等)。实测值和计算值一般都要求画成曲线并做对比或列出一张比较表。整理有的桥梁挠度数据时,还应考虑支座位移的影响。

3.应力和应变

①实测应变的修正应变测试中,出现应变计灵敏系数 $K \neq 2$,或导线过长或过细使导线电阻不能忽略等情况时,需要对实测应变结果进行修正(一般这类因素对测值的影响小于1%时,可

不予修正）。在计算机控制的数据采集系统中，灵敏系数等修正都可以事先设定，直接得到 ε。

②应力、应变的换算应变计测试结果一般为应变值，而重要的往往是应力。对于钢结构而言，弹性模量稳定，应力和应变呈线性关系；对于钢筋混凝土或预应力混凝土结构来说，不管是混凝土中测得的应变还是钢筋中测得的应变换算成混凝土应力，都有一个实际弹性模量的取值问题。解决该问题的办法：一是用取芯实测数据（对新建桥梁可采用回弹推算值或试块数据）；二是取《公路钢筋混凝土及预应力混凝土桥涵设计规范》（JTG 3362—2018）给出的混凝土弹模值。对于有些试验（如极限破坏试验），有时直接以应变指标衡量。

弹性模量确定以后，各种应力状态下测点应力均可按材料力学公式计算。

4. 实测值与计算值的比较

控制断面应力是衡量桥梁结构实际强度的重要指标。具体衡量指标为试验荷载作用下，各主要控制断面测点应力的实测值与计算值的比值。由于实桥试验往往是按设计基本荷载施加的，故计算截面上各点的应力时，对于钢结构或预应力混凝土结构，一般仍用普通材料力学的弹性计算方法；对于钢筋混凝土结构，可根据断面内力的大小并考虑断面开裂情况采用相应的计算方法。

断面应力的计算值和实测值应列在同一张表内并做成曲线或图，以便于比较。根据需要，还可以绘制各加载工况下控制截面应变的分布图、截面应变沿高度分布图等。

混凝土结构应力实测值（和变形反映整体不一样）有时会发生局部偏大或偏小问题。当实测值与计算值之间的差别超出正常允许误差范围时，应该仔细分析，找出原因。例如，一些大跨径预应力混凝土桥梁跨中控制断面的应力校验系数有时会超过 1 或远小于 1，原因是合龙段（或附近）混凝土存在（有时肉眼看不见）裂缝，粘贴在其表面的应变计跨过该裂缝或靠近裂缝就会产生偏大或偏小的读数。

5. 弹性值与残余值

残余位移（或应变）是一个加卸载周期后结构上残留的位移（或应变）。静载试验数据整理时，要关注各测点实测位移与应变的残余值。

总位移（或应变）：

$$S_t = S_1 - S_0 \tag{5.2}$$

弹性位移（或应变）：

$$S_e = S_1 - S_u \tag{5.3}$$

残余位移（或应变）：

$$S_p = S_u - S_e \tag{5.4}$$

式中　S_t——总位移（或应变）；

　　　S_e——弹性位移（或应变）；

　　　S_p——残余位移（或应变）；

　　　S_1——满载状态下的总位移（或应变）；

　　　S_0——位移（或应变）的初始测试值；

　　　S_u——卸载后的位移（或应变）的稳定读数。

【例 5.2】某应变测点在试验过程中，初始读数为 3 $\mu\varepsilon$，满载（三级加载）状态下为 40 $\mu\varepsilon$，卸载后的残余读数为 5 $\mu\varepsilon$。试计算各应变值。

【解】各应变值计算如下：

总应变：

$$S_t = S_1 - S_0 = 40 - 3 = 37(\mu\varepsilon)$$

弹性应变：

$$S_e = S_1 - S_u = 40 - 5 = 35(\mu\varepsilon)$$

残余应变：

$$S_p = S_u - S_e = 5 - 3 = 2(\mu\varepsilon)$$

定义相对残余位移（或应变）ΔS_p 为：

$$\Delta S_p = \frac{S_p}{S_t} \times 100\% \qquad (5.5)$$

主要控制测点的相对残余变形（或应变）ΔS_p 越小，说明结构越接近弹性工作状况。ΔS_p 不宜大于 20%。当大于 20% 时，表明桥梁结构的弹性状态不佳，应分析原因，必要时再次进行荷载试验以确定。例 5.2 中：

$$\Delta S_p = \frac{S_p}{S_t} \times 100\% = \frac{2\mu\varepsilon}{37\mu\varepsilon} \times 100\% = 5.41\%$$

该数据显示，测点处结构在荷载作用下弹性状态良好。

应该注意，由于仪器设备的测试误差或环境变异因素，卸载后的位移（或应变）的稳定读数 S_u 可能会小于位移（或应变）的初始测试值 S_0，导致残余值 S_p 和相对残余 ΔS_p 为负值。这种情况下，可在结论中不列出该测点的残余值 S_p 和相对残余 ΔS_p，该测点不需要按式（5.5）进行弹性状态判断。

6. 校验系数

校验系数 λ 包括应变（或应力）校验系数及挠度校验系数，其值应按下式计算：

$$\lambda = \frac{S_e}{S_s} \qquad (5.6)$$

式中　λ——校验系数；

　　　S_e——满载下位移（或应变）实测弹性值；

　　　S_s——满载下位移（或应变）理论计算值。

常见桥梁结构校验系数如表 5.9 所示。

表 5.9　常见桥梁结构校验系数

桥梁类型	应变（或应力）校验系数	挠度校验系数
钢筋混凝土板桥	0.20 ~ 0.40	0.20 ~ 0.50
钢筋混凝土梁桥	0.40 ~ 0.80	0.50 ~ 0.90
预应力混凝土桥	0.60 ~ 0.90	0.70 ~ 1.00
圬工拱桥	0.70 ~ 1.00	0.80 ~ 1.00
钢筋混凝土拱桥	0.50 ~ 0.90	0.50 ~ 1.00
钢桥	0.75 ~ 1.00	0.75 ~ 1.00

7. 裂缝

裂缝图应按试验过程中裂缝的实际开展情况测绘。当裂缝数量较少时，可根据试验前后观测情况及裂缝观测表对裂缝状况进行描述。当裂缝发展较多时，应选择结构有代表性部位描绘裂缝展开图。图上应注明各加载工况下裂缝长度和宽度及其发展。

《公路桥涵荷载试验规程》(JTG/T J21-01—2015)规定，混凝土桥梁裂缝及其扩展情况的评定分析应符合以下要求：

①试验荷载作用下，新桥裂缝宽度不应超过《公路钢筋混凝土及预应力混凝土桥涵设计规范》(JTG 3362—2018)规定的容许值，卸载后其扩展宽度应闭合到容许值的 1/3 以下。

②卸载后，试验荷载作用下，在用桥梁的裂缝宽度不宜超过《公路桥梁承载能力检测评定规程》(JTG/T J21—2011)的规定。

3.3　静载试验结论

一般情况下，桥梁静载试验的挠度数据满足以下特征时，可认为结构刚度满足规范及设计要求；桥梁静载试验的应变数据满足以下特征时，可认为结构强度满足规范及设计要求：

①主要测点的实测挠度(或应变)小于相应理论计算值，且校验系数位于表 5.9 所示数据的范围内；

②分级加载下，各测试数据与分级荷载的增量表现为近似线性关系；

③加载试验过程中，结构未出现超限裂缝，未出现异常响动或位移；

④卸载后，各主要测点的相对残余值小于或等于 20%。

当结构的刚度及强度均满足规范要求时，可判定桥梁结构满足设计荷载的正常使用要求。

任务 4　桥梁动载试验

桥梁所受的主要荷载本质上是动荷载。针对日常运营过程中各种各样的桥梁动态问题，不仅要研究桥梁结构本身的动力特性，还要研究由车辆移动荷载引起的车致振动以及其他动力响应等。桥梁动载试验是进行相关研究的一个重要手段。

桥梁动载试验涉及的问题和所有工程振动试验研究的问题相似，基本可以归纳为 3 个方面：桥梁外部振源、结构动力特性和动力反应。

①桥梁外部振源是指引起桥梁振动的外作用(包括移动车辆振动的激励或风、地震等)。

②结构动力特性是桥梁的固有特性，主要包括 3 个参数(频率、振型和阻尼)。它们是桥梁动态试验中最基本的内容。

③动力反应表示桥梁在特定动荷载作用下的动态"输出"。桥梁结构动力响应主要参数包括动应力、动挠度、加速度等。

本任务主要叙述桥梁结构动力特性参数及其试验测定的方法，介绍桥梁(在移动车辆荷载作用下)结构动态响应的测试内容和方法。

4.1　桥梁结构动力特性参数

结构动力特性参数，也称结构自振特性参数或振动模态参数，主要包括结构的自振频率(自振周期)、振型和阻尼比等。它们由结构形式、建筑材料性能等结构所固有的特性所决定，与外荷载无关。

1）自振频率和自振周期

自振频率和自振周期是动力特性参数中最重要的概念。物理上,自振频率指单位时间内完成振动的次数,通常用 f 表示,单位为赫兹(Hz)。物理上,自振周期(T)指物体振动波形重复出现的最小时间,通常用 T 表示,单位为秒(s),它和自振频率互为倒数关系 $T=1/f$。由于存在这种倒数关系,工程中一般并不专门区分频率和周期。根据《公路桥涵设计通用规范》(JTG D60—2015),对于简支梁桥:

$$f_1 = \frac{\pi}{2l^2}\sqrt{\frac{EI_c}{m_c}} \tag{5.7}$$

式中　l——结构的计算跨径,m;

　　　E——结构材料的弹性模量,Pa;

　　　I_c——结构跨中截面的截面惯性矩,m^4;

　　　m_c——结构跨中处的单位长度质量,kg/m。

2）阻尼

阻尼是存在于结构中能消耗结构振动能量的一种物理作用,它对结构抵抗振动有利。结构工程中假定阻尼属黏滞阻尼,与结构振动速度成正比,并以一个无量纲的系数 ζ(阻尼比)来表示阻尼量值大小。阻尼比 ζ 定义为阻尼系数 C 与临界阻尼 C_c 的比值。由图 5.18 可知,阻尼比的大小决定自由振动衰减的快慢程度。从结构抵抗振动的工程意义上说,一般都希望这种衰减作用能够对结构有利。

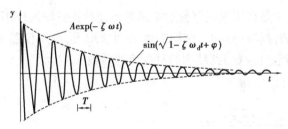

图 5.18　自由振动衰减曲线

在多自由度振动体系中,每一个频率都对应有一个阻尼比。必须指出,阻尼比是(且只能是)试验值。

3）振型

振型是结构上各点振幅值的连线,它不是结构的变形曲线。结构动力学认为,对应每一个固有频率,结构都有且只有一个主振型。一般情况下,结构线性微幅振动时,其可能的自由振动都是无数个主振型叠加的结果;特定条件下,结构(被外界激励源激出纯模态时)会按某一自振频率及其相应主振型振动。

例如,对于某一根梁来说,它的振型曲线是由沿梁长度方向的多点振动幅值的相对值决定的。

4.2　自振频率及阻尼比的测定

测定实桥结构动力特性参数的方法主要有自由振动衰减法、强迫振动法(共振法)和环境随机振动法(脉动法)等。从桥梁测试技术的发展来说,自由振动衰减法和强迫振动法应用得比较早,它们得到的数据结果往往简单直观,容易处理。环境随机振动法是一种建立在概率统计基础上的方法,它以现场测试简单和数据后续处理计算机化的优势进入桥梁振动测试领域。随着随机振动试验计算机数据分析设备和软件的普及,原则上,自由振动衰减法和强迫振动法得到的试验数据结果也都可以用计算机技术去处理分析。因此,3 种方法实际上只有激振方法或有无直接激振的区别。

1.自由振动衰减法

给结构一个初位移或初速度使结构产生振动,因结构的自振特性只与它本身的刚度、质量和材料等固有形式有关,故无论施加何种方式的力、初位移或初速度大小(当然在结构受力允许条件下),只要求能够激发起结构的振动就能够测到结构的自由振动衰减曲线。通过对该曲线的分析处理可以得到一些自振特性参数。

能使桥梁产生自由振动的方法很多,如撞击、跳车、突然释放等(目的是给结构一个瞬态激振力)。例如,为测竖向振动,可采用跳车、撞击等方法;为测横向或扭转振动,可采用突然释放、撞击等方法,如图 5.19 所示。实际工作中,该类方法可根据不同的要求因地制宜,但可能对结构或荷载施加物产生一定损伤,如跳车试验可能损伤载重车的减振设备。

现场测试前,测试仪器要先行调好,特别是放大器的衰减挡要得当,以保证仪器能够记录到完整的瞬态响应信号。此外,同样工况下,一般要求重复几次,便于数据分析。实测自由振动衰减曲线的典型形状如图 5.20 所示,通过对它的分析可以求出频率、阻尼和振型等参数,所得结论比较准确。

2.强迫振动法

实桥强迫振动法通常是利用激振器械对结构进行连续正弦输入作用。根据共振效应,当输入频率与结构的某一固有频率一致时,结构振幅会明显增大,可用仪器测出该过程,绘制频率-幅值曲线(共振曲线),通过曲线得到结构的自振特性参数。

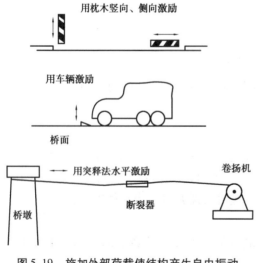

图 5.19　施加外部荷载使结构产生自由振动

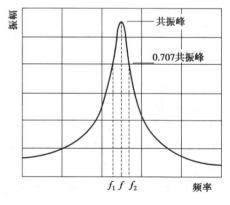

图 5.20　共振曲线

将激振器按要求安装在桥上,根据理论计算得到的期望值对桥梁结构进行扫描激振,同时记录下扫描过程中的输出幅值,将它与相应的频率分别作为纵、横坐标,画出如图 5.20 所示的共振曲线。

所谓扫描激振,是指用正弦信号控制激振器在一定频率范围内进行扫描,理论上控制信号也可以不是正弦波,而用其他周期波或随机波。但这只适用于模型振动试验,实桥因需采用庞大的机械式激振器进行激励,非周期信号不易实现。

实桥强迫振动实施过程中,应注意如下技术问题:

①选择合适的激振点。激振点应避开节点,放在理论振型的极值位置附近。

②适当、牢固地安装激振器。

③扫描寻找共振频率。要注意共振峰附近的能量变化,既要加密点数,又要准确记录信号。

④一根共振曲线,只能是同一次测量中的数据点绘而成。

图5.20中,共振曲线的峰值在横坐标上的对应值就是结构的自振频率。图5.20中,在0.707倍共振曲线峰值处,作一平行于频率轴的直线与曲线交两点。这两点对应的横坐标上的频率差 $\Delta f = f_2 - f_1$,据此可求出阻尼比:

$$\zeta = \frac{1}{2f}(f_2 - f_1) = \frac{\Delta f}{2f} \tag{5.8}$$

该方法称为半功率带宽法,是经典的求结构阻尼方法。一般认为,对于各阶频率靠得不是很近的情况,用该法求得的阻尼结构精度比较高。

目前,用响应谱求阻尼比一般都基于半功率带宽法,实际数据不仅有些离散,误差也比较大。究其原因,主要是当结构在环境振源下处于常时微振(振幅很小)状态时,一方面结构的加速度低频响应信号的信噪比不高,使峰值与半功率带宽数据的精度降低;另一方面,结构阻尼作用机理很复杂,微幅振动时存在各种阻碍结构振动的因素(如结构的弱连接、摩阻力等),它们和阻尼混在一起作用于结构,所以从结构上不同测点(如中跨和边跨、跨中和塔附近)得到的阻尼值往往不一样,有的甚至成倍相差。

如果工程师做桥梁随机振动测试时,将采样频率(或分析频率)设置得比较高,用商用软件直接读出一个阻尼值,期间不看频率分辨率,不管半功率带宽间有几个数据点,甚至不明白该软件计算阻尼比原理,这样得到的阻尼比是不可信的。所以,必须注意并重视半功率宽带方法计算阻尼比的误差。

桥梁受强迫振动共振响应时,振幅一般都比较大,能够克服信号信噪比不高和各种阻碍结构振动的因素,其阻尼情况显然和谱分析得到的结果会不一样。

3. 环境随机振动法

早先,人们认识到对桥梁等大型结构物进行"激励"的难度和局限性,所以试着通过测量结构在环境作用下的响应来识别动力特性参数。20世纪80年代,随机振动数字分析技术开始计算机化,人们研究各种基于"响应"信号数据处理的方法,通过只测响应信号来识别桥梁结构的动力特性参数,包括获得结构的多阶振型。例如,美国普林斯顿大学1985年完成金门大桥主桥和主索塔的环境随机振动测试,研究者通过实测获得了大桥数十阶振型。同期,同济大学也应用随机振动方法先后完成天津永和斜拉桥等桥梁的动力特性测试分析。经过多年发展,环境随机振动法目前已成为桥梁振动测试中应用十分广泛的方法。

环境随机激振法是指在桥面无任何交通荷载以及桥址附近无规则振源的情况下,通过测定桥梁由风荷载、地脉动、水流等随机激励引起的微幅振动来识别结构自振特性参数的方法。该方法需对采集的长样本信号进行能量平均,以便消除随机因素的影响。对于悬索桥、斜拉桥等自振频率较低的桥型,为保证频率分辨率和提高信噪比,采集时间一般不小于30 min。对于小跨径桥梁,采集时间可酌情减少。环境随机激振法更适合大跨径柔性桥梁。

环境随机振动法涉及的随机信号数字特征、信号处理方面的基础知识比较多,下面仅以结论形式简单介绍有关内容。

1）采样定理

采样定理：要保证从信号采样后的离散时间信号无失真地恢复原始时间连续信号（即采样不会导致任何信息丢失），必须满足采样频率 f_s 至少是信号最高频率 f_{max}（也称分析频率）的 2 倍。

$$f_s = \frac{1}{T_s} = 2f_{max} \qquad (5.9)$$

式中 T_s——采样间隔，与采样频率互成倒数关系。

"采样频率至少是信号最高频率的 2 倍"是采样信号恢复原始信号的基本保证，最高频率为测试关注的最高分析频率。采样定理是满足频率不被混淆的必要条件。事实上，为提高功率谱峰值的估计精度，减少相对误差，以目前的计算机技术完全可以将采样频率设得高一些。

工程上，设定最高频率的方法一般是将 $f_s(t)$ 通过设定截止频率的低通滤波器。实际操作时，一般要求先估计被测对象的最高分析频率，再设低通滤波，最后确定采样频率，以保证信号采样正确。在先低通滤波再采样过程中，正确确定分析频率非常重要。因为已经被低通滤波的信号，截止频率以上的数据是不能再生的。例如，估计最高频率是 2.0 Hz，此时取 2.0 Hz 为分析频率，低通滤波也设定 2.0 Hz；采样结束后，如实际结构最高频率（或关注的振型对应频率）超过了 2.0 Hz，则在已采集的数据里就不可能得到超过 2.0 Hz 的数据，所以设置适当的滤波频率很重要。

2）统计误差和采样时间

对采样时间长短（或者采样样本大小）的基本要求是满足以有限量的数据进行分析处理数据带来的统计误差。统计误差主要包括随机误差和偏度误差。

随机误差指同一个随机过程中不同样本之间的偶然差异。只对有限多的样本或有限长时间的样本记录和运算，测试仪器设备的电噪声、对输出有影响的与被测信号不相干的输入等都会造成随机误差。工程上，减小随机误差的有效方法是分段平滑，即将样本数据分成若干段进行记录、分析，再平均。所以，解决随机误差的实际做法就是增加采样时间。

偏度误差是系统误差。在不同的分析中，它的大小和方向是不变的。偏度误差一般来自数据处理过程中的有关运算。为减小偏度误差，一般要求增加半功率带宽内的点数。这实际就是要求提高分辨带宽（采样频率/采样点数）。实际测试中，如将采样频率定得较高，但不注意增加采样点数，会造成频率分辨率下降。

频率分辨率下降和幅值精度降低对半功率带宽计算阻尼比的精度有直接影响。如今，计算机数据处理技术的发展在很大程度上已经解决（或者说已不存在）分辨率带宽和统计幅值误差之间的矛盾。如要缩短记录时间，可用数据重叠采样技术或提高分段采样点数（2 048、4 096，甚至更高）。前者可对原分段记录的数据按一定重叠率再采样（实际等于提高分段数），后者则直接利用计算机进行高位（16 位或 32 位）数据采样处理，所以可将总的记录时间大幅缩短，而误差要求不降低。

3）随机振动信号的数据处理

随机振动信号的数据处理过程如图 5.21 所示。

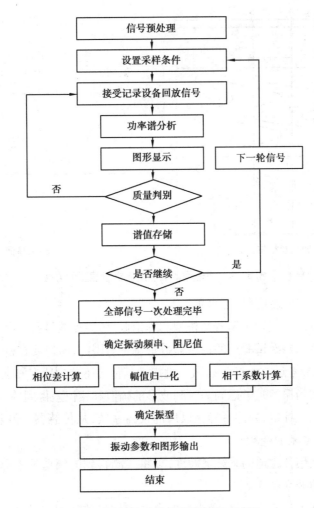

图 5.21　随机振动信号的数据处理过程

4.3　强迫振动法确定简支梁振型简介

强迫振动法在测频率、阻尼的同时,还可以对桥梁的振型进行测量。当桥梁结构在其某一共振频率上产生共振时,总对应着一个主振型,只要在桥上布置足够的测点,同时记录它们在振动过程中的幅值和相位差就可分析得到所要求的振型曲线。

利用仪器记录下来的振动波形可以分析、确定振型曲线,下面通过简支梁简单介绍分析、判别的方法。

将该简支梁划分成 6 段,梁上布置 7 个测点,其中,中间 5 个测点测到的波形如图 5.22(a)所示。图 5.22(a)中两端(1 号、7 号)测点为支座,不用测试,可直接赋零处理(这是处理支座约束条件的技巧,实际测试中经常用到)。

以一阶振型的确定为例,先量取各测点的幅值(峰值)A_i,并把它们按 A_i/A_{max} 归一化处理中的标注,图 5.22(b)中第一振型 $A_{max} = A_4$,将各测点 A_i 除以 A_4;接着以 A_4(或其他某一测点)测点为基准判断其他 4 个测点与它的相位差,波形同方向(0 ～ π/2)的为同相位,反方向(π/2 ～ π)的为反相位,居两者之间(π/2 附近)是节点附近点。

图 5.22 是按上述方法(根据左边曲线)绘制的简支梁前二阶振型。

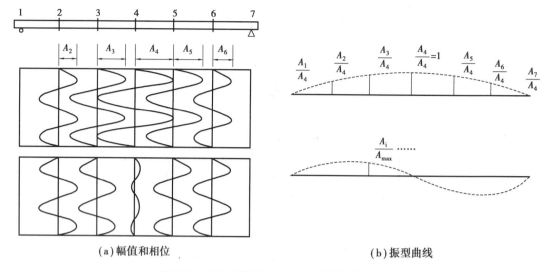

（a）幅值和相位　　　　　　　　　　　　　（b）振型曲线

图 5.22　强迫振动法确定简支梁振型的方法

实桥振型测量中，还要注意以下事项：

①合理布置测点。事先须了解各类桥型的理论振型，测点数目要足以连接曲线并尽可能布置在控制断面上。由于每次试验用的传感器数量总是有限的，所以要在桥上选择合适的参考点（将一个传感器放在参考点上始终不动），分批搬动其他传感器到所有测点。

②现场标定。因为振型是考虑同一时刻波形的幅值和相位差得到的，所以测量前要将测振仪器系统放在参考点上标定，要注意标完以后的仪器系统，从传感器、导线，一直到记录通道的变更（最好不再变动或稍加变动）。

③确定振型。利用各通道的系统灵敏度，可将实测得到的幅值关系算出来并归一化后，得到最大坐标值为 1 的振型曲线。

强迫振动法的优点是方法可靠，激出来的自振特性参数精度比较高。对实桥试验来说，它最大的缺点是激振设备和器械庞大，搬装置费时费力，所以国内实桥振动试验极少采用。在日本，为得到桥梁可靠的阻尼比，大跨径桥梁一般采用大型激振器做振动试验。

特别指出，分析结构阻尼、振型的方法，虽然是对强迫振动法来说的，但该方法本身却是振动测试技术里最基本的部分，当然也适用于环境随机振动法。

4.4　桥梁动载试验

桥梁动载试验主要是测定桥梁在车辆荷载等作用下的动力参数（如动应力、动挠度、加速度等），动载试验的数据结果也能做结构动力特性分析。从测试技术的角度看，测定结构动反应参数，就是在动力特性测试方法的基础上，进一步对所测信号的时程曲线及其峰值大小做出定量分析。例如，车辆动载试验中，可以实测桥梁结构的动应变、动挠度值并由此确定桥梁结构动态增量等；又如，在动力特性测试前，将所用仪器测试系统的灵敏度做必要的标定，则由该系统所测的信号可以确定加速度或振幅大小。

实桥动载试验一般采用移动车辆荷载进行加载，对应主要测试动荷载作用下结构的动态响应参数及其随时间的变化。动载试验所采用的测试方法和仪器设备均较静力加载试验复杂，测试技术的要求相对也要高一些。

1. 动载试验内容

1）试验荷载

《公路桥涵荷载试验规程》（JTG/T J21-01—2015）采用类似于静力试验加载效率来定义动载试验加载效率：

$$\eta_{\mathrm{d}} = \frac{S_{\mathrm{d}}}{S_{\mathrm{lmax}}} \tag{5.10}$$

式中 S_{d}——动力试验荷载作用下，控制截面最大内力或变形；

  S_{lmax}——控制荷载作用下，控制截面最大内力或变形（不计冲击）；

  η_{d}——宜取高值，但不应超过 1。

一般情况下，一辆或几辆载重车（实桥动载试验时，即使是特大型桥梁，也都采用一辆或几辆载重车作为动载试验荷载）很难满足式（5.10）的加载效率。当然，它可能适用于那些一辆或几辆载重车能满足设计控制荷载效应的小桥。所以，实桥上（和静载试验不同）将设计控制荷载模拟成（能使结构控制截面产生最大内力或变形的）试验动荷载会有难度。

2）加载方式

《公路桥涵荷载试验规程》（JTG/T J21-01—2015）规定，实桥动力响应试验工况包括以下主要内容：

（1）无障碍行车（跑车）试验

宜在 5~80 km/h 内取多个大致均匀分布的车速进行行车试验。车速在桥联（孔）上宜保持恒定，每个车速工况应进行 2~3 次重复试验。

（2）有障碍行车（跳车）试验

可设置弓形障碍物模拟桥面坑洼进行行车试验，车速宜取 5~20 km/h，障碍物宜布置在结构冲击效应显著部位。

（3）制动（刹车）试验

车速宜取 30~50 km/h，制动部位应为动态效应较大的位置。《公路桥涵荷载试验规程》（JTG/T J21-01—2015）指出，宜首选无障碍行车试验，有障碍行车试验和制动试验可根据实际情况选择。

加载车辆可以是单辆，也可以两辆或多辆。两辆或多辆加载时，应要求车辆保持同速同步。加载过程中，发现车辆明显偏位或车速明显不对或多辆车不同步等情况，应重新加载。

2. 动载试验流程

动载试验流程如图 5.23 所示。

1）仪器调试

所有仪器设备在准备阶段应已调试完毕，要考虑好记录的具体方法。如使用动态电阻应变仪，必须根据估计应变的大小确定增益、标定值范围等，调整记录速度和记录幅值等。如采用计算机动态数据采集系统直接采样、记存，其增益、标定值等条件设置

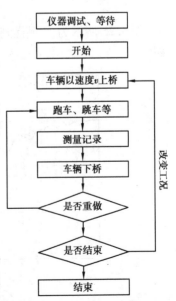

图 5.23 动载试验流程图

177

大同小异,只是更方便而已。

2)车辆控制

要控制好车辆上下桥车速、位置和时间。要协助驾驶员准确控制好行车速度,注意每次上桥的行车路线。对一些大跨径桥梁,还要确定车辆行驶到各个断面时的位置信息。

3)测试记录

①跑车测试。跑车测试的目的是判别不同车行速度下桥梁结构的动态响应(如位移或应力的动态增量和时程曲线),还可以分析出动态响应与车速之间的关系。

②跳车试验。跳车试验的作用是模拟桥面不平整状况下重车过桥所产生的动态效应。

③制动试验。车辆以一定速度行进,到规定位置突然紧急制动,记录此制动时的动态响应时程曲线。

④实时在线车辆荷载作用。相当于桥梁日常或特殊运营情况下的实时监测,主要测试峰值交通量或特殊车辆作用下的结构动态时程曲线、响应峰值或动态增量等。

动载试验中,要特别注意仪器的正确操作和信号实时控制,防止信号中断或幅值超限。发现信号记录明显出错或被遗漏等情况,应重新加载。另外,在各种不同工况中,应抓住主要内容。如要求记录结构动态响应的完整过程时,重点记录信号的完整性;而只为确定动态增量时,则要求能记录到响应信号的峰值及其附近部分。

3.动载试验数据整理

动载试验数据整理的主要对象是动应变和动挠度。通过动应变数据(曲线)可整理出对应结构构件的最大(正)应变和最小(负)应变,以及动态增量或冲击系数;通过动挠度数据(曲线)可得到结构的最大动挠度和结构的动态增量或冲击系数。

1)动挠度

图5.24所示为典型动挠度曲线,最大动挠度Y_{max}是叠加在相应静载挠度Y_{min}上的波峰值。

2)动应变

图5.25所示为实测得到的动应力响应曲线。此处,最大(最小)动应变可由曲线直接获得。

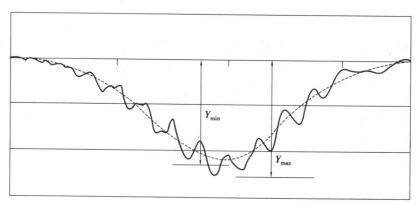

图5.24 典型动挠度曲线

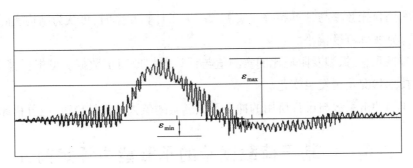

图 5.25　实测得到的动力响应曲线

3）动态增量和冲击系数

动态增量（动力增大系数）定义为最大动挠度与最大静挠度的比值，或最大动应力与最大静应力的比值。冲击系数则为最大动挠度与最大静挠度之差与最大静挠度的比值，或为最大动应与最大静应力之差与最大静应力的比值。根据图 5.24、图 5.25，可按下列公式确定动态增量冲击系数。

挠度动态增量：

$$\phi_Y = \frac{Y_{max}}{Y_0} \tag{5.11}$$

应变动态增量（参考挠度图示）：

$$\phi_\varepsilon = \frac{\varepsilon_{max}}{\varepsilon_0} \tag{5.12}$$

式中，Y_0、ε_0 分别为动荷载相应静荷载作用下测点的最大挠度和应变。
冲击系数：

$$\mu = \frac{Y_{max} - Y_0}{Y_0} \tag{5.13}$$

或

$$\mu = \frac{\varepsilon_{max} - \varepsilon_0}{\varepsilon_0} \tag{5.14}$$

《公路桥涵设计通用规范》（JTG D60—2015）中规定冲击系数与结构基本频率有关：
①当 $f < 1.5$ Hz 时，$\mu = 0.05$；
②当 $1.5 \leqslant f \leqslant 14$ Hz 时，$\mu = 0.176\,7\ln f - 0.015\,7$；
③当 $f > 14$ Hz 时，$\mu = 0.45$。
注意，《公路桥涵设计通用规范》（JTG D60—2015）定义的"冲击系数"并不是一般荷载试验得到的"冲击系数"。前者是为简化计算［按《公路桥涵设计通用规范》（JTG D60—2015）定义的］设计标准汽车荷载所乘的考虑汽车冲击效应的一个系数；后者则是某特定的车辆（一辆或几辆）试验荷载作用下桥梁位移或应变响应的一个动力增大系数。通过试验得到的 $\mu_{实测值}$ 有时会大于规范计算得到的冲击系数 $\mu_{理论值}$，但 $\mu_{实测值}$ 是在小于设计标准汽车荷载的荷载状态下得到的，即试验荷载的绝对值小于甚至远小设计标准汽车荷载。因此，不能简单根据"桥梁实测冲击系数大于设计冲击系数"来判定桥梁的动力特性不合格。

4.动载试验结果评定

桥梁结构性能分析可通过下列方法进行：

①比较实测自振频率与计算频率。实测频率大于计算频率时,可认为结构实际刚度大于理论刚度,反之,则实际刚度偏小。

②比较自振频率、振型及阻尼比的实测值与计算数据或历史数据。可根据其变化规律,初步判断桥梁技术状况是否发生变化。

③比较实测冲击系数与设计所用的冲击系数。实测值大于设计值时,应分析原因。

任务5 基于荷载试验的承载能力评定简介

通过试验检测评定桥梁结构实际承载能力一般采用两种方法:一种是适用于大多数在用桥梁的,通过桥梁技术状况检查,结合结构检算评定桥梁承载能力的方法;另一种是确定新建或在用桥梁承载能力最直接、有效,但花费物力相对较大的荷载试验方法。本任务仅介绍基于荷载试验的承载能力评定,其他方法可参考《公路桥涵承载能力检测评定规程》(JTG/T J21—2011)。

《公路桥涵承载能力检测评定规程》(JTG/T J21—2011)规定:当检算的作用效应与抗力效应的比值为1.0~1.2时,应通过荷载试验评定桥梁承载能力。这主要是考虑按规范检算时,材质参数取值留有一定的安全储备,在保证桥梁安全的前提下,为充分发挥桥梁的承载能力,对作用效应大于抗力效应且在20%以内的桥梁,可通过荷载试验进一步评定其实际承载能力。

荷载试验的结果必须非常明确地表明,桥梁是否具有承受达到正常使用极限状态或承载能力极限状态作用荷载的能力。

通过试验荷载作用下结构或构件控制断面变形和应力实测值与对应理论计算值的分析和比较,得到变形和应力校验系数。这个校验系数的大小显然与桥梁实际结构的承载能力大小有关,所以可用以评估试验桥梁的实际承载能力。

1. 桥梁结构校验系数 λ

试验荷载作用下,结构主要控制断面或构件控制测点的弹性变形或应力实测值与对应理论计算值的比值,以校验系数 λ 的形式表示:

$$\lambda = \frac{S_e}{S_s} \tag{5.15}$$

式中 S_e——试验荷载作用下控制测点的实测弹性变形(或应变)值;

S_s——试验荷载作用下控制测点的理论计算变形(或应变)值。

校验系数 λ 是反映结构工作状态的一个重要指标。实际工程中,总是取各控制断面或最不利受力(如简支梁跨中下缘受拉应力)测点值进行计算,并作为整桥校验系数的控制值。校验系数小于1时,说明桥梁结构实际强度或刚度有安全储备;校验系数大于1时,则表明桥梁结构实际强度或刚度不足。

但实际桥梁的 λ 值因不同桥型、桥跨或不同材质差别较大。如有些钢结构桥梁,由于材质稳定、计算准确(附加刚度或质量影响小),其应力校验系数会十分接近。所以,主要应从实测值与对应计算值比较的思路和方法上理解。一方面,校验系数的大小肯定与桥梁结构实际承载能力有关;另一方面,结构校验系数与实测值和计算值关系都很直接。这意味着,当出现偏小或偏大时,除要确认实测值的可靠外,还应核实结构尺寸、材料性能以及计算方法和结果是否正确。

2. 实桥承载能力评定

对于荷载试验结果,《公路桥涵承载能力检测评定规程》(JTG/T J21—2011)规定,当出现下列情况之一时,应判定桥梁承载能力不满足要求:

①主要测点静力荷载试验校验系数大于 1;

②主要测点相对残余变位或相对残余应变超过 20%;

③试验荷载作用下,裂缝扩展宽度超过表的限值,且卸载后裂缝闭合宽度小于扩展宽度的 2/3;

④在试验荷载作用下,桥梁基础发生不稳定沉降变位。

按对桥梁进行荷载试验的条件是检算的作用效应大于抗力效应且在 20% 以内,此检算结果已经预判了被测桥梁的承载能力有不满足要求的可能性。所以,如荷载试验的结果控制断面的校验系数仍大于 1,则应评定桥梁承载能力不满足要求。而相对残余变位或相对残余应变过大,裂缝超限且闭合状况不良,表明桥梁结构在试验荷载作用下有较大的不可恢复的部位或应变,使结构的实际状况偏不安全,所以,可直接根据试验结果判定承载能力不满足要求。再者,对正常在役桥梁而言,其地基在长期荷载作用下是趋于稳定的。如在试验荷载作用下发生桥梁基础不稳定沉降部位,可直接评定其承载能力不满足要求。

《公路桥涵承载能力检测评定规程》(JTG/T J21—2011)规定:判定桥梁承载能力时,应取主要测点应力校验系数或变位校验系数较大值,按表 5.10 确定检算系数 Z_2,代替式(5.15)中的 λ,进行承载能力评定。

表 5.10　经过荷载试验的承载能力检算系数 Z_2 值

λ	Z_2	λ	Z_2
0.4 及以下	1.30	0.80	1.05
0.50	1.20	0.90	1.00
0.60	1.15	1.00	0.95
0.70	1.10	—	—

注:对于主要挠度测点和主要应力测点的校验系数,两者中取较大值;Z_2 值可按 λ 值线性内插计算。

按《公路桥涵承载能力检测评定规程》(JTG/T J21—2011)检算的荷载效应与抗力效应的比值小于 1.05 时,应判定桥梁承载能力满足要求,否则应判定桥梁承载能力不满足要求。

项目实训

某桥梁设计如图 5.26 所示,请对桥跨结构进行静载试验方案设计。

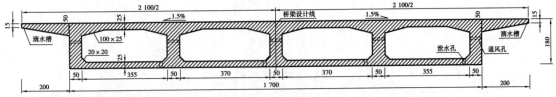

图 5.26　主梁典型横断面图(单位:cm)

①结构形式:单跨等截面简支梁,计算跨径为 31.00 m,截面尺寸如图 5.26 所示。

②主要材料:预应力箱梁混凝土 C50。

③设计技术标准:汽车荷载为公路-Ⅰ级,人群荷载为 2.0 kN/m²,标准桥面宽度为 3 m(人行道)+15 m(车行道)+3 m(人行道)=21 m。

项目6　隧道洞身开挖质量检测

【项目概述】本项目主要介绍了隧道衬砌的类型及支护结构、隧道开挖技术、隧道开挖的检测方法和质量标准，重点讲解了激光断面仪检测开挖断面的原理和方法。

【教学目标】了解衬砌结构的类型及支护结构，了解洞身开挖方法，了解隧道开挖质量标准，了解激光断面仪检测开挖断面原理，掌握用激光断面仪检测开挖断面技术。

【学习重点】掌握用激光断面仪检测开挖断面技术。

任务1　洞身开挖方法概述

隧道开挖是控制隧道施工工期和造价的关键工序。超欠挖是隧道开挖中的普遍现象。超挖不仅会增加出渣量、衬砌工程量以及额外增加回填土工程量，导致工程造价上升，同时，局部的过度超挖会引起应力集中，影响围岩稳定性。而欠挖，因侵占了结构空间，直接影响到支护结构厚度，带来工程质量问题，产生安全隐患。欠挖处理费工、费时，影响工期，而且欠挖处理时开挖轮廓不易控制、容易引起更大超挖。因此，必须保证开挖质量，为围岩的稳定性和支护创造良好条件。

隧道开挖质量的评定主要是超欠挖控制。超欠挖的好坏需通过对开挖断面进行大量实测数据的统计分析，做出正确的评价。其实质是要准确测出隧道实际开挖轮廓线，并与设计轮廓线纳入同一坐标体系中比较，从而十分清楚地获悉超挖或欠挖的大小和部位，及时指导下一步施工。

隧道开挖方法的选择应根据围岩级别、隧道长度、断面大小、支护结构、工期要求、机械设备的配置及出渣条件等综合确定。采用钻爆法开挖时，主要开挖方法有全断面法、台阶法、环形开挖留核心土法、双侧壁导坑法、中隔壁法及交叉中隔壁法等。不同围岩条件下的开挖方法如表6.1所示，各开挖方法的工序如表6.2所示。

表6.1　不同围岩条件和开挖断面适宜的开挖方法

序号	开挖方法		围岩级别	
			双车道隧道	三车道隧道
1	全断面法		Ⅰ~Ⅲ	Ⅰ~Ⅱ
2	台阶法	长台阶法	Ⅲ~Ⅳ	Ⅱ~Ⅲ
		短台阶法	Ⅳ~Ⅴ	Ⅲ~Ⅳ
		超短台阶法	Ⅴ	Ⅳ

续表

序号	开挖方法		围岩级别	
			双车道隧道	三车道隧道
3	分部开挖法	环形开挖留核心土法	V～IV	III～IV
		中隔壁法	V～IV	IV～V
		交叉中隔壁法	V～IV	IV～VI
		双侧壁导坑法	—	V～VI

表6.2 隧道开挖施工工序

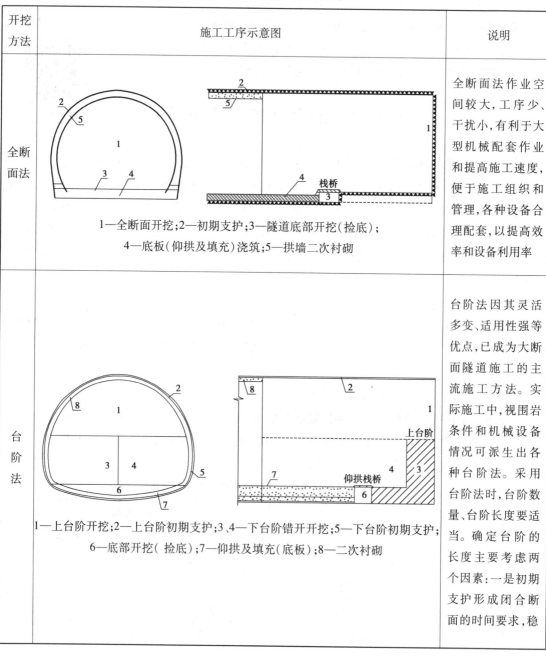

开挖方法	施工工序示意图	说明
全断面法	1—全断面开挖;2—初期支护;3—隧道底部开挖(捡底); 4—底板(仰拱及填充)浇筑;5—拱墙二次衬砌	全断面法作业空间较大,工序少、干扰小,有利于大型机械配套作业和提高施工速度,便于施工组织和管理,各种设备合理配套,以提高效率和设备利用率
台阶法	1—上台阶开挖;2—上台阶初期支护;3、4—下台阶错开开挖;5—下台阶初期支护; 6—底部开挖(捡底);7—仰拱及填充(底板);8—二次衬砌	台阶法因其灵活多变、适用性强等优点,已成为大断面隧道施工的主流施工方法。实际施工中,视围岩条件和机械设备情况可派生出各种台阶法。采用台阶法时,台阶数量、台阶长度要适当。确定台阶的长度主要考虑两个因素:一是初期支护形成闭合断面的时间要求,稳

续表

开挖方法	施工工序示意图	说明
		定性越差的围岩要求闭合时间越短;二是上半断面施工时开挖、支护、出渣机械设备所需的作业空间
环形开挖留核心土法	 1—超前支护;2—上部环形导坑开挖;3—上部初期支护;4—上部核心土开挖; 5、7—两侧开挖;6、8—两侧初期支护;9—下部核心土开挖;10—仰拱开挖; 11—仰拱初期支护;12—仰拱及填充混凝土;13—拱墙二次衬砌	当地质条件较差、采用台阶法开挖掌子面自稳能力不足时,可采用环形开挖留核心土法;环形开挖留核心土法可分为两台阶环形开挖留核心土法和三台阶环形开挖留核心土法
中隔壁法	 Ⅰ—超前支护;1—左侧上部开挖;Ⅱ—左侧上部初期支护;2—左侧中部开挖; Ⅲ—左侧中部初期支护;3—左侧下部开挖;Ⅳ—左侧下部初期支护; 4—右侧上部开挖;Ⅴ—右侧上部初期支护;5—右侧中部开挖; Ⅵ—右侧中部初期支护;6—右侧下部开挖;Ⅶ—右侧下部初期支护; 7—拆除中隔壁;Ⅷ—仰拱及填充混凝土;Ⅸ—拱墙二次衬砌	中隔壁法也称CD法,初期支护完成、强度达到设计规定后方可进行下一分部开挖。当开挖形成全断面时,应及时完成全断面初期支护闭合。临时支护拆除宜在仰拱施工前进行,一次拆除长度应与仰拱浇筑长度相适应

续表

开挖方法	施工工序示意图	说明
交叉中隔壁法	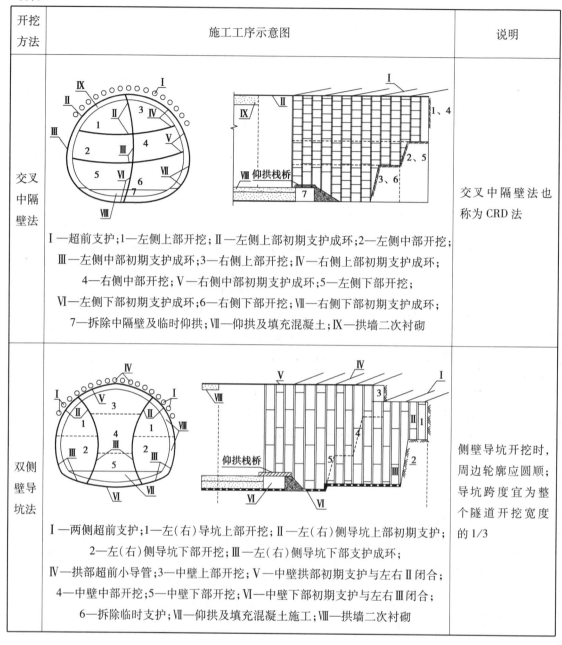Ⅰ—超前支护;1—左侧上部开挖;Ⅱ—左侧上部初期支护成环;2—左侧中部开挖; Ⅲ—左侧中部初期支护成环;3—右侧上部开挖;Ⅳ—右侧上部初期支护成环; 4—右侧中部开挖;Ⅴ—右侧中部初期支护成环;5—左侧下部开挖; Ⅵ—左侧下部初期支护成环;6—右侧下部开挖;Ⅶ—右侧下部初期支护成环; 7—拆除中隔壁及临时仰拱;Ⅷ—仰拱及填充混凝土;Ⅸ—拱墙二次衬砌	交叉中隔壁法也称为CRD法
双侧壁导坑法	Ⅰ—两侧超前支护;1—左(右)导坑上部开挖;Ⅱ—左(右)侧导坑上部初期支护; 2—左(右)侧导坑下部开挖;Ⅲ—左(右)侧导坑下部支护成环; Ⅳ—拱部超前小导管;3—中壁上部开挖;Ⅴ—中壁拱部初期支护与左右Ⅱ闭合; 4—中壁中部开挖;5—中壁下部开挖;Ⅵ—中壁下部初期支护与左右Ⅲ闭合; 6—拆除临时支护;Ⅶ—仰拱及填充混凝土施工;Ⅷ—拱墙二次衬砌	侧壁导坑开挖时,周边轮廓应圆顺;导坑跨度宜为整个隧道开挖宽度的1/3

任务2　隧道开挖质量标准

2.1　基本要求

①开挖断面尺寸应符合设计要求。

②应严格控制欠挖。拱脚、墙脚以上1 m范围内严禁欠挖。当石质坚硬完整且岩石抗压强度大于30 MPa,且确认不影响衬砌结构稳定和强度时,允许岩石个别凸出部分(每1 m² 应不大

于 0.1 m²)侵入断面;锚喷支护时,欠挖值不得大于 30 mm;混凝土衬砌时,欠挖值不大于 50 mm。

③应尽量减少超挖。隧道允许超挖值规定如表 6.3 所示。

④隧道开挖轮廓应按设计要求预留,预留变形量大小宜根据监控量测信息进行调整。

⑤仰拱超挖部分必须回填密实。

表 6.3　隧道允许超挖值

检查项目		规定值或允许偏差	检查方法和频率
拱部超挖/mm	Ⅰ级围岩(硬岩)	平均 100,最大 200	全站仪或激光断面仪检测:每 20 m 检查 1 个断面,每个断面自拱顶起每 2 m 测 1 点
	Ⅱ、Ⅲ、Ⅳ级围岩(中硬岩、软岩)	平均 150,最大 250	
	Ⅴ、Ⅵ级围岩(破碎岩、土)	平均 100,最大 150	
边墙超挖/mm	每侧	+100,0	
	全宽	+200,0	
仰拱、隧道超挖/mm		平均 100,最大 250	全站仪或水准仪检测:每 20 m 检查 3 处

注:①超挖测量以爆破设计开挖线为基准线。

②最大超挖值是指最大超挖处至设计爆破开挖轮廓线的垂直距离。

③表列数值不包括测量贯通误差、施工误差。

④平均超挖 = $\dfrac{超挖面积}{爆破设计开挖断面周长(不包括隧道底)}$。

⑤目测疑似超挖断面指检测范围内目测有可疑超欠挖的断面,检测断面可布置在该断面。超欠挖范围较大时,可加密检测断面。

2.2　爆破效果要求

用钻爆法开挖隧道,其爆破效果应符合以下规定:

①开挖轮廓圆顺,开挖面平整。

②周边眼炮痕保存率 ξ 可按下式计算,且应满足表 6.4 的要求。

$$\xi = \frac{残留有痕迹的炮眼数}{周边眼总数} \times 100\% \tag{6.1}$$

③两茬炮衔接时,出现的台阶形误差不得大于 150 mm。对于炮眼深度大于 3 m 的,可根据实际情况确定。

表 6.4　周边眼炮痕保存率标准

围岩条件	硬岩	中硬岩	软岩
周边眼保存率/%	≥80	≥70	≥50

注:①周边眼指均匀布置在开挖轮廓线周边的炮眼。

②式(6.1)中周边眼不包括底板周边眼。

③当眼炮痕迹保存率大于孔深的 70% 时,按残留有痕迹的炮眼计数。

④松散软岩很难残留炮眼,主要以满足平整圆顺即可认定为合格。

2.3 隧道开挖断面检测方法

目前,隧道开挖断面检测最常用的方法是极坐标法,其代表设备为激光断面仪。激光断面仪法具有精度高、速度快、效率高的优点,是一种非接触式测量方法。另外,也可采用以内模为参照物直接测量法、使用激光束的方法和使用投影机的方法,如表6.5所示。

表6.5 隧道开挖断面检测方法

测定方法及采用的测定仪		测定方法概述
直接两侧开挖断面方法	以内模为参照物直接测量	以内模为参照物,用钢尺直接测量超欠挖
	使用激光束	利用激光射线在开挖面上定出基点,并由该点实测开挖断面
	使用投影机	利用投影机将基点或隧道基本形状投影在开挖面上,然后据此实测开挖断面
非接触观测法	极坐标法(激光断面仪)	以某物理方向(如水平方向)为起算方向,按一定间距(角度或距离)依次测定仪器旋转中心与实际开挖轮廓线交点之间的矢径(距离)及该矢径与水平方向的夹角,将这些矢径端点依次相连即可获得实际开挖的轮廓线

任务3 激光断面仪检测开挖断面

3.1 测量仪器

激光断面仪是将现代激光测距和计算机技术相结合开发出来的硬件、软件一体化的隧道断面测量仪器。我国从20世纪90年代初,引进瑞士Amberg公司生产的激光断面仪利用后方交会的方法来确定激光断面仪的坐标和方位。不过,在隧道中用后方交会来确定测站坐标有时不太方便,有时很难操作。另外,专用激光断面仪价格十分昂贵。因此,为了对断面仪进行定位,还需要用经纬仪或全站仪进行测量。

1. 仪器组成及特点

(1)仪器组成

激光断面仪由检测主机、测量控制器(掌上电脑)、三脚架、软件等部分组成。

(2)仪器特点

①检测精度高,测量数据记录简洁,自动记录,存储空间大。

②无须交流供电,使用充电电池供电,携带方便,符合现场使用条件。

③现场无须携带笔记本电脑,掌上电脑操作方便,软件功能强大,操作简便,全中文界面,支持多种操作系统。

④激光断面仪可根据需要显示被测断面图形。

2. 主要技术指标

①检测半径:1～45 m。

②检测点数:自动检测,一般为 35 个点/断面。

③测距精度:高于±1 mm。

④测角精度:高于 0.01°。

⑤方位角范围:30°～330°(仪器测头垂直向下为 0°),连续测量 60°～300°。

⑥手动测头转动方位角范围:0°～350°。

⑦定位测量方式:具有垂直向下激光定心标志、测距功能。

3. 测量方式

激光断面仪需全站仪配合,其测量方式有以下 3 种:

①手动检测方法。由操作者控制移动检测指示光标随意进行测量和记录。

②定点检测法。可设置起止角度及测量点数等参数,仪器按照所定参数自动测量并记录。

③自动量测法。仪器按照内部设定的间隔,自动检测并记录数据。

3.2　测量原理

激光断面仪的测量原理为极坐标法。如图 6.1 所示,以某物理方向(如水平方向)为起算方向,按一定间距(角度或距离)依次测定仪器旋转中心与实际开挖轮廓线交点之间的矢径(距离)及该矢径与水平方向的夹角,将这些矢径端点依次相连即可获得实际开挖的轮廓线。通过洞内施工控制导线可以获得断面仪的定点定向数据,在计算机软件的帮助下,自动完成实际开挖轮廓线与设计开挖轮廓线的空间三维匹配,最后形成图示的输出图形,并输出各测点与相应设计开挖轮廓线之间的超欠挖值(距离、面积)。如果沿隧道轴向按一定间隔测量多个检测断面,还可得出实际开挖方量、超挖方量、欠挖方量。用激光断面仪测量实际开挖轮廓线的优点是不需要合作目标(反射棱镜)。

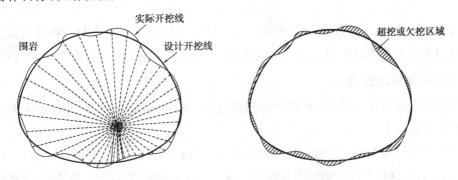

图 6.1　激光断面仪检测原理示意图

用激光断面仪测量开挖轮廓线时,激光断面仪可以放置在隧道内的任意位置,扫描断面的过程(测量记录)可以自动完成。所测的每个点均由激光断面仪发出的一束十分醒目的可见红色激光指示,而且可以由人工随时加以干预。如果在激光断面仪自动扫描断面的测量过程中,发现轮廓线上的某特征点漏测,还可以随时用激光断面仪测距头返回要测的特征点,完成该点的测量后继续扫描。除此以外,在自动测量过程中,测点间距还可以根据断面轮廓线的实际凹凸形状,随时动态加以修正。如果事先在控制器中输入了设计断面形状、隧道轴线、平面、纵面设计参数(可以在室内输入)以及断面仪实测时的定向参数(实测时输入),则在完成某一开挖面的实际测量后,可以立即在控制器的屏幕上显示图形。在控制器上操纵激光断面仪测距头旋转,指向激光所指示的断面轮廓线上的某点,就对应于控制器上图形显示的光标点,可实时显示该点的超欠挖数值。

如果要获取最后的输出结果,则将激光断面仪控制器中的数据传输到计算机中,运行激光断面仪配套的后处理软件,可以从打印机、绘图机上自动获得成果。

目前在隧道施工中,激光断面仪不仅可应用于开挖断面检测,而且在初期支护(喷射混凝土衬砌)、二次衬砌断面轮廓检测中也广泛应用。

3.3 检测方法

1. 检测前准备

①根据检测任务要求确定检测断面、单个断面检测点数。一般情况下,开挖检测断面为20 m 一个,初期支护检测断面为 10 m 一个,二次衬砌检测断面为 20 m 一个。

②采用激光断面仪对隧道开挖断面检测前,应先采用经纬仪或全站仪按一定间距放样测量断面中线测点(放置断面仪的点)及该测点实际高程和对应法向点(与测量点连线且在垂直于隧道轴线的横断面上的点),并记录该点的桩号、实际高程和中线偏位值。

③放点要求。激光断面仪进行断面检测具有任意点检测的优势。检测时,虽然无固定检测位置的要求,但为便于后期数据处理,一般要求如下:

a. 在条件允许的情况下,检测点应放在隧道轴线上(保证等角自动测量时各测点间距相等);

b. 现场条件受限、不能在隧道轴线放置检测时,可以偏离隧道轴线放检测点,但是应记录下实际高程和与隧道轴线偏位值,且适当加密检测点,避免被检断面远离检测点一侧的测点距离过大;

c. 若为直线隧道且检测点距离较短情况下,可以用相邻测量断面的轴线检测点来确定测量断面与隧道轴线垂直的方向,但在曲线隧道和偏离隧道轴线放点的情况下,须事先放样法向点。

2. 隧道断面检测步骤

①将激光断面仪置于所需检测断面的测量点上,安装并调整好仪器,使仪器水平且垂直归零后光点在测量点上。

②利用该检测点的法向点或者相邻检测点(在直线段均为中线测点的情况下),确定激光断面仪主机方向,保证所检测的断面在垂直于隧道轴线的断面内,且统一按特定旋转顺序检测。

③退出仪器手动调试界面,进入主界面,选择"测量断面"。

④在"测量断面中"选择等角自动测量,并输入所测量断面的桩号并设置好所量测断面的起始和终止测量角度以及所需量测的点数等参数,最后点"测量",仪器自动开始检测。检测时,注意观察掌上电脑所显示的检测断面曲线。如发现异常测点,及时现场观察,以便确定是否为障碍物遮挡导致。

⑤测量结束。在提示栏中显示检测完信息时即可退出,数据自动保存在掌上电脑中(部分新型激光断面仪,在测量结束后需要将新测的断面保存在已有或新建的断面组文件内),然后进行下一个断面检测。检测断面数据带回室内进行处理,以减少在隧道内的时间,减少对施工的影响。

3. 检测数据处理

现场检测完成后,回到室内将测量数据传输到计算机上,采用该仪器配套的后处理软件对数据进行处理。处理步骤一般如下:

1)编辑标准断面

熟悉设计资料中的标准断面,根据检测断面测点选择情况和标准断面情况,考虑到各个断面的超高旋转等因素编制标准断面。

2)打开标准断面

逐个导入测量曲线(部分新型激光断面仪需导入断面组文件)。

3)断面数据处理

①确定水平调整参数。根据测量点的中点偏位和标准断面原点的位置,确定水平偏位调整值 X(测点在标准断面原点右侧为正值,左侧为负值)。

②确定高差调整值。根据测点实际高程 H_1 和标准断面原点设计高程 H_2 确定高差调整值 Δh。

$$\Delta h = H_2 - H_1 \tag{6.2}$$

③计算最终仪器高度值。用测量时的仪器高度值 Z_1 和高差调整值 Δh 计算标准断面仪器高度 Z,即完成断面数据处理过程。

$$Z = Z_1 - \Delta h = Z_1 - (H_2 - H_1) \tag{6.3}$$

4)完善断面标记

输入相关测量信息(如测量时间、测量单位和测量人等),检查断面桩号。如发现检测现场输入断面有误,在断面输出前重新编辑桩号。

5)输入断面结果

根据检测要求和实际需要输出断面处理结果,最后根据处理的标准曲线和实测曲线对比图像和输出附表的说明,判断隧道断面是否侵入标准断面(初期支护或者二次衬砌)的设计界限,得出侵限部位和侵限值大小。为便于后期使用,在最后的结果中应标注障碍物等引起的假侵限部位。

需要说明的是,以上为激光断面仪检测隧道断面的一种方法,但不是唯一方法。

项目实训

在隧道实训基地模拟进行开挖断面检测,并完善表6.6。

表6.6 洞身开挖现场质量检测表

工程名称		施工日期	
桩号及工程部位		检验日期	
基本要求	①不良地质段开挖前应做好预加固、预支护; ②当前方地质出现变化迹象或接近围岩分界线时,必须用地质雷达、超前小导坑、超前探孔等方法先探明隧道的工程地质和水文地质情况,方可进行开挖; ③应严格控制欠挖:当石质坚硬完整且岩石抗压强度大于30 MPa且确认不影响衬砌结构稳定和强度时,允许岩石个别凸出部分(每1 m² 不大于0.1 m²)凸入衬砌断面;锚喷支护时,凸入不大于30 mm;衬砌时,不大于50 mm;拱脚、墙脚以上1 m内严禁欠挖; ④开挖轮廓要预留支撑沉落量及变形量,并利用量测反馈信息及时调整; ⑤隧道爆破开挖时,应严格控制爆破震动; ⑥洞身开挖在清除浮石后,应及时进行初喷支护		

检查项目		规定值或允许偏差	实测值或偏差值	检查方法及频率
拱部超挖/mm	破碎岩、土(Ⅰ、Ⅱ类围岩)	平均100,最大150		水准仪或断面仪:每20 m 一个断面
	中硬岩、软岩(Ⅲ、Ⅳ、Ⅴ类围岩)	平均150,最大250		
	硬岩(Ⅵ类围岩)	平均100,最大200		
边墙超挖/mm	每侧	+100,0		尺量:每20 m 检查1处
	全宽	+200,0		
仰拱、隧底超挖/mm		平均100,最大250		水准仪:每20 m 检查3处

备注:
监理员意见:
专业监理工程师意见:

项目 7 衬砌施工质量检测

【项目概述】本项目主要讲解衬砌施工中锚杆施工质量检查、喷射混凝土质量检测、影响喷射混凝土质量的因素、混凝土衬砌施工各个阶段的质量检查，以及地质雷达法检测混凝土衬砌质量。

【教学目标】掌握隧道衬砌的基本分类方法和用途，掌握喷锚衬砌施工质量检查，掌握模筑混凝土衬砌施工质量检查，了解地质雷达检测原理，能够对简单的地质雷达检测结果进行定性识别。

【学习重点】喷锚衬砌施工质量和模筑混凝土衬砌施工质量检查要点及方法。

任务 1 衬砌结构的类型及支护结构

二郎山隧道

一般情况下，阶段开挖完成后应立即进行衬砌施工。衬砌是一种为防止围岩变形或坍塌，沿隧道洞身周边修建的永久性支护结构。衬砌结构形式主要根据隧道所处的地质地形条件，考虑其结构受力的合理性、施工方法和施工技术水平等因素来确定。

1. 按断面形状分类

按断面形状，衬砌可分为直墙式衬砌、曲墙式衬砌、圆形断面衬砌、矩形断面衬砌。

1）直墙式衬砌

直墙式衬砌形式通常用于岩石地层垂直围岩压力为主要计算荷载、水平围岩压力很小的情况（图 7.1）。对于公路隧道，直墙式衬砌结构的拱部可以采用割圆拱、坦三心圆拱或尖三心圆拱。三心圆拱指拱轴线由三段圆弧组成，其轴线形状比较平坦的称为坦三心圆拱，形状较尖的称为尖三心圆拱，平的即为割圆拱。

2）曲墙式衬砌

通常在Ⅲ类以下围岩中，水平压力较大，为抵抗较大的水平压力将边墙也做成曲线形状（图 7.2）。当地基条件较差时，为防止衬砌沉陷，抵抗底鼓压力，使衬砌形成环状封闭结构，可以设置仰拱。

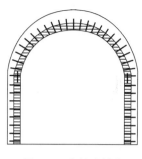

图7.1　直墙式衬砌

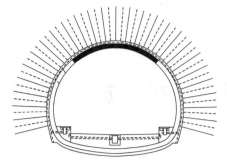

图7.2　曲墙式衬砌

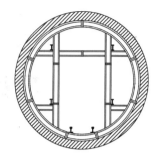

图7.3　圆形断面衬砌

3）圆形断面衬砌

为抵抗膨胀性围岩压力，山岭隧道也可以采用圆形或近似圆形断面（图7.3），因为需要较大的衬厚度，所以多半在施工时进行二次衬砌。对于水底隧道，由于水压力较大，采用矿山法施工时，也多采用二次衬砌或者采用铸铁制的方形节段。水底隧道广泛采用盾构法施工，其断面为全圆形。通常用预制的方形节段在现场拼装。此时，在顶棚以上和路面板以下的空间可以用作通风管道，车行道两侧的空间可以设置人行道或自行车道，有剩余的空间时还可以设置电缆管道等。水底隧道的另一种施工方法是沉管法，有单管和双管之分，其断面可以是圆形，也可以是矩形。岩石隧道掘进机是开挖岩石隧道的一种机械化切削机械，其开挖断面通常为圆形。开挖后可以用喷混土衬砌、喷锚衬砌或拼装预制构件衬砌等多种形式。

4）矩形断面衬砌

用沉管法施工时，其断面可以采用矩形形式。用明挖法施工时，尤其在修筑多车道隧道时，其断面广泛采用矩形。这种情况下，回填土厚度一般较小，加之在软土中修筑隧道时，软土不能抵抗较大的水平推力，因此不应修筑拱形隧道。另外，矩形断面的利用率也较高。城市中的过街人行地道通常都在软土中通过，其断面也以矩形为基础组成。

2. 按施工方法分类

根据围岩的情况，可采用不同的施工方法修筑衬砌。目前，常用的有整体式衬砌、锚喷衬砌、复合式衬砌、装配式衬砌。

1）整体式衬砌

整体式衬砌可分为砌体衬砌和模筑混凝土衬砌，是传统衬砌结构形式（图7.4）。在新奥法问世前，整体式衬砌广泛应用于隧道工程中。该方法不考虑围岩的承载作用，主要通过衬砌的结构刚度抵抗地层产变形，承受围岩的压力。整体式衬砌采用就地整体立模并浇筑混凝土（模筑混凝土）。其方法是在隧道内支立模板、拱架，然后浇筑混凝土。它作为一种支护结构，从外部支撑隧道围岩，适用于不同的地质条件，易于按需成形，且适合多种施工方法。

2）锚喷衬砌

锚喷衬砌一般作为复合式衬砌的初期支护（一衬），一般不单独使用（图7.5）。其用于稳定围岩表层少数已松动的岩块；保护和加固围岩表面，防止风化；与围岩形成表面较平整的整体支承结构，确保营运安全。锚杆的联结作用并通过喷射混凝土表面封闭和支护的配合，使围岩和

194

锚杆喷射混凝土形成一个稳定的承载结构。

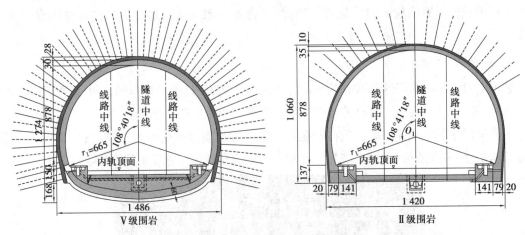

图 7.4　整体式衬砌(单位:cm)

图 7.5　喷射混凝土衬砌施工

在某些不良地质、大面积涌水地段和特殊地段,不宜采用锚喷衬砌作为永久衬砌。在大面积涌水地段,喷射混凝土很难成型,且即使成型,其强度及与围岩的黏结力无法保证,难以发挥锚喷支护应有的作用。

不宜采用锚喷支护作为永久衬砌的情况还包括以下6种:

①对衬砌有特殊要求的隧道或地段,如洞口地段,要求衬砌内轮廓很整齐、平整;

②辅助坑道或其他隧道与主隧道的连接处及附近地段;

③有很高的防水要求的隧道;

④围岩及覆盖太薄,且其上已有建筑物,不能沉落或拆除者等;

⑤地下水有侵蚀性,可能造成喷射混凝土和锚杆材料的腐蚀;

⑥寒冷和严寒地区有冻害的地方等。

3)复合式衬砌

复合式衬砌是目前隧道工程常采用的衬砌形式。复合式衬砌由初期支护(一衬)和二次支护(二衬)组成。初期支护限制围岩在施工期间的变形,达到围岩的暂时稳定;二次支护则提供结构的安全储备或承受后期围岩压力。例如,复合式衬砌可以将锚喷衬砌作为初期支护(一衬),以整体式衬砌中的模筑混凝土作为二次支护(二衬)。在施工过程中,通过测量、监控取得数据,不断修改和完善原始设计,并掌握围岩和支护的形变和应力状态,以便最大限度发挥由围岩和支护组成的承载结构的自承能力。因此,复合式衬砌在施工过程中的监控量测显得尤为重要。

4)装配式衬砌

装配式衬砌是将若干预制成型的衬砌片运入隧道内,用机械拼装而成,一经装配,即可承受围岩压力(图7.6)。装配式衬砌的结构形式应根据工业化生产水平、施工方法、起重运输条件、场地条件等因地制宜选择。装配式衬砌在工厂进行大规模标准化生产,可有效保证构件质量,改善劳动条件,节省造价。目前,装配式衬砌大量应用在盾构法施工的隧道中。

图7.6　装配式衬砌构件

任务2　喷锚衬砌施工质量检查

喷锚衬砌是喷射混凝土支护、锚杆支护、喷射混凝土+锚杆支护、喷射混凝土+锚杆+钢筋网支护、喷射混凝土+锚杆+钢筋网+钢架支护的统称。它是一种加固围岩、控制围岩变形,能充分利用和发挥围岩自承能力的衬砌形式,具有支护及时、柔性、紧贴围岩、与围岩共同工作等特点。施工过程中,要求初期支护在隧道开挖后及时完成,以控制围岩变形、防止围岩坍塌、发挥围岩结构作用。锚喷支护施工灵活、经济,目前在隧道工程中广泛应用。

整体式衬砌包括砌体衬砌和模筑混凝土衬砌,可以单独采用,早期隧道工程多采用这种衬砌。目前,公路隧道大多采用复合式衬砌,第一层衬砌采用喷锚衬砌,称为初期支护(一衬);第二层衬砌采用拱墙整体浇筑的模筑混凝土衬砌,也称为二次衬砌(二衬)。

2.1　锚杆施工质量检查

隧道工程中,锚杆是将围岩与深层岩体进行有效连接的受拉构件。整根锚杆分为自由段和锚固段,自由段是指将锚杆头处的拉力传至锚固体的区域,其功能是对锚杆施加预应力;锚固段是指水泥浆体将预应力筋与土层黏结的区域,其功能是将锚固体与土层的黏结摩擦作用增大,增加锚固体的承压作用,将自由段的拉力传至土体深处。

1. 锚杆加工质量检查

锚杆的种类主要有砂浆锚杆、药卷锚杆、中空注浆锚杆、自钻式锚杆、组合中空锚杆、树脂锚杆、楔缝式端头锚固锚杆、管缝式锚杆等。常用的两种长黏结锚杆杆体构造如图 7.7 所示。每一种锚杆在使用安装前,都必须对材质、规格和加工质量进行检查,以免不合格的锚杆材料用于隧道支护。

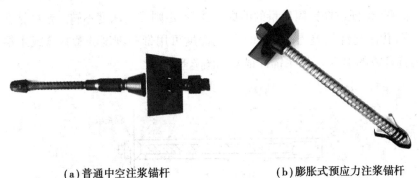

(a)普通中空注浆锚杆　　　　(b)膨胀式预应力注浆锚杆

图 7.7　长黏结锚杆

1)杆体材料力学性能检测

抗拉强度:锚杆在工作时主要承受拉力,检查材质时应首先检测其抗拉强度。从原材料中或成品锚杆上截取试样,在拉力试验机上做拉伸试验,测试材料抗拉强度和力学特性,确定其是否满足工程要求。

延展性:锚杆在工作中处于被动受力状态,其在隧道围岩发生变形后发挥作用,过脆可能导致锚杆中途断裂失效。所以,需对材料的延展性进行试验,其断后伸长率不应小于 16%。

弹性:对于管缝式锚杆,要求原材料具有一定的弹性,使锚杆安装后管壁和孔壁紧密接触。检查时,可采用现场弯折或锤击,观察其塑性变形情况。

2)杆体规格

杆体规格包括长度和直径。锚杆杆体长度应不小于设计值,用直尺测量。锚杆杆体的直径必须与设计相符。中空锚杆还应检查管壁厚度,可用卡尺或直尺测量。此外,还应注意观察杆体直径是否均匀一致、有无削弱钢筋截面的伤痕。若有发现,则应弃之不用。

3)加工质量

锚杆都需要进行一定的加工。加工质量检测时,应测量锚杆各部分的尺寸,焊接件的焊接质量;对于螺丝部分,应检查丝纹质量,观察是否有偏心现象,并戴上螺母。

2. 锚杆安装质量检查

1)锚杆孔位

钻孔前应根据设计要求定出孔位,做出标记。可用钢卷尺检测锚杆的环向间距和纵向排距,孔位允许偏差为 ±150 mm,但需控制累积误差,以保证锚杆设计密度。控制方法:任意 5 ~ 10 m 范围内的锚孔数量不少于设计值。检查频率为锚杆数的 10%。

2)锚杆方向(垂直度)

锚杆打设方向应根据围岩情况,尽量与围岩壁面或岩层主要结构面呈大角度相交。采用气腿式风动凿岩机钻孔时,边墙锚杆打设方向能满足要求,而拱部锚杆打设方向不易做到与开挖面垂直,容易出现偏差。锚杆打设方向过于偏斜,会使锚杆实际有效锚固深度降低,造成浪费材料,达不到设计效果。系统锚杆钻孔方向应为设计开挖轮廓法线方向,垂直偏差不宜大于20°。锚杆打设方向检查主要采用目测,也可采用地质罗盘检测。

3)钻孔深度

锚杆钻孔深度是保证锚杆锚固质量的前提,孔深不足则锚固深度不够。锚杆钻孔深度不小于锚杆设计长度,孔深允许偏差为±50mm。钻孔深度可用带有刻度的塑料管或木棍等插孔测量,检查频率为锚杆数的10%。砂浆锚杆锚固如图7.8所示。

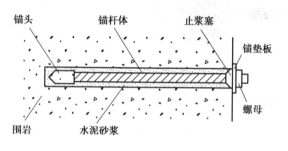

图7.8 砂浆锚杆锚固

4)孔径

对于以砂浆作为锚固剂的锚杆,孔径过小会减小锚杆杆体包裹砂浆层的厚度,影响锚杆的锚固力及其耐久性。因此,锚孔钻径应大于杆体直径15 mm。

对于其他形式的锚杆,孔内有锚杆连接件、特殊锚头。为便于安装,孔径可以更大一些,以满足安装工艺要求。

孔径检查采用直尺、游标卡尺测量,检查频率为锚杆总数的10%。

5)锚杆锚固剂(砂浆)强度检测

锚固剂(砂浆)强度是锚杆质量的重要保证。对于砂浆强度检测,先在现场取样,每次锚杆安装应至少取一组试件,在标准养护条件下试件28 d的抗压强度不低于设计强度。设计没有特别要求时,砂浆强度等级应不小于M20。

6)锚杆垫板

锚杆垫板对发挥锚杆锚固作用十分重要。锚杆垫板要求与岩面紧贴,不能出现吊空(垫板没有贴到围岩)、翘边、螺母没有压住垫板的现象。垫板长、宽尺寸偏差不小于5 mm,厚度大于设计值。检查频率为锚杆数的10%。

7)锚杆数量

锚杆数量是锚杆设计参数的重要指标。锚杆安装数量检测,可直接在现场肉眼点数,或通过全息扫描拍照点数。

8)锚杆抗拔力

锚杆抗拔力是指锚杆锚固后能够承受的抗拔能力。它是锚杆材料、加工及锚固质量的综合反映,是锚杆质量检测的一项基本内容。锚杆抗拔力检测标准如下:

①检测数量为锚杆数的 1%,且每次不少于 3 根;

②同组锚杆抗拔力的平均值应不小于设计值;

③单根锚杆的抗拔力不得低于设计值的 90%。

9) 锚杆锚固长度和砂浆注满度检测

对于全长黏结锚杆,还可采用锚杆质量无损检测仪检测锚固长度和砂浆密实度。

2.2　喷射混凝土质量检测

1. 检测内容

喷射混凝土的质量检测内容除包括对原材料的检测外,还包括喷射混凝土强度检测、喷射混凝土厚度检测、喷射混凝土外观及表面平整度检测、喷混凝土支护背后空洞检测以及施工过程喷射混凝土的回弹率和粉尘检测。

2. 喷射混凝土强度检测

喷射混凝土抗压强度是喷射混凝土的主要性能指标。在一般试验检测中,只检测喷射混凝土的抗压强度,并由此推测混凝土的其他强度。喷射混凝土强度检查有喷大板切割法、凿方切割法、喷模法、钻芯法。用于检验喷射混凝土抗压强度的试块,应在喷射现场随机制取。

1) 试件制作

试件 3 件为 1 组。两车道隧道每 10 延米,至少在拱部和边墙各取一组试件。对于每喷射 $50 \sim 100 \ m^3$ 混合料或小于 $50 \ m^3$ 混合料的独立工程,不得少于 1 组。材料或配合比变更时,应重新制取试件。不同的试件制作方法如下:

①喷大板切割法。在施工的同时,将混凝土喷射在 450 mm×350 mm×120 mm(可制成 6 块)或 450 mm×200 mm×120 mm(可制成 3 块)的模型内,在现场养护 28 d 后,用切割机切掉周边,加工成 100 mm×100 mm×100 mm 的立方体试块再进行试验,试验方法见项目 2。用标准试验方法测得极限抗压强度,并乘以系数 0.95。

②凿方切割法。在已经喷好的喷射混凝土结构物上,养护 14 d 后用凿岩机打密排钻孔,取出长约 350 mm、宽约 150 mm 的混凝土块,用切割机切掉周边,加工成 100 mm×100 mm×100 mm 的立方体试块。在现场养护 28 d 后,进行试验。用标准试验方法测得极限抗压强度,并乘以系数 0.95。

③喷模法(预留试块法)。在喷射混凝土施工的同时,将 150 mm×150 mm×150 mm 标准试模放在施工现场,待喷枪喷射稳定后将混凝土喷入模内,喷满后将试模内混凝土表面抹平,在现场养护 28 d 后进行试验。

④钻芯法。在已经喷好的喷混凝土结构物上,养护 28 d 后,直接钻取直径为 $50 \sim 150$ mm、长径比大于 1.0 的芯样,用切割机加工成两端平行的圆柱体试块,在压力机上进行试验(精确到 0.1 MPa)。

2) 喷射混凝土抗压强度的合格标准

①同批试件组数 $n \geqslant 10$ 时,试件抗压强度平均值不低于设计值,且任一组试件抗压强度不低于设计值的 85%。

②同批试件组数 $n<10$ 时,试件抗压强度平均值不低于1.05倍的设计值,且任一组试件抗压强度不低于设计值的90%。

③实测项目中,喷射混凝土抗压强度评为不合格时,相应分项工程为不合格。检查不合格时,应查明原因并采取措施,可采用补喷增加喷层厚度予以补强,或凿除重喷。

3.喷射混凝土厚度检测

隧道开挖暴露后,需立即对开挖面进行初喷。这是保持围岩稳定和施工作业安全很重要的施工环节,应对喷射混凝土初喷环节进行检测。初喷厚度应不小于20mm,初喷范围包括开挖轮廓岩面、超挖面、塌方岩面。

喷射混凝土厚度是指混凝土喷层表面与围岩受喷面的距离,是初喷厚度和复喷厚度的总体厚度。喷射混凝土厚度是发挥喷射混凝土支护作用的重要保障。喷射混凝土总体厚度应满足设计要求。

1)检查方法和数量

①喷射混凝土厚度可采用凿孔法或地质雷达法等方法检查。凿孔检查时,宜在混凝土喷后8 h 以内,采用电钻、风钻钻孔检查,发现厚度不够时可及时补喷。如喷射混凝土与围岩黏结紧密,颜色相近而不易分辨时,可用酚酞试液涂抹孔壁,碱性混凝土即呈现红色。

②检查断面数量。凿孔检查时,每10 m检查2个断面,每个断面从拱顶中线起每隔3 m凿孔检查一个点。

2)合格标准

全部检查点喷射混凝土厚度须同时满足以下3个条件方可视为合格:

①平均厚度不小于设计厚度;

②60%检查点的厚度不小于设计厚度;

③最小厚度不小于设计厚度的60%。

4.喷射混凝土外观及平整度检测

喷射混凝土外观上应无漏喷、鼓包、开裂、钢筋网(或金属网)外露等现象。喷射混凝土表面要求整体平整、圆顺,不应出现尖角和明显坑凹。

1)喷射混凝土表面平整度检测方法

喷射混凝土平整度用直尺检测(图7.9),肉眼观察明显凹凸位置、直尺靠在凸出顶端。

2)喷射混凝土表面平整度要求

①喷射混凝土基面平整度应满足下式:

$$\frac{D}{L} \leqslant \frac{1}{6}$$

式中　L——喷射混凝土相邻两凸面间的距离;

　　　D——喷射混凝土相邻两凸面间下凹的深度。

②隧道断面变化、厚度变化或转折处的阴角为 $R \geqslant 5$ cm 的圆弧。

③基面不得有钢筋、凸出的构件等尖锐凸出物。

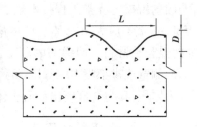

图 7.9　喷射混凝土表面平整度检测方法

5. 喷射混凝土支护背后空洞检测

喷射混凝土必须直接喷射到围岩壁面上,与围岩密贴接触形成组合结构,如图 7.10 所示。但实际工程中,在设有钢架支护的地段,由于超挖、掉块和塌方的原因,隧道实际开挖断面形状与事先加工好的钢架支护形状相差较大,钢架喷射混凝土层容易与围岩脱离(图 7.11),形成空洞。喷射混凝土衬砌与围岩之间存在空洞时,喷射混凝土层局部形成孤立的薄壳结构,喷射混凝土层结构承载能力和稳定性大幅降低;同时,由于喷射混凝土衬砌没有形成对围岩的有效约束,围岩也失去了喷射混凝土结构的支护,可能进一步松弛,并可能导致塌方;围岩压力会进一步增大,导致衬砌开裂,影响隧道的使用安全。因此,喷射混凝土支护背后不允许存在空洞和不密实现象。

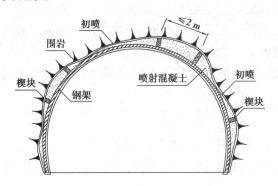
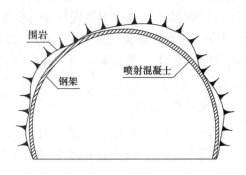

图 7.10　喷射混凝土与围岩密切接触　　　图 7.11　喷射混凝土与围岩脱空

1) 检查方法和数量

(1) 检查方法

目前,喷射混凝土支护背后空洞检测最常用和有效的方法是地质雷达法(见本项目任务 3)、凿孔检验法。凿孔检查时,在喷射混凝土层凿孔,用手电、内窥镜、直尺伸入凿孔内检查。

(2) 检查断面数量

凿孔检查时,每 10 m 检查一个断面,每个断面从拱顶中线起每隔 3 m 凿孔检查一个点。

2) 合格标准

喷射混凝土支护背部应无空洞、无回填杂物。发现空洞和不密实区,即为不合格,必须进行注浆填充密实。

6. 喷射混凝土回弹率

喷射混凝土施工过程中,部分喷射混凝土混合料由隧道岩壁跌落到底板的现象称为喷射混凝土回弹。回弹下来的喷射混凝土混合料体积与喷射混凝土总体积之比,称为喷射混凝土回弹率。

《岩土锚杆与喷射混凝土支护工程技术规范》(GB 50086—2015)规定,回弹率应予以控制,拱部不应大于25%,边墙不应大于15%。应尽量采用经过验证的新技术,减少回弹率。回弹物不得重新用作喷射混凝土材料。回弹率的测定方法是:按标准操作喷射 $0.5 \sim 1.0 \text{ m}^3$ 的混凝土,在长度 3.0 m 的侧壁或拱部喷 10 cm 厚的喷层,用铺在地面上的彩条塑料布或钢板收集回弹物,称重后换算为体积,其与全部喷出混凝土体积的比值即为回弹率。

2.3 影响喷射混凝土质量的因素

1.影响喷射混凝土强度的因素

1)原材料

喷射混凝土原材料主要包括水泥、骨料、外加剂等。

对水泥强度、安定性、凝结时间进行抽样检查,不合格不得进入施工现场。为保证喷射混凝土强度、减少粉尘和混凝土硬化后的收缩,需控制混凝土混合料搅拌时水泥的飞扬损失,砂的细度模数、含水率、含泥量及骨料级配、最大粒径等质量指标必须符合相关规定。

喷射混凝土用水必须是无杂质的洁净水,污水、pH 值小于 4.5 的酸性水均不得使用。

为加快喷射混凝土的凝结、硬化,提高其早期强度,减少喷射混凝土施工时因回弹和重力而引起的混凝土脱落,增大一次喷射混凝土厚度和缩短分层喷射的间隔时间,一般需在喷射混凝土中加入速凝剂。速凝剂对不同品种的水泥,其作用效果也不相同。因此,在使用前应做速凝剂与水泥的相容性试验及水泥净浆凝结效果试验。所采用的速凝剂应保证初凝时间不大于3 min,终凝时间不大于 12 min,并应符合《混凝土外加剂应用技术规范》(GB 50119—2013)的相关规定。

2)施工作业

在原材料合格的前提下,应按设计和试验调整的配合比,准确称量并进行搅拌。喷射混凝土前,必须先冲洗岩面;喷射中,要控制好水灰比、喷射距离、喷射风压,分层喷射;喷射后,注意洒水养护。

2.影响喷射混凝土厚度的因素

1)爆破效果

光面爆破效果差,隧道断面成形不好,容易导致超挖处喷射混凝土层过厚,而欠挖处喷层又过薄。在有钢架地段,超挖过大时,可能存在喷射混凝土支护背后不密实、空洞。

2)回弹率

回弹率过高会造成原材料的极大浪费、施工作业时间延长,增加施工成本,并使施工现场空气中粉尘含量过高,造成施工环境不达标。

3)喷射参数

喷射混凝土的风压、水压、喷头与喷面的距离、喷射角度、喷射料的粒径等,不仅影响喷射混凝土的强度,而且还会影响对喷层厚度的控制。

4)施工控制措施

喷射混凝土前,没有采取如埋设厚度标志桩等控制厚度的措施,容易造成厚度不足。喷射作业完成后没有及时检测,也是喷射混凝土厚度质量失控的一个重要原因。

任务3 模筑混凝土衬砌施工质量检查

在隧道已经进行初期支护的条件下,用混凝土等材料修建内层衬砌,以达到加固支护、优化路线防排水系统、美化外观、方便设置通信、照明、监测等设施的作用。该衬砌通常为现浇结构,根据结构内部是否配筋又可细分为素混凝土衬砌和钢筋混凝土衬砌。设有仰拱的隧道,仰拱衬砌是混凝土衬砌的一部分。模筑混凝土衬砌施工流程如图7.12所示。

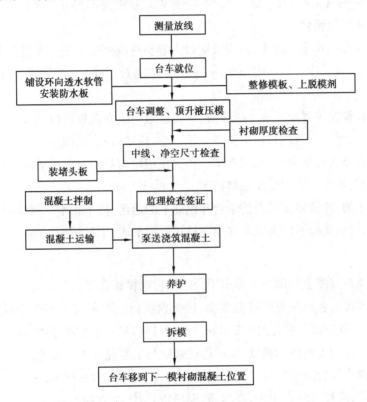

图7.12 模筑混凝土衬砌施工流程图

3.1 衬砌基坑开挖检查

混凝土衬砌施工前,需对衬砌边墙基础开挖(包括与仰拱座连接)的基本尺寸进行检测。基底高程应符合设计要求,基坑尺寸应大于或等于设计尺寸,严禁欠挖。采用水准仪检测高程、经纬仪检测位置或用全站仪检测高程和位置,钢尺检测几何尺寸。基坑开挖应严格控制一次开挖长度,减少基坑暴露时间。如遇初期支护拱脚悬空,应及时采用喷射混凝土填实或增加锁脚锚杆等措施。混凝土浇筑前,应清理基坑内的浮渣,抽干基坑内的积水,基坑及边墙存在的超挖部分必须采用同级混凝土回填。

3.2 模板及钢筋工程检查

衬砌模板质量在一定程度上决定了隧道混凝土衬砌的外观质量,并影响衬砌的内在质量,因此,在施工前和施工过程中都应进行严格的质量检查。

1.拼装模板

①模板及支架应有足够的刚度、强度和稳定性。拱架是模板的依托,一般说来其强度不存在大的问题,但其整体刚度不足可能引起模板沉降、移位和变形,影响混凝土衬砌的成形质量。拱架的刚度可由计算或试验方法来检验,拱架的整体刚度通过增加拱架间的纵向联系、增加横撑、加强横向斜撑等措施进行调整。

②模板拱架应有规整的外形。拱架在使用前应先在样台上试拼,拱架外缘轮廓曲线半径加模板厚度后不应小于衬砌内轮廓曲线半径。考虑到混凝土浇筑可能引起的变形,拱架曲线半径宜预留50~80 mm的富余量;每一施工循环的前后两端拱架外形尺寸最大误差不大于5 mm,以免相邻两环衬砌间出现错台。

③模板长度和宽度均不宜过大,模板长度过大容易造成刚度不足。模板宽度过大不利于衬砌内表面曲线过渡,其长度一般可取100 cm,最大不应超过150 cm;其宽度一般为50 cm,并配若干块较窄的(如宽为30 cm)模板。

④拱架和模板设置位置应准确。架设时,应按隧道中线和高程就位,反复校核,施工误差应控制在允许范围内,拱架高程应预留沉落量。施工中,应随时测量、调整。

⑤挡头模板安装要稳定可靠,封堵严实。挡头模板应与衬砌断面相适应,便于止水带固定。安装时,要注意与初期支护或岩壁间嵌堵密实。

⑥浇筑混凝土前,应清除模板内的杂物和钢筋上的油污、抽干积水。钢模板应涂脱模剂,木模板应用水湿润,模板接缝不应漏浆。在涂刷模板脱模剂时,不得污染钢筋。

2.模板台车

①隧道主洞模筑混凝土衬砌施工应采用全断面衬砌模板台车。

②全断面衬砌模板台车模板应留振捣窗,振捣窗纵向间距不宜大于2.5 m,与端头模板距离不应大于1.8 m,横向间距不宜大于2.0 m,振捣窗窗口尺寸不宜小于45 cm×45 cm。

③边墙模板应连续支模到达基础,保证边墙基础与拱墙混凝土一次连续浇筑。

④全断面衬砌模板台车就位应以隧道中线为准,按线路方向垂直架设。

⑤模板安装前,应检查隧道中线、高程、断面净空尺寸,检查防水板、排水盲管、预埋件等隐蔽工程,做好记录。

3.隧道衬砌模板安装质量要求

隧道衬砌模板安装应满足施工规范要求,如表7.1所示。

表7.1　隧道衬砌模板安装质量要求

项次	检查项目	允许偏差/mm	检验频率	检验方法
1	平面位置及高程	±15	全部	尺量
2	起拱线高程	±10	全部	水准仪测量
3	拱顶高程	+10,0	全部	水准仪测量
4	模板平整度	5	每5延米两侧边墙及拱部选3处,每处测3点	2 m靠尺和塞尺

4. 钢筋绑扎、连接及保护层厚度

横向受力主筋与纵向分布筋的每个节点必须进行绑扎或焊接;受力主筋的搭接应采用焊接或机械连接;相邻主筋搭接位置应错开,错开距离应不小于 1m;同一受力钢筋的两处搭接距离应不小于 1.5m;箍筋和限位钢筋应布置在纵、横向筋的交叉连接处,必须进行绑扎或焊接,以保证衬砌内外两层主筋之间的间距。

钢筋的绑扎、间距、数量、位置及保护层厚度必须满足设计和施工规范要求,如表 7.2 所示。

表 7.2 衬砌钢筋实测项目及要求

项次	检查项目	规定值或允许偏差	检查方法和频率
1	主筋间距/mm	±10	尺量或地质雷达法:每模板测 3 点
2	两层钢筋间距/mm	±5	尺量:每模板测 3 点
3	箍筋间距/mm	±20	尺量:每模板测 3 点
4	钢筋长度	满足设计要求	尺量:每模板检查 2 根
5	钢筋保护层厚度/mm	+10,−5	尺量:每模板检查 3 点

3.3 拱墙衬砌混凝土浇筑

①混凝土应采用混凝土搅拌运输车运输,应确保混凝土在运送中不产生离析、撒落及混入杂物。

②应采用混凝土输送泵泵送入模,并在混凝土初凝前、浇筑完毕后,混凝土的入模温度应控制在 5~32 ℃。

③混凝土浇筑前,与混凝土直接接触的喷射混凝土或防水层表面应洒水润湿。

④浇筑混凝土时,基础、拱、墙应一次连续浇筑,不得先浇筑基础和矮边墙。

⑤采用拼装模板施工时,不得采用先拱后墙浇筑方式。

⑥混凝土浇筑应振捣密实,特别要注意折角部位、钢筋密度大的部位和拱顶部位的振捣,混凝土振捣时不得损坏防水层。

⑦拱部混凝土浇筑时,如出现拱部混凝土供料不够,将导致拱部混凝土结构厚度不足、钢筋外露、衬砌背后形成空洞等严重质量问题,埋下严重安全隐患。因此,必须保证拱顶混凝土供料充足、振捣密实、与围岩紧密接触。因此,拱顶混凝土浇筑时,应通过顶部挡头模板与防水板缝隙观察拱部混凝土是否浇筑满,在缝隙有混凝土浆液溢出后,再封堵密实。当拱顶混凝土振捣后的厚度已达到设计要求但仍有空洞时,可继续浇筑混凝土,或在拱顶进行注浆回填。必须指出,当混凝土衬砌厚度不够时,通过注浆不能弥补衬砌厚度不足的缺陷,对结构强度没有帮助,只能改善结构受力条件。

⑧衬砌混凝土的施工质量应满足表 7.3 的要求。

表 7.3 衬砌混凝土施工实测项目及要求

项次	检查项目	规定值或允许偏差	检查方法和频率
1	混凝土强度	在合格标准内	按《公路工程质量检验评定标准 第一册 土建工程》(JTG F80/1—2017)要求

续表

项次	检查项目	规定值或允许偏差	检查方法和频率
2	衬砌厚度	90%的检查点的厚度不小于设计厚度，且最小厚度不小于设计厚度	尺量：每20 m检查1个断面，每个断面测5点；或地质雷达法：沿隧道纵向分别在拱顶、两侧拱腰、两侧边墙连续测试共5条测线，每20 m检查1个断面，每个断面测5点
3	墙面平整度	施工缝、变形缝处不大于20 mm	2 m直尺：每20 m每侧连续检查5尺，每尺测最大间隙
		其他部位不大于5 mm	
4	衬砌背部密实状况	无空洞，无杂物	地质雷达法：沿隧道纵向分别在拱顶、两侧拱腰、两侧边墙连续测试共5条测线

3.4 仰拱衬砌、填充和垫层混凝土浇筑

仰拱衬砌简称仰拱，垫层指无仰拱地段隧道的底部找平层。仰拱、仰拱填充、垫层混凝土施工应符合下列要求：

①仰拱混凝土衬砌应先于拱墙混凝土衬砌施工。超前距离应根据围岩级别、施工机械作业环境要求确定，一般不宜大于拱墙衬砌浇筑循环长度的2倍。

②仰拱混凝土应整幅一次浇筑成形，不得左右半幅分次浇筑，一次浇筑长度不宜大于5.0 m。

③仰拱混凝土应使用模板浇筑，模板应留振捣窗。振捣窗纵横向间距不宜大于2.0 m，振捣窗不宜小于450 mm×450 mm。振捣窗周边模板应加强刚度，窗门应平整、严密、不漏浆。

④挡头模板应采用可重复使用且能同时固定止水带的定型模板。

⑤仰拱混凝土衬砌与拱墙混凝土衬砌连接面应规整、密实。

⑥仰拱混凝土衬砌和拱墙混凝土均为素混凝土时，仰拱与拱墙连接面应插连接钢筋，钢筋等级应不低于HRB400、直径不应小于20 mm、长度不应小于500 mm。插入深度和外露长度均不应小于250 mm，连接钢筋沿衬砌内外缘两侧布置，纵向间距不应大于300 mm。当拱墙衬砌为钢筋混凝土、仰拱为素混凝土时，插入钢筋直径和布置间距应与拱墙受力主筋相同，并与拱墙受力主筋焊接。

⑦仰拱实测项目及要求如表7.4所示，仰拱填充实测项目及要求如表7.5所示。

表7.4　仰拱实测项目及要求

项次	检查项目	规定值或允许偏差	检查方法和频率
1	混凝土强度	在合格标准内	按《公路工程质量检验评定标准　第一册　土建工程》（JTG F80/1—2017）要求
2	厚度	不小于设计值	尺量：每20 m检查1个断面，每个断面测5点
3	钢筋保护层厚度/mm	+10，-5	尺量：每20 m测5点
4	底面高程/mm	±15	水准仪：每20 m测5点

表 7.5　仰拱填充实测项目及要求

项次	检查项目	规定值或允许偏差	检查方法和频率
1	混凝土强度	在合格标准内	按《公路工程质量检验评定标准　第一册　土建工程》(JTG F80/1—2017)要求
2	顶面高程/mm	±10	水准仪:每 20 m 测 5 点

3.5　洞门检查

1.洞门墙浇筑质量

洞门墙浇筑质量检测中,应注意下列情况:

①隧道洞门宜在洞口衬砌施工完成后及时施做;

②洞门墙浇筑不得对衬砌产生偏压;

③洞门墙基础、混凝土模板、入模温度要求与明洞相同;

④洞门墙混凝土的施工质量应满足表 7.6 的要求。

表 7.6　洞门混凝土墙端和挡土墙质量控制标准

序号	项目	规定值或允许偏差	检验频率	检验方法
1	强度	在合格标准内	按《公路隧道施工技术规范》(JTG/T 3660—2020)附录 B.1 要求	按《公路隧道施工技术规范》(JTG/T 3660—2020)附录 B.1 要求
2	平面位置/mm	50	每边不少于 4 处	全站仪
3	断面尺寸	不小于设计		
4	顶面高程/mm	±20		
5	表面平整度/mm	5	拱部不小于 2 处,墙身不少于 4 处	2 m 靠尺测量
6	竖直度或坡度/%	0.5	每边不小于 4 处	吊垂线

2.洞门墙墙背回填质量

①当墙背垂直开挖、超挖数量较小时,应采用与墙体相同的材料同时砌筑;超挖数量较大时,应采用浆砌片石回填。

②墙后排水设施应与洞门墙同步施工,并保证渗水能顺畅排出。

3.6　拆模及养护检查

衬砌混凝土达到一定强度后才能拆除衬砌模板。为加快工程进度而提前拆模,会造成低强度混凝土过早承载,致使衬砌出现裂缝。适宜的拆模时间应根据实际采用的混凝土强度-时间(龄期)关系曲线确定。

《公路隧道施工技术规范》(JTG/T 3660—2020)规定,拆除拱架、墙架和模板应符合以下要求：

①不承受外荷载的拱、墙混凝土强度应达到5.0MPa；

②承受围岩压力的拱、墙以及封顶和封口的混凝土应达到设计强度，满足设计要求；

③围岩和初支变形未稳定或在塌方地段浇筑的衬砌混凝土，应达到设计强度的100%。

衬砌的养护应满足以下要求：

①混凝土拆模后应立即养护，普通混凝土养护时间不得少于7 d，掺外加剂时不得少于14 d，有抗渗要求的不得少于14 d；

②隧道内空气湿度大于90%时，可不进行洒水养护；

③寒冷地区应做好养护保温工作。

任务4　地质雷达法检测混凝土衬砌质量

4.1　地质雷达检测原理

地质雷达法是一种先进的无损检测技术，其特点是快速、无损、连续检测，并以实时成像方式显示地下结构剖面，探测结果一目了然，分析、判读直观方便。其探测精度高、样点密、工作效率高，在隧道工程质量检测中得到广泛应用。地质雷达法适用于探测隧道喷锚衬砌和模筑衬砌厚度、密实性、背后空洞、内部钢架、钢筋分布，以及超前地预报等（图7.13）。

（a）超前地质预报　　　　　　　　　　　　（b）衬砌厚度检测

图7.13　地质雷达法在隧道工程中的应用

在衬砌质量检测中，地质雷达法通过电磁波发射器向隧道衬砌发射高频宽频带短脉冲，电磁波经衬砌界面或空洞的反射，再返回到接收天线，对接收的信号进行分析并得出结论。电磁波在介质中传播时，其路径、电磁场强度与波形将随所通过介质的电性质及几何形态而变化，根据接收到的电磁波传播时间（也称双程走时）、幅度与波形资料推断介质的结构，即可求得反射界面的深度。

地质雷达由主机、天线和配套软件等组成。根据电磁波在有耗介质中的传播特性，当发射天线向被测介质发射高频脉冲电磁波时，电磁波遇到不均匀体（如空洞等）会反射一部分电磁波，其反射系数主要取决于被测介质的介电常数。雷达主机通过对此部分的反射波进行适时接收和处理，达到探测识别目标物体的目的（图7.14）。

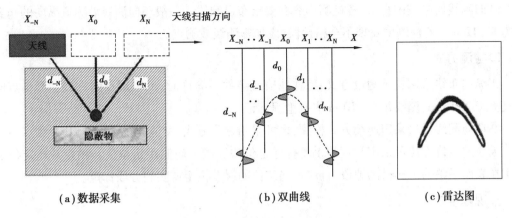

图 7.14　地质雷达工作原理图

地质雷达探测系统由地质雷达主机、天线、笔记本电脑、数据采集软件、数据分析处理软件等组成。地质雷达天线可采用不同频率的天线组合,低频天线探测距离长、精度低,高频天线探测距离短、精度高,天线频率有 50 MHz、100 MHz、500 MHz、800 MHz、1 GHz、1.2 GHz 等。

对于探测深度不大于 1.3 m 的混凝土结构(如隧道衬砌结构、路基路面密实性),宜采用 400 ~600 MHz 天线;900 MHz 天线探测深度小于 0.5 m;900 MHz 加强型天线探测深度小于 1.1 m;1.5 GHz 天线探测深度小于 0.25 m,宜作为辅助探测。对于探测深度为 1.3 ~15 m 的混凝土结构(如仰拱深度、厚度等)或较大不良地质(空洞、溶洞、采空区等),宜采用 100 MHz、200 MHz 天线。

4.2　现场检测

1. 测线布置

隧道施工过程中,质量检测以纵向布线为主,环向(横向)布线为辅。两车道纵向测线应分别在隧道拱顶、左右拱腰、左右边墙布置测线,根据检测需要可布置 5 ~7 条测线;三车道、四车道隧道应在隧道的拱腰部位增加 2 条测线,遇到衬砌有缺陷的位置应加密;隧底测线根据现场情况布置,一般为 1 ~3 条;特殊要求的地段可布置网格状测线,主要是探测密实情况或岩溶发育情况,宜在施做完成路基或路基调平层后进行。为将测线名称和编号与隧道实体对应和统一,宜面向隧道出口方向(里程增大方向),各测线从左到右依次编号,并标注各测线高度及其在外向上的起伏变化(图 7.15)。路面中心测线应避开中央排水管及其影响。

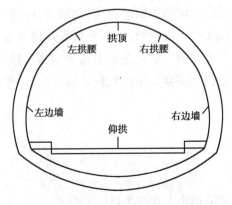

图 7.15　地质雷达测线布置示意图

环向测线实施较困难,可按检测内容和要求布设测线。一般环向测线沿隧道纵向的布置距离为 8~12 m。若检测中发现不合格地段,应加密测线或测点。

2. 检测方式

①纵向布线采用连续测量方式,特殊地段或条件不允许时,可采用点测方式。测量点间距不宜大于 200 mm,测线每 5~10 m 应有里程标记。

②环向测线尽量采用连续方式检测;也可采用点测方式,每道测线不小于 20 个测点。

天线的定位方法可采用常用的手动打标定位法和测量轮测距定位法。测量轮距定位法一般用在表面平整的二次衬砌地段,且应加强定位的误差标定或实施分段标定。

3. 现场准备

①清理障碍,包括施工障碍、交通车辆或机具、材料堆放等。

②确定适当的测线高度,且测线应顺直,高度应统一。

③在隧道的同一侧边墙上按 5 m 或 10 m 间距标出里程桩号。

④高空作业台架或高空作业车应安全可靠,使用方便,能使天线密贴衬砌表面。

⑤现场照明、通风、排水应良好。

⑥排除安全隐患,包括未完工的排水检查井、通行车辆等。

4. 检测工作注意事项

①测量人员必须事先经过培训,了解仪器性能及工作原理,并且具备一定的图像识别经验后,才可以进行仪器操作。

②正确连接雷达系统,在检测前进行试运行,确保主机、天线及输入输出设备运行正常。

③必须保持天线与被测衬砌表面密贴(空气耦合天线除外),天线不能脱离结构物表面或任何一端翘起。天线未密贴的允许程度以能够较清晰分辨反射目标为基本要求,否则应及时对已检测段落重新检测。

④天线应能灵活调整高度,使天线与测线位置准确对应。

⑤天线应移动平衡、速度均匀,移动速度宜为 3~5 km/h。

⑥当需要分段测量时,相邻测量段接头重复长度不应小于 1 m。

⑦记录测线位置和编号、天线移动方向、标记间隔等。

⑧在衬砌表面准确标记隧道里程桩号,严格控制误差。

⑨应随时记录可能对测量产生电磁影响的物体(如渗水、电缆、铁架、埋管件等)及其位置。应边检测、边记录、边注意浏览实时回波图像,边观察现场环境和安全状况,对有较大可疑的反射异常应及时记录和复检。当发现因参数设置不当或受到障碍影响或天线没有密贴或受到较强电磁场干扰或紧急情况等而检测图像数据质量较差时,应立即停止数据采集,重新设置和重新检测。

4.3 结果判定

1. 基本要求

地质雷达的数据处理及缺陷识别工作应满足以下要求:

①原始数据处理前应回放检验,数据记录应完整,信号清晰,里程标记准确。不合格的原始

数据不得进行处理与解释。

②数据处理与解释应使用正式认证或经鉴定合格的软件。

③应结合现场检测时对所注意到的检测环境和条件变化情况进行解释。

④应清晰地看到直达波和反射波,并根据直达波和反射波特征能够分辨出反射波异常,提取有效异常,剔除干扰异常或有障碍、天线未密贴或操作不当、天线或仪器缺陷等造成的异常。

⑤分析可能存在干扰的预埋管件等刚性构件的位置,准确地区分衬砌内部缺陷异常与预埋管件异常。

⑥数据处理过程中,应选择正确的滤波方式,从而根据数据图像对隧道衬砌质量做出正确的分析与解释。

⑦雷达数据解释完后,若有不确定的疑问,应及时进行复检或调查,必要时现场钻孔验证。

2. 衬砌后的密实情况

①密实:反射信号弱,图像均一且反射界面不明显,甚至没有界面反射信号。

②不密实:反射信号强,信号同相轴呈绕射弧形,不连续且分散、杂乱。

③空洞:反射信号强,反射界面明显,下部有多次反射信号,两组信号时程差较大。

3. 衬砌后的预埋情况

①钢架:分散的月牙形强反射信号。

②钢筋:分散的倒"V"字形反射信号。

地质雷达的部分检测图像如图 7.16 至图 7.19 所示。

图 7.16 隧道钢架检测图像

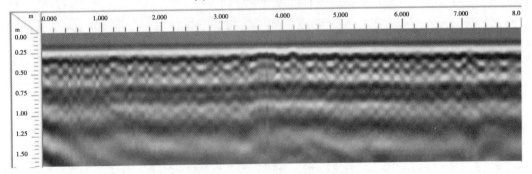

图 7.17 完好的衬砌检测图像

211

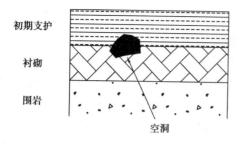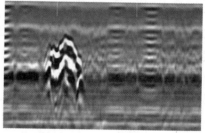

图 7.18　隧道初期支护与衬砌间空洞

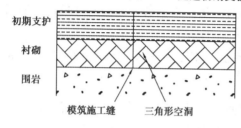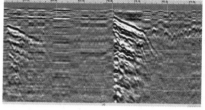

图 7.19　隧道初期支护与衬砌间三角形空洞

4.混凝土结构厚度分析

雷达数据反映的混凝土厚度界面为反射波同相轴连续的强反射界面。在确认目标界面后，可借助后处理软件的厚度追踪功能或专用后处理追踪软件,得到间隔一定距离的对应桩号的厚度数据,并按要求绘制出厚度图。需注意的是,点测方式确定厚度位置对数据解释者的能力要求较高,在数据量较小的情况下,不易确定目标位置。

项目实训

在隧道实训基地模拟进行锚杆安装质量检测,并完善表 7.7。

表 7.7 隧道锚杆安装质量检测表

项目名称		施工单位		施工日期	
合同段		监理单位		检测日期	
单位工程		检测单位			
分部工程		工程部位			
分项工程		锚杆类型和规格			
锚杆编号	序号	锚杆孔径/mm	锚孔深度/cm	锚杆长度/cm	锚杆倾角
—	检测频率	抽查 10%	抽查 10%	抽查 10%	抽查 10%
—	允许偏差	±150 mm	不小于设计值	不小于设计值	≤20°

项目8　隧道防排水检测

【项目概述】本项目主要介绍隧道工程常用防水混凝土及其抗渗性检测、防水层施工中的材料及施工质量检测、排水系统施工质量检测。

【教学目标】了解隧道工程对常用防水混凝土的性能要求,掌握混凝土抗渗性试验检测,防水层施工中的材料及施工质量检测,排水系统施工质量检测。

【学习重点】混凝土抗渗性试验检测流程及数据处理。

任务1　混凝土抗渗性试验

隧道开挖改变了地下水径流途径,隧道可能成为地下水新的排泄通道。地下水渗入隧道,将增大隧道的施工难度,影响施工质量。在渗漏水的长期作用下,将影响隧道结构的耐久性,降低隧道内各种设施的使用效率和寿命,给隧道的运营条件带来不良影响。因此,隧道衬砌结构设计中,均设计了完善的防排水系统,以防止和减少地下水对隧道的危害。良好的防水与排水,是保证隧道衬砌结构耐久性和行车舒适性的重要条件。

1.1　隧道工程常用防水混凝土

防水混凝土是以水泥、砂、石子为原料或掺入外加剂、高分子聚合物等,调整配合比,减小孔隙率,增加各原材料界面间密实性或使混凝土产生补偿收缩作用,从而使水泥砂浆或混凝土具有一定抗裂、防渗能力。《混凝土质量控制标准》(GB 50164—2011)根据混凝土试件在抗渗试验时所能承受的最大水压力,将混凝土的抗渗等级划分为 P4、P6、P8、P10、P12、>P12 六个等级。一般情况下,隧道用防水混凝土的抗渗等级应大于或等于P8(在0.8 MPa静水压力下不透水)。防水混凝土一般可分为普通水泥防水混凝土、外加剂防水混凝土和膨胀水泥防水混凝土。隧道工程常用防水混凝土的种类及其特性如表8.1所示。

表8.1　隧道工程常用防水混凝土的种类及其特性

种类	普通防水混凝土	掺外加剂的防水混凝土				
		引气剂	减水剂	三乙醇胺	氯化铁	明矾石膨胀剂
抗渗压力	>3.0 MPa	>2.2 MPa	>2.2 MPa	>3.8 MPa	>3.8 MPa	>3.8 MP

种类	普通防水混凝土	掺外加剂的防水混凝土				
		引气剂	减水剂	三乙醇胺	氯化铁	明矾石膨胀剂
主要技术要求	水灰比为 0.5 ~ 0.6，坍落度为 30 ~ 50 mm，水泥用量度为 320 kg/m² ，粗集料粒径≤40 mm	含气量为3% ~ 6%，水泥用量为 250 ~ 300 kg/m²	加气型减水剂，可以为缓解、促凝和普通型的减水剂	可单独掺用三乙醇胺，也可以与氯化钠、亚硝酸钠配合	液体中氯化铁含量≥0.4 kg/L，掺量一般为水泥质量的3%	必须掺入 42.5 级以上的普通矿渣、火山灰和粉煤灰水泥，不得单独代替水泥，外掺量为水泥质量的20%
适用范围	一般地下防水工程	抗冻性能要求高	含筋率高或薄壁结构	要求早强及抗渗要求高	水中结构	有后浇缝

1.2　隧道工程防水混凝土的一般要求

①隧道模筑混凝土衬砌应满足抗渗要求，混凝土的抗渗等级一般不小于 P8。

②当衬砌处于侵蚀性地下水环境中，混凝土的耐侵蚀系数不应小于0.8。混凝土的耐侵蚀系数按下式计算：

$$N_s = \frac{R_{ws}}{R_{wy}}\qquad(8.1)$$

式中　N_s——混凝土的耐侵蚀系数；

　　　R_{ws}——在侵蚀性水中养护6个月的混凝土试块抗折强度；

　　　R_{wy}——在饮用水中养护6个月的混凝土试块抗折强度。

③当受冻融作用时，不宜采用火山灰质硅酸盐水泥和粉煤灰硅酸盐水泥。

④隧道工程防水混凝土的水泥用量不得少于320 kg/m³，水泥强度等级不低于42.5级，水灰比不大于0.5。当掺入活性掺合料时，水泥用量不得少于280 kg/m³。

⑤防水混凝土结构应满足下列要求：

a. 裂缝宽度应不大于0.2 mm，且不贯通；

b. 迎水面主钢筋保护层厚度不应小于50 mm；

c. 衬砌厚度不应小于30 cm。

⑥试件的抗渗等级应比设计要求提高0.2 MPa。

⑦当采用防水混凝土时，应对衬砌的各种缝隙采取有效的防水措施，以使衬砌获得整体防水效果。

⑧防水混凝土的实际坍落度与要求坍落度之间的偏差一般不得超过要求值的30%。

1.3　混凝土抗渗性试验

1.目的和适用范围

混凝土抗渗性试验主要用于检测混凝土硬化后的防水性能，以测定其抗渗等级。防水混凝

土的抗渗等级可分为 3 种:

①设计抗渗等级。它根据地下工程的埋深以及水力梯度(最大作用水头与建筑物最小壁厚之比)综合考虑而确定,由勘测设计确定。

②试验抗渗等级。它是确定防水混凝土施工配合比时测定的抗渗等级。最终的抗渗等级在设计抗渗等级的基础上提高 0.2 MPa 来确定。

③检验抗渗等级。它是对防水混凝土抗渗试块进行抗渗试验所测定的抗渗等级。检验抗渗等级不得低于设计抗渗等级。

混凝土抗渗性试验应按照《普通混凝土长期性能和耐久性能试验方法标准》(GB/T 50082—2009)执行,试验方法有渗水高度法和逐级加压法两种,本书介绍逐级加压法。

2. 试件制备

①每组试件为 6 个。试件试作时,混凝土拌合物应分两层装入试模内,每层的装料厚度大致相等。如采用人工插捣成型时,插捣应按螺旋方向从边缘向中心均匀进行。在插捣底层混凝土时,捣棒应达到试模底部;插捣上层混凝土时,捣棒应贯穿上层后插入下层 20 ~ 30 mm。插捣时,捣棒应保持垂直不得倾斜,然后应用抹刀沿试模内壁插拔数次。每层插捣次数不得少于 29 次。插捣后,应用橡皮锤轻轻敲击试模四周直至插捣棒留下的空洞消失为止。

根据《公路隧道施工技术规范》(JTG/T 3660—2020),对于采用防水混凝土的衬砌,每 200 m 需要做 1 组(6 个)抗渗试件。

②试件形状为圆台体,上底直径为 175 mm,下底直径为 185 mm,高为 150 mm。

③试件成型后 24 h 拆模,用钢丝刷刷净两端面水泥浆膜,标准养护龄期为 28 d。

3. 仪器设备

①混凝土抗渗仪(图 8.1):应符合《混凝土抗渗仪》(JG/T 249—2009)的规定,应能使水压按规定稳定作用在试件上。

②成型试模:上口直径为 175 mm,下口直径为 185 mm,高为 150 mm 或上、下直径与高度均为 150 mm。

③螺旋加压器、烘箱、电炉、浅盘、铁锅、钢丝刷等。

④密封材料,如石蜡,内掺约 2% 的松香。

图 8.1　混凝土抗渗仪

4.试验步骤

①密封与安装。试验前一天,将试件从养护室取出,擦干表面,用钢丝刷刷净两端面。待表面干燥后,在试件侧面滚涂一层熔化的内加少量松香的石蜡,然后用螺旋加压器将试件压入经过烘箱或电炉预热过的试模中,使试件和试模底平齐,待试模变冷后解除压力。试模的预热温度,应以石蜡接触试模即缓慢熔化,但不流淌为准。试件密封也可以采用其他更可靠的密封方式。

②试验水压从 0.1 MPa 开始,每隔 8 h 增加水压 0.1 MPa,并随时注意观察试件断面渗水情况。当 6 个试件中有 3 个试件表面发现渗水,记下此时的水压强,即可停止试验。当加压至设计抗渗等级规定压力,经 8 h 后第三个试件仍不渗水,表明混凝土已满足设计要求,也可停止试验。

如在试验过程中,水从试件周边渗出,则说明密封不好,要重新密封。

5.试验结果计算

混凝土的抗渗等级以每组 6 个试件中有 4 个未发现有渗水现象时的最大水压力表示。抗渗等级按下式计算:

$$P = 10H - 1 \tag{8.2}$$

式中　P——混凝土抗渗等级;

　　　H——6 个试件中有 3 个试件渗水时的水压力,MPa。

任务 2　防水层施工质量检测

2.1　防水层材料基本要求

防水卷材及无纺布的材料品种、规格、性能必须符合设计要求和有关标准,材质均匀、无破损。

2.2　防水卷材施工工艺

1.防水层铺设的基面要求

①隧道开挖并进行初期支护后,喷射混凝土基面可能存在粗糙、局部凹凸不平,且可能有锚杆头外露的现象,影响防水层铺设,并可能损伤防水层。因此,在防水卷材铺设前,应对喷射混凝土基面进行检测。喷射混凝土要求表面平顺,无凹凸不平现象,基面平整度满足要求详见项目 7 任务 2 中"喷射混凝土质量检测"。

②铺设基面不得有锚杆露头和钢筋断头外露。

③在防水施工前,如拱墙有渗流、涌水,应采用不透水薄膜隔离、铺排水管,将水隔离,引至边墙脚。

④明洞衬砌拱背混凝土应平整,不得有钢筋露头露出。如有不平整现象,可用砂浆抹平。

2.防水层铺设

防水卷材的铺设宜采用无钉热合铺设法铺挂,如图 8.2 所示。

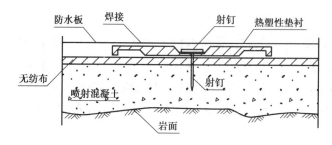

图 8.2　无钉热合铺设法示意图

无钉热合铺设法是指先将能与防水卷材热溶黏合的垫衬用机械方法固定在喷射混凝土基面上,然后用"热合"方法将防水卷材粘贴在固定垫衬上,保证防水卷材无机械损伤。防水板的铺挂施工程序如下:

①防水卷材垫衬的施工。在隧道拱顶喷射混凝土表面上标出隧道纵向中心线,先用射钉枪将塑料垫片沿隧道拱顶中线固定一排,间距为 500 mm,然后向两侧按梅花形固定塑料垫片,拱部间距为 500 ~ 700 mm、侧墙间距为 100 ~ 120 mm。固定塑料垫衬的同时将无纺布固定在喷射混凝土基面上。

②防水卷材的铺设。先将防水卷材裁断,裁剪长度要考虑搭接,且有一定富余,找出裁下的防水卷材中线,使防水卷材中线与隧道中线重合,从拱顶开始向两侧下垂铺设,边铺边与垫片热熔焊接。铺挂时,松弛适当(松弛系数为 1.1 ~ 1.2),以保证防水层在浇筑衬砌混凝土时与初期支护表面密贴,不产生紧绷和褶皱现象。

铺设防水卷材时,应为下一环预留不少于 100 cm 的搭接余量。

3.防水卷材的焊接

1)自动爬焊机焊接

相邻两块防水卷材接缝一般采用自动爬焊机双缝焊接[图 8.3(a)],其工艺及质量要求如下:

①焊接前,应在小块塑料片上试温。

②焊接温度应控制在 200 ~ 270 ℃,焊接爬行速度宜控制在 0.1 ~ 0.15 m/min。焊缝速度太快则焊缝不牢固,太慢则易焊穿、烤焦。焊接过程中,要根据焊缝的热熔情况随时调节温度,直至焊缝熔接达到最佳效果,两条焊缝同时完成。每条焊缝的有效焊接宽度不应小于 10 mm。

③每次焊接过程尽可能一次完成,尽量减少间断和停机次数。如有间断或停机,应及时对其进行修补。

2)交叉焊缝焊接

防水卷材的纵向焊缝与横向焊缝叠合时,需先将焊好的焊缝边缘部位剪平约 10 cm,再焊接另一条焊缝,然后用热风枪将两条焊缝的重叠部位焊接,并滚压密实[图 8.3(b)]。

3)薄型防水卷材焊接

采用塑料热合机焊接材质较薄的防水卷材时,可采用反弯法进行施工,即先将两层膜折起平焊接,然后将其弯向一侧点焊在卷材上,避免180°剥离[图 8.3(c)]。

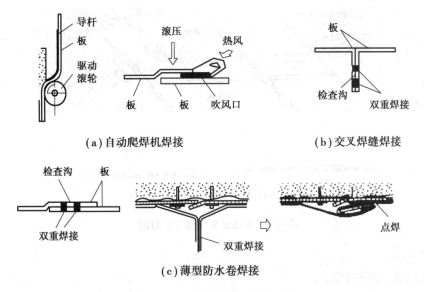

图 8.3　防水板焊接过程示意图

4)防水卷材与固定垫片焊接

EVA 或 LDPE 防水卷材在与固定垫片用压焊器进行热合时,压焊时间一般为 10 s。

5)防水卷材缺陷修补焊接

①焊缝若有漏焊、假焊,应采用热熔滚压进行补焊[图 8.3(a)]。

②防水卷材出现破损、烤焦、焊穿及固定点外露等,须立即修补。修补片材料与防水板相同,修补片尺寸要求大于破坏边缘 70 mm。修补片宜裁剪成圆角,不宜裁剪成有正方形、长方形、三角形等的尖角。应采用热熔滚压焊接[图 8.3(a)]。

2.3　防水层质量检查

1.外观检查

检查方式:肉眼观察。

①防水层表面平顺,无褶皱、无气泡、无破损,与洞壁密贴,松弛适度,无紧绷现象。

②焊接应无脱焊、漏焊、假焊、焊焦、焊穿,黏接应无脱黏、漏黏。

③明洞防水层施工前,明洞混凝土外部应平整圆顺,不得有钢筋露出和其他尖锐物。

2.充气检查

1)检查方法

采用双缝焊接的焊缝可用充气法检查防水板焊缝。检查方法如图 8.4 所示。将 5 号注射针与压力表相接,用打气筒充气。当压力表达到 0.25 MPa 时,保持 15 min,压力下降在 10% 以内,焊缝质量合格。如压力下降超过 10%,证明焊缝有假焊、漏焊。用肥皂水涂在焊接缝上,找出产生气泡的地方重新补焊,直到不漏气为止。

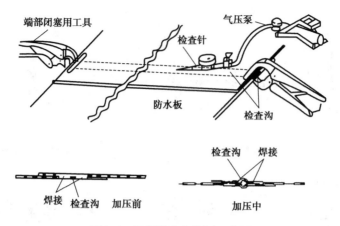

图 8.4　双焊缝充气检测示意图

2）检查数量

每条焊缝均应做充气检查。

3）焊缝强度检查

焊缝拉伸强度不得小于防水板强度的 70%，焊缝抗剥离强度不小于 70 N/cm。

3. 复合式衬砌防水层检查

复合式衬砌防水层检查项目及要求如表 8.2 所示。

表 8.2　复合式衬砌防水层检查项目及要求

项次	检查项目		规定值或允许偏差	检查方法和频率
1	搭接长度/mm		≥100	尺量：每 5 环搭接抽查 3 处
2	缝宽/mm	焊接	焊缝宽≥10	尺量：每 5 环搭接抽查 3 处
		黏接	黏缝宽≥50	
3	固定点间距		满足设计	尺量：每 20 m 检查 3 处
4	焊缝密实性		压力下降在 10% 以内	充气法：压力达到 1.25 MPa 时停止充气，保持 15 min；每 20 m 检查 1 处焊缝

4. 明洞防水层检查

明洞防水层检查项目及要求如表 8.3 所示。

表 8.3　明洞防水层检查项目及要求

项次	检查项目		规定值或允许偏差	检查方法和频率
1	搭接长度/mm		≥100	尺量：每环搭接测 3 点
2	卷材向隧道暗洞延伸长度/mm		≥500	尺量：测 3 点
3	卷材向基底的横向延伸长度/mm		≥500	尺量：测 3 点
4	缝宽/mm	焊接	焊缝宽≥10	尺量：每衬砌台车抽查 1 环，每环搭接测 5 点
		黏接	黏缝宽≥50	
5	焊缝密实性		压力下降在 10% 以内	充气法：每 10 m 检查 1 处焊缝

2.4　施工缝止水带施工工艺与检查方法

1. 止水带类型

止水带按材质可分为橡胶止水带、塑料止水带、金属止水带等；按用途可分为变形缝用止水带、施工缝用止水带、有特殊耐老化要求的接缝用止水带等；按设置位置可分为中埋式止水带、背贴式止水带；按形状可分为平板型止水带、变形型止水带等，品种很多。此外，一些新式的止水带，如可排水止水带、可注浆止水带等，在工程实践中也取得良好效果。

中埋式止水带因构造简单、施工简便及质量可靠，在隧道中使用较为普遍。背贴式塑料止水带一般与防水板组合使用（图8.5）。

止水带的物理力学性能应满足《地下工程防水技术规范》（GB 50108—2008）及设计文件的相关要求。

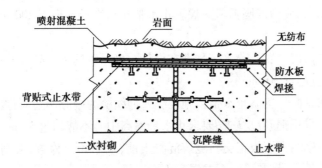

图8.5　背贴式塑料止水带与防水板布置

2. 止水带检查内容

①止水带材料规格、品种、形状、尺寸必须符合设计要求和有关标准的规定，如《高分子防水材料　第2部分：止水带》（GB/T 18173.2—2014）。

②止水带与衬砌端头模板应正交。

止水带检查项目及要求如表8.4所示。

表8.4　止水带检查项目及要求

项次	检查项目	规定值或允许偏差	检查方法和频率
1	纵向偏离/mm	±50	尺量：每衬砌台车检查1环，每环测3点
2	偏离衬砌中线/mm	≤30	尺量：每衬砌台车检查1环，每环测3点
3	固定点间距/mm	±50	尺量：每衬砌台车每环止水带检查3点

注：①纵向偏离指止水带横向中线在隧道纵向方向上与施工缝的偏位。

②偏离衬砌中线指止水带安设位置与衬砌截面中线的偏位，仅对中埋式止水带检测此项。

3. 止水带外观鉴定要求

①止水带应无松脱、扭曲。

②止水带连接接缝应无裂口、脱胶。

4. 中埋式止水带施工质量检查

中埋式止水带施工质量检查主要包括预埋位置检查和止水带接头黏结检查。现以图 8.6 为例予以说明。

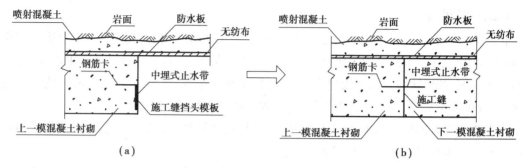

图 8.6　中埋式止水带安装示意图

二次衬砌浇筑是一环一环地逐段推进。止水带通常在先浇筑的一环衬砌端头由挡头板固定。止水带出现转角时,应做成圆弧形。橡胶止水带转角半径不小于 200 mm,钢边止水带转角半径不小于 300 mm。

①止水带安装的横向位置。止水带预埋在设计衬砌厚度的 1/2 处,用钢卷尺测量内模到止水带的距离,偏差不应超过 30 mm。

②止水带安装的纵向位置。止水带以施工缝或伸缩缝为中心两边对称,即埋在相邻两衬砌环节内的宽度相等。采用钢卷尺检查,要求止水带偏离中心不能超过 5 cm。

③止水带应与衬砌端头模板正交。浇筑混凝土前,应用角尺检查,否则会降低止水带在两边埋入混凝土的有效长度,且有可能影响混凝土密实性。

④根据止水带材质和止水部位,可采用不同的接头方法。每环中的接头不宜多于 1 处,且不得设在结构转角处。对于橡胶止水带,其接头形式应采用搭接或复合接;对于塑料止水带,其接头形式应采用搭接或对接。止水带的搭接宽度可取 10 cm,冷黏或焊接的缝宽不小于 5 cm。

⑤止水带每隔 0.3 ~ 0.5 m 预埋钢筋卡,在浇筑下一模衬砌混凝土时,将露出的另一半止水带卡紧固定,使止水带垂直施工缝浇筑在混凝土内。

任务 3　排水系统施工质量检测

3.1　排水系统组成

排水系统包括排水盲管、横向导水管、路侧边沟、深埋水沟、防寒泄水洞等。

1)排水盲管

排水盲管又称排水盲沟,包括环(竖)向排水盲管、纵向排水盲管、横向排水盲管。排水盲管属于渗水盲管,地下水可以进入管内,也能从管内渗出。环(竖)向排水盲管、纵向排水盲管布置在隧道衬砌背后;横向排水盲管布置在路面结构层以下,可以起到疏导和防止衬砌背后及路面下积水、减少静水压力的作用,如图 8.7 所示。排水盲管主要为以合成纤维、塑料、钢丝弹簧等为原料,经不同的方法制成的土工产品,种类较多。

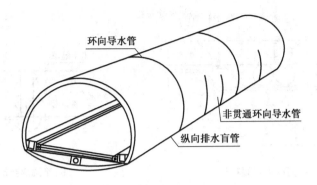

图 8.7　公路隧道排水系统

2）横向导水管

横向导水管不同于排水盲管，是连接衬砌背后的纵向盲管与深埋水沟或边沟的封闭管，主要作用是将衬砌背后地下水直接排入深埋水沟或边沟，不允许管内水渗出。通常采用塑料管，管壁不打孔。引排至路侧边沟的横向导水管有时只在衬砌边墙内预埋或衬砌浇筑完后打孔，称为泄水孔。

3）路侧边沟

路侧边沟主要用于排出运营期间隧道内污水，包括隧道清洁用水、消防用水、车轮带入的雨水、衬砌结构的局部渗水等。

4）深埋水沟

深埋水沟一般设置在隧道中部路面结构下方，又称为中心（排）水沟，也有的设置在隧道路面两侧下方。为便于施工及运营期间对深埋水沟排水状况的检查、疏通，深埋水沟每隔一段距离还要设检查井。

5）防寒泄水洞

防寒泄水洞仅在严寒地区的富水隧道设置，一般设置于隧道的正下方，以排出隧道围岩中的地下水，减少隧道周边地下水聚集。

3.2　环（竖）向排水盲管检查

环（竖）向排水盲管的主要作用是将隧道衬砌背后渗水引排到隧道边墙脚的纵向排水盲管，通过横向导水管或泄水孔排出，减少衬砌背后积水。在无纺布与防水板铺设前，按设计要求的间距，将环向、竖向排水管布设在喷射混凝土表面，用铆钉或膨胀螺钉、铁丝、塑料片、无纺布片等固定。渗漏水较多时，根据渗漏水量及部位增加环向、竖向排水盲管。环（竖）向排水盲管多采用圆形弹簧排水管、打孔透水塑料管［图 8.8（a）］、半圆形弹簧排水管［图 8.8（b）］，有的也采用排水板或塑料乱丝盲沟。

检查方法：目测检查、直尺或卡尺（钢尺）测量。

环（竖）向排水盲管布置在防水层与初期支护之间，首先应检查其布设间距是否符合设计要求。局部涌水量大时，应增加盲管。盲管尽量与岩壁或初期支护紧贴，与初期支护的最大间距不得大于 5 cm。环向盲管的底部与墙脚纵向排水管采用三通接头连接，接头应牢固。

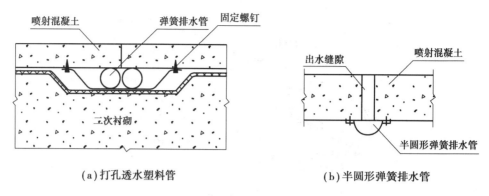

（a）打孔透水塑料管　　　　　　　　（b）半圆形弹簧排水管

图8.8　环（竖）向排水盲管安设示意图

3.3　纵向排水盲管检查

纵向排水盲管设置在隧道模筑混凝土衬砌两侧墙脚背后，其作用有两个：一是收集环（竖）向排水管排至边墙脚的水；二是收集被防水卷材阻挡经无纺布导流或自重消流至边墙的水。通常，衬砌背后汇入边墙脚的地下水通过横向导水管、泄水孔引入深埋水沟或路侧边沟。其基本要求如下：

①具有较高的透水性能；

②具有一定的强度，在混凝土浇筑过程中，不能被混凝土混合料压瘪；

③纵向排水盲管布设高度和坡度应符合设计要求；

④安设位置不能侵占模筑混凝土衬砌空间；

⑤需用无纺布将盲管包裹，防止泥沙和混凝土浇筑时浆液进入，堵塞盲管；

⑥连续铺设，不得断开。

1. 检测方法

检测方法包括肉眼观测、直尺或钢尺测量、水准仪、坡度尺等。

2. 外观检查

①纵向排水盲管材质及规格检查。塑料制品若保存不当，极易发生老化，可目测管材的色泽和管身的变形；轻轻敲击，观察管体是否变脆；用卡尺或钢尺量管径与管壁，检查其是否与设计要求相符。

②管身透水孔检查。纵向排水盲管壁必须有一定规格和数量的透水孔，用直尺检查钻孔直径和孔间距。

③检查纵向排水盲管是否被无纺布包裹严密。

3. 安装检查

1）坡度检查

纵向排水盲管易出现管身高低起伏现象，造成纵向排水不畅。因此，施工中一定要为纵向盲管做好基础，坡度与设计路线纵坡一致，用坡度尺检查。

2）平面位置检查

纵向排水盲管平面上常出现忽内忽外的现象，严重时侵占模筑混凝土衬砌空间，造成衬砌结构厚度不足。这种情况通常因边墙脚欠挖造成,必须进行欠挖处理,再铺设。纵向排水管安设如图8.9所示。

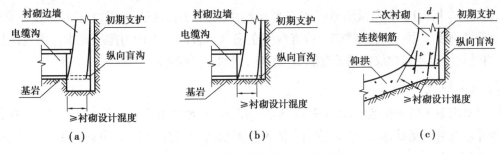

图8.9 纵向排水管安设示意图

3)连接检查

施工中,应注意检查纵向排水盲管与环(竖)向排水盲管及横向导水管的连接。一般应采用三通管连接,纵向排水盲管管节之间应用直通导管连接,所有接头应牢靠,并用无纺布及扎丝包裹,防止松动脱落。

3.4 横向导水管、深埋水沟及深埋水井检查

1.横向导水管

横向导水管起点位于衬砌背后的边墙脚,通过三通管与纵向排水盲管相连,垂直于隧道轴线布设,先穿过边墙衬砌。在有深埋水沟的隧道,一部分横向导水管横向埋设在路面结构以下,与深埋水沟连通;在无深埋水沟地段,可直接接入边沟。横向导水管通常为硬质塑料管。对横向导水管的检查,一是检查接头是否牢靠,对接有无错位;二是检查是否连通,需做灌水试验检测。

2.深埋水沟

深埋水沟断面形状通常有圆形和矩形两种。圆形沟多采用预制混凝土圆管,圆管上部半圆钻有一系列透水小孔,孔径 $\phi \approx 12$ mm,安放在预设的沟槽内。矩形沟分为预制钢筋混凝土矩形沟和现浇钢筋混凝土矩形沟,矩形沟盖板一般单独预制(盖板可钻透水小孔)。路面下积水、地下渗水可通过盖板接缝、透水小孔流入深埋水沟。深埋水沟构造如图8.10所示。

根据深埋水沟形式的不同,检查内容也有区别。以预制混凝土圆管沟为例说明其质量要求与检测方法。

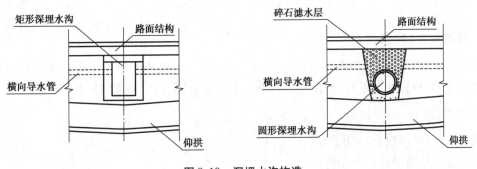

图8.10 深埋水沟构造

1)外观检查

①预制管节外形规整,无变形、缺损和开裂,表面应平整,蜂窝麻面面积不得超过1%,深度不超过1 cm。用钢尺、卡尺量测圆管直径、管壁厚度,透水小孔数量、间距、直径符合设计要求。

②管壁强度。用石块轻敲管壁,检查混凝土强度是否满足设计与施工要求。出现疏松掉块,不得使用。可用回弹仪检测管壁混凝土强度,但须专门标定。

2)施工检查

深埋水沟施工时先挖基槽,整平基底,然后铺设管节,最后用透水碎石回填夯实。在软岩或断层破碎带的管段基础,应将不良岩(土)体用强度较高的碎石替换,并用素混凝土找平基础,使基础平整、密实。

(1)管沟基础检查

基槽平面位置、槽底高程、宽度、排水坡度应符合设计要求,基底应平整。

(2)管节铺设检查

①管节铺设有透水孔的一面朝上、安放平稳,接头无错位、接头处流水面高差不得大于5 mm,管底坡度不得出现反坡。

②管内不得有泥土、碎石等杂物。

③管节间接缝和管壁透水孔用无纺布包裹。

④透水碎石回密实,不得使管节移位。

⑤横向导水管出口接入碎石层。隧道内排水沟(管)应满足表8.5的要求。

表8.5　隧道内排水沟(管)检查项目及要求

项次	检查项目	规定值或允许偏差	检查方法和频率
1	混凝土强度	在合格标准内	按《公路工程质量检验评定标准　第一册　土建工程》(JTG F80/1—2017)要求
2	轴线偏位/mm	15	全站仪:每10 m测1处
3	断面尺寸或管径/mm	±10	尺量:每10 m测1处
4	壁厚	不小于设计值	尺量:每10 m测1处
5	沟底高程/mm	±20	水准仪:每10 m测1处
6	纵坡	满足设计要求	水准仪:每10 m测1处
7	基础厚度	不小于设计值	尺量:每10 m测1处

3.深埋水井(检查井)

深埋水井(检查井)是深埋水沟的一部分,主要用于深埋水沟检查作业。深埋水沟根据需要设置检查井,检查井的位置、构造不得影响行车安全,且应便于清理和检查。

1)外观检查

检查方式:观察检查、钢尺测量。

①井身尺寸与设计要求相符。

②井内砂浆抹面密实光洁,无裂缝;井内平整圆滑。

③圆形检查井内壁应圆顺。

2）施工检查

检查方式：观察检查，钢尺、水准仪、经纬仪测量。

检查井检查项目及要求如表 8.6 所示。

表 8.6　检查井检查项目及要求

序号	项目	规定值或允许偏差/mm	检验频率	检验方法
1	轴线偏位	±50	每个检查	全站仪、水准仪、经纬仪
2	断面尺寸	±20	每个检查	尺量
3	井底高程	±15	每个检查	水准仪
4	井盖与相邻路面高差	0,+4	每个检查	水准仪、水平尺、靠尺

3.5　防寒泄水洞检查

水是严寒地区隧道产生各种病害的重要因素。在严寒地区，为最大限度减轻隧道的冻害影响，建立合理有效的防排水系统至关重要。防寒泄水洞是隧道排除地下水的主要措施之一，其形状类似一个带孔的小隧道，位于隧道正下方的冻结线以下。防寒泄水洞能够很大程度上减少或消除隧道内部冒水、挂冰、积冰、冻胀等病害，如图 8.11 所示。为加强防寒泄水洞的泄水能力，通常在防寒泄水洞中每隔一段距离垂直设置有与防寒泄水洞断面大小一致的横向导水洞。

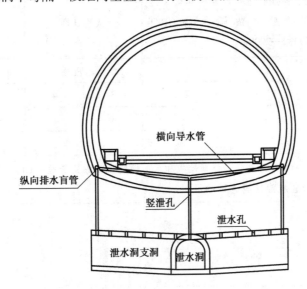

图 8.11　防寒泄水洞布设横断面示意图

防寒泄水洞检查内容如下：

①防寒泄水洞位置、结构形式、纵坡、混凝土强度以及泄水孔布置和数量应符合设计要求；

②防寒泄水洞应排水通畅，无淤积堵塞；

③防寒泄水洞尺寸、高程、平面位置应符合表 8.7 的规定。

表 8.7　防寒泄水洞质量标准表

序号	项目	施工控制值	检验频率	检验方法
1	断面净空尺寸/mm	+100、-50	每 10 m 检测 1 次	尺量、断面仪
2	洞底高程/mm	±50	每 10 m 检测 1 次	全站仪、水准仪、经纬仪
3	轴线偏位/mm	±100		
4	排水沟纵坡/%	±0.5%（不积水）	每 10 m 随机检查 1 处	水准仪、全站仪、经纬仪

项目实训

在材料实训室浇筑 1 组(6 个)标准混凝土抗渗试件并进行抗渗试验,完成下列试验检测内容填写(表 8.8)。

表 8.8　混凝土抗渗检测报告

					报告编号			
委托单位								
工程名称					检测编号			
工程部位					养护方法		标准养护	
强度等级	C40	抗渗等级			制作日期			
检测依据	《普通混凝土长期性能和耐久性能试验方法标准》（GB/T 50082—2009）				试验日期			
试验地点					试验压强			
试件序号		1	2	3	4		5	6
平均渗透高度/mm								
是否透水								
结论	根据《普通混凝土长期性能和耐久性能试验方法标准》(GB/T 50082—2009),送样混凝土抗渗性能达到××级							
其他说明								

项目9 超前地质预报简介

【项目概述】本项目主要介绍超前地质预报中的地质调查法、超前钻探法、物探法和超前导坑预报法,以及不良地质体预报中的断层预报、岩溶预报和煤层瓦斯预报。

【教学目标】掌握地质调查法的主要步骤,掌握超前钻探法的主要技术要点,了解物探法的基本工作原理,了解超前导坑预报法的基本工作原理,了解断层、岩溶和煤层瓦斯层的基本特点及相关预报概念。

任务1 超前地质预报方法

超前地质预报方法有地质调查法、超前地质钻探法、物探法和超前导坑预报法。隧道超前地质预报实施前,应根据隧道工程地质与水文地质条件、隧道地质复杂程度,对隧道进行分段,针对不同地质情况,选择不同的方法。

对于断层、岩溶、煤层瓦斯等各种不良地质条件,宜综合运用本任务所述的两种或两种以上方法进行预报(综合超前地质预报),综合分析,以达到长短结合、取长补短、相互印证、提高预报准确性的目的。

1.1 地质调查法

地质调查法是根据隧道已有勘察资料,利用地质罗盘、地质锤、放大镜、数码相机或摄像机等工具,通过踏勘、现场调查,开展地表补充地质调查和隧道内地质素描,经过地层层序对比、地层分界线及构造线在地下和地表相关性分析、断层要素与隧道几何参数的相关性分析、邻近隧道内不良地质体的前兆分析等,推测开挖掌子面前方可能揭示的地质情况的一种超前地质预报方法。

1. 隧道地表补充地质调查

①对已有地质勘察成果进行熟悉、核查和确认。

②调查地层、岩性在隧道地表的出露及接触关系,特别是对标志层的熟悉和确认。

③调查断层、褶皱、节理密集带等地质构造在隧道地表的出露位置、规模、性质及其产状变化情况。

④调查地表岩溶发育位置、规模及分布规律。

⑤调查煤层、石膏、膨胀岩、含石油天然气、含放射性物质等特殊地层在地表的出露位置、宽度及其产状变化情况。

⑥调查人为坑洞位置、走向、高程等,分析其与隧道等空间关系。

⑦根据隧道地表补充地质调查结果,结合设计文件、资料和图纸,核实和修正超前地质预报重点区段。

2. 隧道内地质素描

隧道内地质素描是将隧道所揭露的地层岩性、地质构造、结构面产状、地下水出露点位置及出水量、煤层、溶洞等准确记录下来并绘制成图表。隧道内地质素描包括以下主要内容:

1)工程地质

①地层岩性:描述地层时代、岩性、层间结合度、风化程度等。

②地质构造:描述褶皱、断层、节理裂隙特征、岩层产状等,断层的位置、产状、性质、破碎带的宽度、物质成分、含水情况以及与隧道的关系,节理裂隙的组数、产状、间距、充填物、延伸长度、张开度及节理面特征、力学性质,分析组合特征、判断岩体完整程度。

③岩溶:描述岩溶规模、形态、位置、所属地层和构造部位,充填物成分、状态,以及岩溶展布的空间关系。

④特殊地层:煤层、沥青层、含膏盐层和含黄铁矿层等应单独描述。

⑤人为坑洞:影响范围内的各种坑道和洞穴的分布位置及其与隧道的空间关系。

⑥地应力:包括高地应力显示性标志及其发生部位,如岩爆、软弱夹层挤出、探孔饼状岩芯等现象。

⑦塌方:应记录塌方部位、方式、规模及其随时间的变化特征,并分析产生塌方的地质原因及其对继续掘进的影响。

⑧有害气体及放射性危害源的存在情况。

2)水文地质

①地下水的分布、出露形态及围岩的透水性、水量、水压、水温、颜色、泥沙含量测定,以及地下水活动对围岩稳定的影响,必要时进行长期观测。地下水的出露形态分为渗水、滴水、滴水成线、股水(涌水)、暗河。

②水质分析,判定地下水对结构材料的腐蚀性。

③出水点和地层岩性、地质构造、岩溶、暗河等的关系分析。

④必要时,进行地表相关气象、水文观测,判断洞内涌水与地表径流、降雨的关系。

⑤必要时,应建立涌突水点地质档案。

3)围岩稳定性特征及支护情况

记录不同工程地质、水文地质条件下隧道围岩稳定性、支护方式以及初期支护后的变化情况。对于发生围岩失稳或变形较大的地段,详细分析、描述围岩失稳或变形发生的原因、过程、结果等。

4)围岩分级

核查和确认隧道围岩分级。

5)影像

对隧道内重要的和具代表性的地质现象进行拍照和录像。

3. 地质调查法工作要求

①隧道地表补充地质调查应在洞内超前地质预报前进行,并在洞内超前地质预报实施过程中根据需要随时补充,做好现场记录,并及时整理。

②地质素描图应采用现场绘制草图、室内及时誊清的方式完成,实时记录现场实际揭露情况。应及时整理地质素描原始记录、图、表。

③隧道地表补充地质调查和洞内地质素描资料应及时补充绘制在隧道工程地质平面图和纵断面图上。

④采集的标本应及时整理。

1.2　超前地质钻探法

超前地质钻探法是利用钻机在隧道开挖工作面进行水平钻探获取开挖前方地质信息的一种超前地质预报方法。在富水软弱断层破碎带、富水岩溶发育区、煤层瓦斯发育区、重大物探异常区等地质条件复杂地段必须采用。超前地质钻探主要采用冲击钻和回转取芯钻。为提高预准确率和钻探速度,减少占用开挖工作面的时间,通常两者交替使用。

①冲击钻:不能取芯样,可通过冲击器的响声、钻速变化、岩粉及颜色、钻杆振动、冲洗液流失变化等粗略探明岩性、岩石强度、岩体完整程度、溶洞、暗河及地下水发育情况等。由于钻进速度快、耗时少,一般情况下多采用冲击钻。

②回转取芯钻:可取芯样,鉴定准确可靠,地层变化里程可准确确定。由于钻进速度慢、耗时多,一般只在特殊地层、特殊目的地段使用,如煤系地层、溶洞及断层破碎带物质成分的鉴定、岩土强度试验取芯等。

超前地质钻探法主要是利用专门钻机进行超前地质钻探,也可采用局部加深炮孔进行探测。

1. 超前地质钻探钻孔要求

1) 孔数

①断层、节理密集带或其他破碎富水地层应布设 1 ~ 3 个孔。

②富水岩溶发育区每循环宜钻 3 ~ 5 个孔。揭示岩溶时,应适当增加,以满足安全施工和溶洞处理所需资料为原则。

③对于煤层瓦斯地层,先在距煤层 15 ~ 20 m(垂距)的开挖工作面钻 1 个超前钻孔,初步探明煤层位置。在距初探煤层位置 10 m(垂距)开挖工作面,钻 3 个以上超前钻孔。

2) 孔深

①不同地段不同目的钻孔应采用不同的钻孔深度。

②钻探过程中,应进行动态控制和管理,根据钻孔情况适时调整钻孔深度,以达到预报目的为原则。煤层瓦斯超前钻孔深度应根据探测煤层情况确定。

③需连续钻探时,前后两循环钻孔应重叠 5 ~ 10 m。

3) 孔径

钻孔直径应满足钻探取芯、取样和孔内测试的要求。

4）钻孔布置

钻孔起孔位置一般位于开挖面中下部。多个钻孔时，可在开挖面下部两侧和拱部位置。两侧和拱部钻孔的终孔位置一般需位于隧道开挖轮廓线以外，富水岩溶发育区超前钻探应终孔于隧道开挖轮廓线以外 5～8 m。

2. 加深炮孔探测钻孔要求

加深炮孔探测是利用局部炮孔加深凿孔过程获取地质信息的一种方法。

①探测炮孔孔深较设计爆破孔（或爆破循环进尺）深 3 m 以上。

②孔数、孔位应根据开挖断面大小和地质复杂程度确定。

③钻到溶洞和岩溶水及其他不良地质时，应视情况采用超前地质钻探和其他探测手段继续探测。

3. 超前地质钻探技术要求

①实施超前地质钻探的人员应经技术培训和考核，经考核合格后方可上岗。

②钻探前，地质技术人员应进行技术、质量交底。

③钻探过程中，应有专业地质工程师跟班。

④应做好钻探记录，包括钻孔位置、开孔时间、终孔时间、孔探、钻进压力、钻进速度随钻孔深度的变化等。

⑤及时鉴定岩芯、岩粉，判定岩石名称。对于断层带、溶洞填充物、煤层、代表性岩土等，应拍摄照片备查，并选择代表性岩芯整理保存。

⑥在富水地段进行超前钻探时，必须采取防突措施，并测定水压。

⑦应编制探测报告，内容包括工作概况、钻孔探测结果、钻孔柱状图，必要时应附钻孔布置图、代表性岩芯照片等。

1.3　物探法

物探法包括弹性波反射法、电磁波反射法（地质雷达探测）、瞬变电磁法、高分辨率直流电法、红外探测法等。其中，弹性波反射法是利用人工激发的地震波、声波在不均匀地质体中所产生的反射波特性来预报隧道开挖工作面前方地质情况的一种物探方法。它包括地震波反射法、水平声波剖面法、负视速度法和极小偏移距高频反射连续剖面法（简称"陆地声呐法"）等，目前最常用的是地震波反射法。

1. 地震波反射法

1）探测原理

地震波反射法是通过小药量爆破所产生的地震波信号在隧道开挖工作面前方不同岩层中以球面波的形式、以不同的速度传播，在地质界面处被反射，并被高精度的接收器接收。通过后处理软件得到各种围岩构造界面、地层界面与隧道轴线相交所呈现的角度及与掌子面的距离，并初步测定岩石的弹性模量、密度、动泊松比等参数，以供参考。进一步分析隧道前方围岩性质、节理裂隙密集带分布、软弱岩层及含水状况等。此方法适用于划分地层界线、查找地质构造、探测不良地质体的厚度和范围。地震波反射法探测原理如图9.1所示。

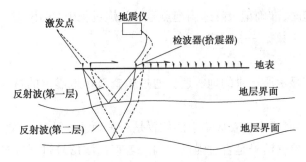

图 9.1　隧道地震波反射法(TSP)探测原理示意图

2)探测仪器

隧道地震波反射法通常采用 TGP 或 TSP 隧道超前地质预报系统,其由主机、检波器(探头)、信号线及后处理软件组成。

3)探测方法

(1)观测系统的设计

根据隧道施工情况及地质条件,确定检波器(探头)和炮点在隧道左右边墙的位置,接收器和炮点位置应在同一高度。

(2)现场标志

在隧道现场,根据设计的观测系统,确定所有接收点和炮点的位置,并做出相应的标志。

(3)钻孔

①应按设计要求钻孔(位置、孔深、孔径、倾角等)。

②一般情况下,钻孔位置不应偏离设定的位置;特殊情况下,以设定的位置为圆心,可在半径 0.2 m 的范围内移位。

③孔身应平直顺畅,能确保耦合剂、套管或炸药放置到位。

④在不稳定的岩层中钻孔时,采用外径与孔径相匹配的薄壁塑料管或 PVC 管插入钻孔,防止塌孔。

(4)安装套管

用环氧树脂、锚固剂或加特殊成分的不收缩水泥砂浆作为耦合剂,安装接收器套管。

(5)填装炸药

①用装药炮杆将炸药卷装入炮孔底部。

②激发前,炮孔应用水或其他介质填充,封住炮孔,确保激发能量绝大部分在地层中传播。

(6)仪器安装与测试

①用清洁杆清洗套管内部。

②将检波器(探头)插入套管,并应确保接收器的方向正确。

③采集信号前,应对接收器和记录单元的噪声进行测试。

(7)数据采集

①设置采集参数:采集参数主要包括采样间隔、时窗长度、采集数、传感器分量(应为 X、Y、Z 三分量接收)以及接收器数量等,按实际情况进行设定。

②背景噪声检查:背景噪声过大会影响采集数据的准确性。数据采集前,应进行背景噪声检查,采取压制干扰的措施,尽可能减少仪器本身及环境产生的背景噪声干扰。

③数据记录:放炮时,准确记录隧道内炮点号。放炮过程中,采用炮序号递增或递减的方式进行,确保炮点号与采集数据一一对应。

(8)质量控制

在每炮记录后,应显示所记录的地震道。通过检查显示地震道的特征,据此对记录的质量进行控制。

①用直达波的传播时间来检查放炮点的位置是否正确,以及使用的雷管是否合适。

②根据信号强度,检查信号是否过强或过弱。若直达波信号过强或弱,应将炸药适当减少或增加。

③根据初至波信号的特性,对信号波形进行质量控制。若初置后出现鸣震,表明接收器单元没有与围岩很好耦合或可能由于套管内严重污染造成,应清洁套管和重新插入接收器单元,直至信号改善为止。

④根据每炮记录特征,了解存在的噪声干扰,必要时应切断干扰源,同时检查封堵炮孔的效果。

⑤当记录出现 X、Y、Z 三分量接收器接收某一分量不工作或工作不正常;初至波时间不准或无法分辨;信噪比低,干扰波严重影响到预报范围的反射波;记录序号(放炮序号)与炮孔号对应关系错误的地震道时:应重新装炸药补炮,接收和记录对应的地震道信号。

4)数据分析与解释

①准确输入现场采集参数,包括隧道、接收器和炮点的几何参数等。

②剔除不合格的地震道,只有合格的才能参与处理。

③根据预报长度选择恰当的时间窗口;带通滤波参数合理,避免波形发生畸变;应确保提取的反射波强度足够;速度分析时,建立与预报距离相适应的模型;反射层提取时,根据地质情况和分辨率选择提取反射层的数目。

④数据解释应结合隧道地质勘察资料、设计资料、施工地质资料、反射波成果分析显示图及岩体物理力学参数等进行。综合上述成果资料,推断隧道开挖掌子面前方围岩的工程地质与水文地质条件,如软弱夹层、断层破碎带、节理密集带等地质体的基本状况、规模和位置等。结合岩体物理力学参数、围岩软硬、含水情况、构造影响程度、节理裂隙发育情况等资料,参照有关规范可对围岩级别进行判定和评估。

5)预报距离

地震波反射法连续预报时,前后两次预报距离宜重叠 10 m 以上。预报距离应符合下列要求:

①在软弱破碎地层或岩溶发育区,每次预报距离宜为 100 m 左右,不宜超过 150 m。

②在岩体完整的硬质岩地层,每次预报距离宜为 150~180 m,不宜超过 200 m。

③水平声波剖面法可中距离预报断层破碎带、洞穴、采空区等。软弱破碎地层或岩溶发育区的有效探测距离宜取 20~50 m,不宜超过 70 m;岩体完整的硬岩地层有效探测距离宜取 50~70 m,不宜超过 100 m。

④隧道位于曲线上时,应根据曲线半径大小,按上述原则合理确定预报距离。

2. 电磁波反射法

1) 探测原理

电磁波反射法主要采用地质雷达法进行探测。地质雷达法探测是利用电磁波在隧道开挖工作面前方岩体中的传播及反射,根据传播速度、反射走时和波形特征进行超前地质预报的一种物探方法。地质雷达法用于探测浅部地层、岩溶、空洞、不均匀体,具有快速、无损伤、可连续可单点方式探测、实时显示等特点。

2) 探测仪器

地质雷达探测系统由发射单元、接收单元、天线、主控器、专用笔记本电脑、信号线、数据采集软件、后处理软件等组成。

3) 探测方法

①通过试验选择雷达天线的工作频率,确定相对介电常数。当探测对象情况复杂时,应选择两种及以上不同频率的天线。当多个频率的天线均能符合探测深度要求时,应选择频率相对较高的天线。

②测网密度、天线间距和天线移动速度应反映出探测对象的异常,测线宜采用十字或网格形式布设。

③选择合适的时间窗口和采样间隔,并根据数据采集中的干扰变化和效果及时调整探测工作布局或工作参数。

④掌子面超前地质预报通常采用单点探测方式,同时可结合连续探测方式进行比对。

⑤探测区内不应有较强的电磁波干扰。现场测试时,应清除或避开探测区附近的金属物等电磁干扰物;当不能清除或避开时,应在记录中注明,并标出位置。

⑥支撑天线的器材应选用绝缘材料,天线操作员应与工作天线保持相对固定的位置。

⑦测线上天线经过的表面应相对平整,无障碍,且天线易于移动;测试过程中,应保持工作天线的平面与探测面基本平行,距离相对一致。

⑧现场记录应注明观测到的不良地质体与地下水体的位置和规模等。

⑨重点异常区应重复探测,重复性较差时应查明原因。

⑩质量控制检查时,重复探测的记录与原探测记录应具有良好的重复性,波形一致,没有明显的位移。

4) 数据分析与解释

①参与数据分析与解释的雷达剖面应清晰。

②数据分析包括编辑、滤波、增益等处理。情况较复杂时,还宜进行 FK 滤波、正常时差校正、褶积、速度分析、消除背景干扰等处理。

③数据解释应结合地质情况、电性特征、探测体的性质和几何特征综合分析。必要时,应考虑影响相对介电常数的各种因素,制作雷达探测的正演和反演模型。

5) 预报距离

地质雷达工作天线频率越低,波长越大,能量衰减越慢,预报距离就越大,但相应的分辨率会降低。此外,预报距离还取决于介质的衰减系数、接收器的信噪比和灵敏度、发射器发射功率、系统总增益、目标的反射系数、几何形状及其产状等。因此,地质雷达法在一般地段预报距离宜控制在 30 m 以内,在岩溶发育地段的有效预报长度则应根据雷达波形判定。连续预报时,前后两次重叠长度宜在 5 m 以上。

3. 高分辨直流电法

1) 探测原理

高分辨直流电法是以岩石的电性差异(电阻率差异)为基础,电流通过布置在隧道内的供电电极时,在围岩中建立起全空间稳定电场,通过研究地下电场的分布规律,并根据视电阻率分布图预报开挖工作面前方储水、导水构造分布和发育情况的一种直流电法探测技术。现场采集数据时,必须布置 3 个以上的发射电极进行空间交会,区分各种影响,并压制不需要的信号,突出隧道前方地质异常体的信号。该方法也称为"三极空间交会探测法"。

高分辨直流电法适用于探测地层中存在的地下水体位置及定性判断含水率,如断层破碎带、溶洞、溶隙、暗河等地质体中的地下水。

2) 探测仪器

高分辨率直流电法探测系统由主机、电极、多道电极转换器、多芯电缆、发射电源、数据采集软件、后处理软件等组成。

3) 探测要求

①发射、接收电极应布置在同一直线上。

②发射、接收电极接地良好。

③发射、接收电极间距应测量准确。

④数据重复测量应具有良好的重复性,否则应检测电极和电源是否正常、工频干扰是否过大等。

4) 数据处理与解释

①数据处理应采用增强有效信号、压制干扰信号等手段,使视电阻率等值线图能够清晰成像。

②数据解释时,地质异常体(储、导水构造)判断标准应以现场多次采集分析验证的数据为依据,同时总结规律,找出隧址区异常标准值。

5) 预报距离

高分辨率直流电法有效预报距离不宜超过 80 m,连续探测时宜重叠 10 m 以上。

4. 瞬变电磁法

1) 探测原理

瞬变电磁法是一种时间域的电磁探测方法。瞬变电磁法超前地质预报探测原理是在隧道掌子面布设一定波形电流的发射线圈,向掌子面前方发射一次脉冲磁场,并在掌子面前方低阻异常带产生感应电流;在一次脉冲磁场间断期间,感应电流不会立即消失,在其周围空间形成随时间衰减的二次磁场;通过掌子面接收线圈接收二次磁场的变化,就可以判断前方低阻异常带电性要素,并推断出前方地质异常体位置和规模,进而推断围岩破碎、含水、地质构造等情况。总体而言,前方地质体的导电性越好,二次磁场(瞬变场)的强度就越大且热损耗就越小,故衰减越慢,延迟时间越长。

2）探测仪器

瞬变电磁法探测系统由发送机、接收机、放大器、发送线圈（回线）、接收探头（回线）、发送机电源、接收机电源、系统采集软件和后处理软件等组成。

3）探测要求

①探测时间：应选择在爆破及出渣完成后将开挖台车、喷浆机等金属物体向掌子面后移至20 m以外进行，且避免电磁场信号干扰。

②测线布置：应在隧道掌子面底板位置沿隧道环向平行于掌子面布置测线测点，线框主要按直立、恰当的仰角和俯角沿测线进行探测。

③数据重复测量应具有良好的重复性，否则应检查线框和仪器电源是否正常、工频干扰是否过大等。

④应做好探测测线、探测方向等原始记录，并绘制各测线的多测道剖面图和视电阻率剖面图。

4）数据处理与解释

现场数据采集后，对探测测线及探测方向进行整理，通过专用后处理软件打开原始数后进行有效分析，然后进行预处理，包括时间道设置和滤波处理，再计算视电阻率，绘制各测线的多测道剖面图和视电阻率剖面图，结合现有地质资料进行定量或定性解样。一般情况下，视电阻率较高，曲线比较规则，表明围岩完整性较好，含水率低；视电阻率较低，曲线不规则，变化较大，表明围岩完整性较差，含水率高。

5）预报距离

瞬变电磁法每次有效预报距离宜为100 m左右。采用该方法进行探测时，会存在20 m以上的盲区，因此连续探测时宜重叠30 m以上。

5. 红外探测法

1）探测原理

红外探测法是根据红外辐射原理，即一切物质都在向外辐射红外电磁波的原理，通过接收和分析红外辐射信号，探测局部地温异常现象，判断地下脉状流、脉状含水带、隐伏含水体等所在的位置进行超前地质预报的一种物探方法。红外探测法适用于定性判断探测点前方有无水体存在及其方位，不能定量给出水量大小等数据。

2）探测仪器

采用专用的红外探水仪。

3）探测要求

①探测时间：应选择在爆破及出渣完成后进行。

②测线布置：需在拱顶、拱腰、边墙、隧底位置沿隧道轴向布置测线、测点。

③做好数据记录，并绘制红外探测曲线图。

④以下情况下所采集的探测数据无效：

a. 仪器已显示电池电压不足，未更换电池而继续采集的数据；

b. 开挖掌子面炮眼、超前探孔等钻进过程中采集的数据；

c.喷锚作业后,水泥水化热影响明显的部位所采集的数据;

d.爆破作业后,测线范围内温差明显时所采集的数据;

e.测线范围内存在高能热源场(如电动空压机等)时所采集的数据。

4)数据处理与解释

①认真检查探测数据的可靠性。

②根据探测数据绘制探测曲线。

③分析解释时应先确定正常场,再确定异常场,由异常场判定地下水的存在,再结合现场的工程地质和水文地质条件分析与判定。

④分析单条曲线的同时,还应对所有探测曲线进行对比,如两边墙探测曲线的对比、顶底探测曲线的对比,据此确定隐蔽水体或含水构造相对隧道的所在空间位置。

⑤分析沿隧道轴向的红外探测曲线与开挖掌子面红外探测的数据最大差值。在实践中不断总结经验,做出符合实际的分析判断。

⑥通过探测与施工开挖验证,总结出正常场的特点,以提高对异常场的分辨准确率。

5)预报距离

红外探测法有效预报距离宜在30 m以内。连续预报时,前后两次重叠长度宜在5 m以上。

1.4 超前导坑预报法

超前导坑预报法是将超前导坑中揭示的地质情况,通过地质理论和作图法预报正洞地质条件的方法。超前导坑预报法可分为平行超前导坑法和正洞超前导坑法。线间距较小的隧道可互为平行导坑,以先行开挖的隧道预报后开挖的隧道地质条件。根据超前导坑揭露的地质情况推测隧道未开挖地段地质条件,主要包括以下预报内容:

①地层岩性、地质构造的分布位置及范围等;

②岩溶的发育分布位置、规模、形态、充填情况及其展布情况;

③采空区及废弃矿巷与隧道的空间关系;

④有害气体及放射性危害源的分布层位;

⑤涌泥、突水及高地应力现象出现的隧道里程段;

⑥其他可以预报的内容。

根据分析预报结果,按1:100~1:500比例绘制超前导坑地质与隧道地质关系平面简图、导坑工程地质纵断面图,以及1:100~1:200地质横断面图。

任务2 不良地质体的预报

对于不同的不良地质条件,应采取不同的超前地质预报方法,并提供相应的预报内容,以达到预报的目的。

2.1 断层预报

1.断层出现前兆标志

断层出现前兆标志一般有节理组数急剧增加,岩层牵引褶皱出现,岩石的强度明显降低,压碎岩、碎裂岩、断层角砾岩等出现,以及临近富水断层前,断层下盘泥岩、页岩等隔水岩层明显湿化、软化或出现淋水和其他涌突水现象。

2. 预报方法

断层预报应探明断层的主要性质、产状、富水情况、在隧道中的分布位置、断层破碎带的规模、物质组成等,并分析其对隧道的危害程度。断层预报应以地质调查法为基础,以弹性波反射法和地质雷达法探测为主。必要时,采用高分辨率直流电法、瞬变电磁法、红外探测法探测断层带地下水的发育情况及超前钻探法验证。

断层预报可按以下步骤进行:

①根据区域地质资料、工程地质平面图与纵断面图以及必要的补充地质调查,采用隧道内地质素描、断层趋势分析等手段进一步核实断层的性质、产状、位置与规模等;

②采用弹性波反射法确定断层在隧道内的大致位置和宽度;

③必要时,采用高分辨直流电法、瞬变电磁法、红外探测法探测断层带地下水的发育情况;

④必要时,采用超前钻探预报断层的确切位置和规模、破碎带的物质组成及地下水的发育情况等。

2.2　岩溶预报

1. 大型岩溶出现前兆标志

大型岩溶出现前兆标志一般有裂隙、溶隙间出现较多的铁染锈或黏土,岩层明显湿化、软化或出现淋水现象,小溶洞出现的频率增加且多有水流、河砂或水流痕迹,钻孔中的涌水量剧增且夹有泥沙或小砾石,有哗哗的流水声,钻孔中有凉风冒出。

2. 预报方法

岩溶预报应探明岩溶在隧道内的分布位置、规模、充填情况及岩溶水的发育情况,分析其对隧道的危害程度。岩溶预报应以地质调查法为基础,以超前钻探法为主,结合多种物探手段进行综合超前地质预报。

岩溶预报可按以下步骤进行:

①通过分析隧址区岩溶发育的规律,指导超前地质预报工作。

②根据隧道内地质素描结果,验证、调整地质复杂程度分级和超前地质预报方案。

③根据岩溶发育条件,可采用弹性波反射法进行长、中长距离探测,以探明断层等结构面和规模较大、可被探测的岩溶形态;采用高分辨率直流电法、红外探测进行中长、短距离探测,可定性探测岩溶水;采用地质雷达进行短距离探测,以查明岩溶位置、规模和形态。

④根据地质复杂程度分级、隧道内地质素描、物探异常带进行超前地质钻探预报和验证。对于富水岩溶发育地段,超前地质钻探必须连续重叠式进行;超前钻探揭示岩溶后,应适当加密,必要时采用地质雷达及其他物探手段进行短距离的精细探测,配合钻探查清岩溶规模及发育特征。

2.3　煤层瓦斯预报

1. 煤层瓦斯出现前兆标志

煤层瓦斯出现的前兆标志一般包括以下内容:

①开挖掌子面地层压力增大,鼓壁、深部岩层或煤层的破裂声明显,响煤炮,掉渣,支护严重变形;

②瓦斯浓度突然增大或忽高忽低,掌子面温度降低,憋闷,有异味等;

③煤层结构变化明显,层理紊乱,由硬变软,厚度与倾角发生变化,煤由湿变干,光泽暗淡,煤层顶、底板出现断裂或波状起伏等;

④钻孔时,有顶钻、夹钻、顶水、喷孔等动力现象;

⑤掌子面发出瓦斯强涌出的嘶嘶声,同时带有粉尘;

⑥掌子面有移动感。

2. 预报方法

煤层瓦斯预报应探明煤层分布位置、煤层厚度,测定瓦斯含量、瓦斯压力、涌出量、瓦斯放散初速度、煤的坚固性系数等,判定煤的破坏类型,分析判断煤的自燃及煤尘爆炸性、煤与瓦斯突出危险性,评价隧道瓦斯严重程度及对工程的影响,提出技术措施和建议等。煤层瓦斯预报应以地质调查法为基础,以超前钻探法为主,结合多种物探手段进行超前地质预报。采用的仪器设备必须符合以下要求:

①瓦斯地层中的钻探须使用专用防爆钻机。

②瓦斯隧道中的物探仪器必须为防爆仪器。非防爆仪器应在充分保障探测工作环境安全的前提下经过建设管理部门特许批准使用。

煤层瓦斯预报可按以下步骤进行:

①根据区域地质资料、工程地质勘查报告、工程地质平面图与纵断面图、煤层地表钻探资料和必要的补充地质调查,通过地质作图进一步核实煤层的位置与厚度等。

②采用物探法确定煤层在隧道内的大致位置和厚度。

③采用洞内地质素描,利用地层层序、地层厚度、标志层和岩层产状等,通过作图分析确定煤层的里程位置。

④接近煤层前,必须对煤层位置进行超前钻探,标定各煤层准确位置,掌握其赋存情况及瓦斯状况,要求如下:

a. 应在距煤层 20 m(垂距)处的开挖掌子面上钻 1 个超前钻孔,初探煤层位置;

b. 应在距初探煤层位置 10 m(垂距)处的开挖掌子面上钻 3 个超前钻孔,分别探测开挖掌子面前方上部及左右部位的煤层位置,并采取煤样和气样进行物理、化学分析和煤层瓦斯参数测定,在现场进行瓦斯及天然气含量、涌出量、压力等测试工作;按各孔见煤、出煤点计算煤层厚度、倾角、走向及与隧道的关系,并分析煤层顶、底板岩性;掌握并收集钻孔过程中的瓦斯动力现象。

⑤穿越煤层前,应进行瓦斯突出危险性预测,并应符合以下规定:

a. 根据围岩强度和预计瓦斯压力确定掌子面距突出煤层的安全距离,在煤层垂距不小于安全距离处开挖的掌子面进行瓦斯突出危险性预测;

b. 瓦斯突出危险性预测应从瓦斯压力法、综合指标法、钻屑指标法、钻孔瓦斯涌出初速度法、"R"指标法中选出两种方法,相互验证。其中有任何一项指标超过临界值表,该开挖掌子面即为有突出危险掌子面;其预测时的临界指标应根据实测数据确定,当无实测数据时,可参照表9.1 所列出的危险性临界值;钻孔过程中出现顶钻、夹钻、喷孔等动力现象时,应视开挖掌子面为突出危险掌子面。

表 9.1 突出危险性预测指标临界值

序号	预测类型	预测方法	预测指标	突出危险性临界值
1	石门揭煤突出危险性预测	瓦斯压力法	P/MPa	0.74
		综合指标法	D	0.25
			K	20（无烟煤）、15（有烟煤）
		钻屑指标法	$\Delta h_2/\text{Pa}$	160（湿煤）、200（干煤）
			$K_1/\left[\text{mL}/\left(\text{g}\cdot\text{min}^{\frac{1}{2}}\right)\right]$	0.4（湿煤）、0.5（干煤）
2	煤巷开挖工作面突出危险性预测	钻孔瓦斯涌出初速度法	Q	4
		"R"指标法	R_m	6
		钻屑指标法	$\Delta h_2/\text{Pa}$	160（湿煤）、200（干煤）
			$K_1/\left[\text{mL}/\left(\text{g}\cdot\text{min}^{\frac{1}{2}}\right)\right]$	0.4（湿煤）、0.5（干煤）
			最大钻屑量$/(\text{kg}\cdot\text{m}^{-1})$	6

复习思考题

1. 超前地质预报的意义是什么？它对隧道施工有什么作用？
2. 超前地质预报的方法有哪些？各自的适用条件及优缺点是什么？
3. 超前地质预报的发展前景是怎样的？未来如何提高预报精度和准确性？

参考文献

[1] 中华人民共和国交通运输部. 公路钢筋混凝土及预应力混凝土桥涵设计规范:JTG 3362—2018[S]. 北京:人民交通出版社,2018.

[2] 中华人民共和国交通运输部. 公路工程岩石试验规程:JTG E41—2005[S]. 北京:人民交通出版社,2005.

[3] 中华人民共和国住房和城乡建设部,国家市场监督管理总局. 混凝土物理力学性能试验方法标准:GB/T 50081—2019[S]. 北京:中国建筑工业出版社,2019.

[4] 中华人民共和国国家质量监督检验检疫总局,中国国家标准化管理委员会. 预应力混凝土用钢绞线:GB/T 5224—2014[S]. 北京:中国标准出版社,2014.

[5] 中华人民共和国国家质量监督检验检疫总局,中国国家标准化管理委员会. 预应力混凝土用钢丝:GB/T 5223—2014[S]. 北京:中国标准出版社,2014.

[6] 中华人民共和国国家质量监督检验检疫总局,中国国家标准化管理委员会. 金属材料 弯曲试验方法:GB/T 232—2010[S]. 北京:中国标准出版社,2010.

[7] 中华人民共和国国家质量监督检验检疫总局,中国国家标准化管理委员会. 钢筋混凝土用钢 第1部分:热轧光圆钢筋:GB/T 1499.1—2017[S]. 北京:中国标准出版社,2017.

[8] 中华人民共和国国家质量监督检验检疫总局,中国国家标准化管理委员会. 钢筋混凝土用钢 第2部分:热轧带肋钢筋:GB/T 1499.2—2018[S]. 北京:中国标准出版社,2018.

[9] 国家市场监督管理总局,中国国家标准化管理委员会. 低合金高强度结构钢:GB/T 1591—2018[S]. 北京:中国质检出版社,2018.

[10] 国家市场监督管理总局,中国国家标准化管理委员会. 金属材料 拉伸试验 第1部分:室温试验方法:GB/T 228.1—2021[S]. 北京:中国标准出版社,2021.

[11] 中华人民共和国国家质量监督检验检疫总局,中国国家标准化管理委员会. 预应力混凝土用螺纹钢筋:GB/T 20065—2016[S]. 北京:中国标准出版社,2016.

[12] 中华人民共和国国家质量监督检验检疫总局,中国国家标准化管理委员会. 碳素结构钢:GB/T 700—2006[S]. 北京:中国标准出版社,2006.

[13] 中华人民共和国住房和城乡建设部. 预应力筋用锚具、夹具和连接器应用技术规程:JGJ 85—2010[S]. 北京:中国建筑工业出版社,2010.

[14] 中华人民共和国交通运输部. 公路桥梁板式橡胶支座:JT/T 4—2019[S]. 北京:人民交通出版社,2019.

[15] 中华人民共和国国家质量监督检验检疫总局,中国国家标准化管理委员会. 桥梁球型支座:GB/T 17955—2009[S]. 北京:中国标准出版社,2009.

[16] 中国工程建设标准化协会.超声回弹综合法检测混凝土抗压强度技术规程:T/CECS 02—

2020[S].北京:中国计划出版社,2020.

[17] 中华人民共和国交通运输部.公路工程基桩检测技术规程:JTG/T 3512—2020[S].北京:人民交通出版社,2020.

[18] 中华人民共和国住房和城乡建设部.城市桥梁养护技术标准:CJJ 99—2017[S].北京:中国建筑工业出版社,2017.

[19] 中华人民共和国交通运输部.公路养护工程质量检验评定标准 第一册 土建工程:JTG 5220—2020[S].北京:人民交通出版社,2020.

[20] 中华人民共和国交通运输部.混凝土超声检测仪:JT/T 659—2006[S].北京:人民交通出版社,2006.

[21] 中华人民共和国住房和城乡建设部.基桩动测仪:JG/T 518--2017[S].北京:中国标准出版社,2017.

[22] 中华人民共和国住房和城乡建设部.回弹法检测混凝土抗压强度技术规程:JGJ/T 23—2011[S].北京:中国建筑工业出版社,2011.

[23] 中华人民共和国住房和城乡建设部.混凝土中氯离子含量检测技术规程:JGJ/T 322 —2013[S].北京:中国建筑工业出版社,2013.

[24] 中华人民共和国住房和城乡建设部,中华人民共和国国家质量监督检验检疫总局.混凝土结构工程施工质量验收规范:GB 50204—2015[S].北京:中国建筑工业出版社,2015.

[25] 中华人民共和国住房和城乡建设部.混凝土超声波检测仪:JG/T 5004—92[S].北京:中国建筑工业出版社,1992.

[26] 中华人民共和国住房和城乡建设部,国家市场监督管理总局.建筑结构检测技术标准:GB/T 50344—2019[S].北京:中国建筑工业出版社,2019.

[27] 中华人民共和国住房和城乡建设部.钻芯法检测混凝土强度技术规程:JGJ/T 384—2016[S].北京:中国建筑工业出版社,2016.

[28] 中华人民共和国交通运输部.公路桥涵养护规范:JTG 5120—2021[S].北京:人民交通出版社,2021.

[29] 中华人民共和国交通运输部.公路桥梁技术状况评定标准:JTG/T H21—2011[S].北京:人民交通出版社,2011.

[30] 中华人民共和国交通运输部.公路桥梁荷载试验规程:JTG/T J21-01—2015[S].北京:人民交通出版社,2015.

[31] 中华人民共和国交通运输部.公路隧道设计规范 第一册 土建工程:JTG 3370.1—2018[S].北京:人民交通出版社,2018.

[32] 中华人民共和国交通运输部.公路隧道养护技术规范:JTG H12—2015[S].北京:人民交通出版社,2015.

[33] 中华人民共和国交通运输部.公路隧道施工技术规范 JTG/T 3660—2020[S].北京:人民交通出版社,2020.

[34] 中华人民共和国交通运输部.公路桥涵设计通用规范:JTG D60—2015[S].北京:人民交通出版社,2015.

[35] 中华人民共和国铁道部.铁路隧道衬砌质量无损检测规程:TB 10223—2004[S].北京:中国铁道出版社,2004.

［36］中华人民共和国住房和城乡建设部，中华人民共和国国家质量监督检验检疫总局.岩土锚杆与喷射混凝土支护工程技术规范：GB 50086—2015［S］.北京：中国计划出版社,2015.

［37］中华人民共和国住房和城乡建设部，中华人民共和国国家质量监督检验检疫总局.普通混凝土长期性能和耐久性能试验方法标准：GB/T 50082—2009［S］.北京：建筑工业出版社,2009.

［38］中华人民共和国住房和城乡建设部.盾构隧道管片质量检测技术标准：CJJ/T 164—2011［S］.北京：中国建筑工业出版社,2011.

［39］中华人民共和国交通运输部.公路工程物探规程：JTG/T 3222—2020［S］.北京：人民交通出版社,2020.

［40］中华人民共和国交通运输部.公路养护安全作业规程：JTG H30—2015［S］.北京：人民交通出版社,2015.

［41］中国工程建设标准化协会.隧道施工超前地质预报技术规程：JT/CECS 616—2019 ［S］.北京：中国建筑工业出版社,2019.

［42］中华人民共和国住房和城乡建设部，中华人民共和国国家质量监督检验检疫总局.地下工程防水技术规范：GB 50108—2008［S］.北京：中国计划出版社,2008.

［43］邵旭东，等.桥梁工程［M］.5版.北京：人民交通出版社,2019.

［44］宋艳飞，王翠翠.桥梁检测技术［M］.北京：中国铁道出版社,2021.

［45］张丽,宴彬.隧道工程 ［M］.4版.北京：人民交通出版社,2022.

［46］林维正.土木工程质量无损检测技术［M］.北京：中国电力出版社,2008.

［47］章关永.桥梁结构试验［M］.2版.北京：人民交通出版社,2010.

［48］交通运输部工程质量监督局.公路桥梁和隧道工程施工安全风险评估制度及指南解析［M］.北京：人民交通出版社,2011.